MILITARISMUS UND RÜSTUNG
BEITRÄGE ZUR ÖKUMENISCHEN DISKUSSION

herausgegeben von
Bernhard Moltmann

Heidelberg
1981

ISBN 3-88257-011-3
ISSN 0172-8210

Printed in Germany

Druck: Heidelberger Reprographie, A. Grosch KG, 6904 Eppelheim

gedruckt auf umweltfreundlichem Papier

IV. ANHANG

INHALT

EINLEITUNG

Bernhard Moltmann

1. Der Rahmen: Frieden und Sicherheit

Mit den Stichworten Militarismus und Rüstung lassen sich eine Vielzahl aktueller, friedensbedrohender Vorgänge zusammenfassen. Gefährliche Konfliktpotentiale enthalten nicht nur die konkurrierenden Weltmachtansprüche der östlichen und westlichen Großmächte und die wirtschaftliche Kluft zwischen Nord und Süd, sondern auch der sich verschärfende internationale Verteilungskampf um knappe Nahrungsmittel, Materialien und Energie. Dazu kommen die allerorts aufbrechenden oder vor dem Ausbruch stehenden Süd-Süd-Konflikte, in denen sich politische und wirtschaftliche Abhängigkeiten oder Widerstände gegen verschiedene Ursachen und Formen der Unterdrückung manifestieren. Die ökologische Krise, vermittelt über den Streit um Ressourcen, entwickelt sich zunehmend zu einem gewichtigen Faktor der Friedensbedrohung. Mit dem nuklearen Zerstörungspotential, den chemischen und möglichen biologischen Kampfstoffen sowie einer in ihrer Zerstörungskraft stark gesteigerten „konventionellen" Rüstung steht den Konfliktparteien ein gigantisches und bedrohliches Arsenal an Gewaltmitteln zur Verfügung.

Angesichts der zahlreichen nicht-friedlichen Situationen und Entwicklungen wiegt das Dilemma umso schwerer, das sich auftut, wenn die Bedeutung von „Frieden" angegeben werden soll[1]. Im umgangssprachlichen Gebrauch zeichnet sich „Frieden" eher durch ein unklares Bedeutungsfeld aus und verführt dazu, ihn nur emotional zu verwenden. Es zeigt sich, daß sich der Ausdruck einer Definition ebenso entzieht wie andere Werte, wie zum Beispiel „Wohlfahrt" oder „Gesundheit". Das Nachdenken über den Frieden führt zu der Einsicht, daß man die Inhalte nicht als solche angeben kann, sondern nur in Bezug auf Zusammenhänge. Angesichts der skizzierten Gefahren für das Leben ist die Verbindung von Leben und Frieden zwingend: Frieden als Bedingung

1 G. Picht, Zum Begriff des Friedens. Vortrag New School for Social Research, in: Frankfurter Rundschau vom 3.7.1974.

des Lebens – Leben als Bedingung des Friedens. „Frieden ist hier gemeint als eine Möglichkeit zu leben"[2], in dem Sinne, ohne existenzgefährdende Konflikte zu leben. Bezogen auf die heute sichtbaren Lebensbedrohungen, heißt es, unter anderem folgende konfliktträchtigen Situationen zu bewältigen:

- das Streben nach politischer Stabilität einerseits und andererseits das Bemühen von Ost und West, dem sich jetzt andere Staaten anschliessen, ihre Sicherheits- und Einflußsphären auszubauen.
- das Interesse der industrialisierten Staaten einerseits, ihre politische und wirtschaftliche Vormachtstellung zu erhalten oder zu erweitern, und das Streben der Dritten und Vierten Welt andererseits, den Abhängigkeiten zu entkommen.
- der Verbrauch von Ressourcen, die für die vielfältigen Ausprägungen menschlichen Wirtschaftens benötigt werden, einerseits und die Erhaltung derselben Ressourcen für anderweitige oder spätere Nutzung andererseits.

„Friedlich" kann der Ausgleich widerstrebender Tendenzen genannt werden, wenn dabei Bedingungen der Lebensfähigkeit hergestellt werden.

Obwohl viele Stimmen ernsthaft und wohl begründet auf die Gefahren verweisen, die dem Leben aus der weltweit wachsenden Rüstung und den offenen oder verdeckten Kriegen erwachsen, gerät das Bemühen um Frieden mehr und mehr in Konkurrenz zu einem Streben nach Sicherheit und droht, ihm zu unterliegen.

Der inflationäre Gebrauch des Begriffes der „Sicherheit" ist ein untrügerisches Anzeichen dafür, daß das Bewußtsein der Gefahren zwar gewachsen ist, aber auch die Einsicht zugenommen hat, wie wenig man ihrer Herr werden kann. Einerseits ist Sicherheit ein Ziel, das über den militärischen Bereich weit hinausreicht, andererseits beschränken sich sicherheitspolitische Überlegungen weitgehend darauf. Man fürchtet unter den heutigen Bedingungen den Einsatz militärischer Mittel, kommt aber aus ihrem Bannkreis nicht heraus und richtet sich letztlich darauf ein, daß aus der Wahrscheinlichkeit auch Wirklichkeit wird. Sicherheit kann sich jedoch nicht darauf beschränken, ein Äquivalent für Schutz zu sein. Zur Sicherheit gehört es, Bedingungen für Vertrauen und Freiheit von Sorge – im Sinne der Wortbedeutung von Sorglosigkeit – zu schaffen[3],

2 C.F. von Weizsäcker, Das Friedensproblem, in: ders., Der Garten des Menschlichen. Beiträge zur geschichtlichen Anthropologie, München/Wien 1977, S. 35-47, S. 40.

3 Auf die unterschiedlichen Wortbedeutungen von "sicher" im Sinne des lateinischen tutus, firmus und securus weist hin: F.X. Kaufmann, Sicherheit als soziologisches und sozialpolitisches Problem, Suttgart 1970 (Soziologische Gegenwartsfragen, 31), S. 63 f.

deren Maßstab jeweils die Situation des Gegenübers ist. In einem solchen Verständnis läßt sich Sicherheit unmittelbar dem Frieden zuordnen, ohne daß das eine dem anderen über- oder untergeordnet wird. Vielmehr ergibt sich eine Wechselbeziehung, die sich bis in die Wahl der Mittel auswirkt.

Christen und Kirchen stehen vom biblischen Auftrag her ständig in der Situation, sich für eine Sicherheit einzusetzen, die sich nicht auf Mitteln der Gewalt und der Bedrohung stützt. An Appellen dazu fehlt es nicht. So wendet sich eine Aufforderung aus dem Jahr 1975 an Christen und Kirchen[4]:

„Die Christen müssen der Versuchung widerstehen, sich mit einem falschen Gefühl der Machtlosigkeit oder Sicherheit abzufinden. Die Kirchen sollen ihre Bereitschaft betonen, ohne den Schutz von Waffen zu leben, und bedeutsame Initiativen ergreifen, um auf eine wirksame Abrüstung zu drängen. Die Kirchen, die einzelnen Christen und die Mitglieder der Öffentlichkeit aller Länder sollten bei ihren Regierungen darauf drängen, daß die nationale Sicherheit ohne den Einsatz massiver Zerstörungswaffen gewährleistet wird. ..... Wir appellieren an alle Christen, für die Abrüstung in der Welt zu denken, zu arbeiten und zu beten."

Sie wurde von der 5. Vollversammlung des Ökumenischen Rates der Kirchen während ihrer Tagung in Nairobi/Kenia verabschiedet und markiert den Beginn einer wiederauflebenden Diskussion in den Kirchen über Militarismus und Rüstung[5]. Inzwischen ist daraus das „Studienprogramm für Abrüstung und gegen Militarismus und Rüstung" des Ökumenischen Rates der Kirchen entstanden.

2. Die Beiträge

Die Anregungen an Christen und Kirchen in der Bundesrepublik, sich der Auseinandersetzung mit der Praxis militärischer Friedenssicherung zu stellen, treffen hier auf eine besondere Situation[6]: Der Zusammenbruch des deutschen Anspruches auf militärische Macht im Jahr 1945 überschattet weiterhin den Aufbau und den Unterhalt bewaffneter Kräfte in beiden Staaten des Nachkriegsdeutschlands. Beide Teile

4 Zitiert in: H. Krüger/W. Müller-Römheld (edd), Bericht aus Nairobi 75, Frankfurt 1976, S. 190-193.

5 Den Stand der Diskussion im Bereich der römisch-katholischen Kirche dokumentieren: H. Büchle/R. Schwager (edd), Der Vatikan zur Rüstung. Ein Weg aus der Gefahr der Selbstvernichtung der Völker, Wien 1980.

6 Die Situation wird bereits in den 60er Jahren, als die dreibändigen Studien zur politischen und gesellschaftskritischen Situation der Bundeswehr, Witten/Berlin 1965-66 (Forschungen und Berichte der Evangelischen Studiengemeinschaft, 21) erschienen, von G. Picht skizziert (Bd. 1, S. 167).

Deutschlands gehören verschiedenen militärischen Bündnissystemen an. Trotz der militärischen, politischen und gesellschaftlichen Gegensätze, die in Mitteleuropa aufeinander stoßen, besteht hier zwischen Ost und West ein besonderes Verhältnis, das gerade im kirchlichen Bereich spürbar ist.

In den Kirchen über militärpolitische Fragen und deren Auswirkungen auf Gesellschaft und Politik nachzudenken, heißt, einen Teil der Öffentlichkeit zu aktivieren, die lange in der Bundesrepublik dazu fast vollständig geschwiegen hat, deren Mitwirkung aber unabdingbar ist, wenn Entscheidungen politischer Akteure die notwenige Legitimation erhalten sollen[7]. Um sachlich angemessen die Rolle von Öffentlichkeit in der Demokratie wahrzunehmen, bedarf es zunächst der Information über Sachverhalte und Problemstellungen. Das öffentliche Engagement ist mit den Bedingungen zu vergleichen, die für ein Handeln von Kirchen und Christen gelten, um falschen Erwartungen von vornherein entgegenzutreten, aber auch um gleichzeitig die Möglichkeiten eines Engagements von Christen und Kirchen auszuweisen. Deren Spielräume sind nicht identisch mit denen von Politikern, Regierungen oder Staaten, wie auch der Hinweis auf den ökumenischen Kontext deutlich macht.

Die hier versammelten Beiträge orientieren sich an folgenden Aufgaben:

- einerseits über Teilbereiche der gegenwärtigen Diskussion, wie über den Stand der Rüstungskontrollverhandlungen, die Entwicklung des internationalen Waffenhandels oder die Konkretisierungen von „Militarismus" zu informieren;
- andererseits über die Grundlagen kirchlichen Handelns und die bisherigen Erfahrungen zu reflektieren, um Anliegen und Zusammenhänge eines Engagements deutlich zu machen.

Angesichts der täglichen Meldungen über kriegerische Konflikte oder über qualitative und quantitative Vergrößerungen der Waffenpotentiale kann sich jede Analyse nur als Versuch verstehen, der Vielfalt der Verhältnisse gerecht zu werden. Insofern dokumentieren die Beiträge dieses Buches eine offene Situation, in der man sich zwar vorstellen kann, wie die Entwicklungen weitergehen, es aber ungewiß ist, ob sie sich tatsächlich so vollziehen und gar von kirchlicher Seite beeinflußt werden können.

Die aktuelle militärpolitische Diskussion in der Bundesrepublik wird von Vergleichen der vorhandenen Waffen und Bedrohungspotentiale

7 Darauf weist beharrlich hin: C. Potyka, Rüstungskontrolle als Zivilisationsprozeß und Öffentlichkeit, in: E. Forndran/P.J. Friedrich (edd), Rüstungskontrolle und Sicherheit in Europa, Bonn 1979 (Rüstungsbeschränkung und Sicherheit 14), S. 301-312.

in Ost und West beherrscht. In Form von Zahlen, Statistiken und Schaubildern wird versucht, Gleichgewichte beziehungsweise Ungleichgewichte zu ermitteln. Daraus folgende oder damit begründete Maßnahmen werden im Blick auf eine festgestellte „Aufrüstung" als „Nachrüstung" bezeichnet. *Mehdi Padamsee* verfolgt die Entwicklungen der strategischen Diskussion zurück und nimmt die Frage auf, mit welcher Absicht und mit welchen Konsequenzen die beiden Großmächte, USA und Sowjetunion, ihre Abschreckungspotentiale aufgebaut haben. Die Entwicklung des militärstrategischen Verhältnisses berührt die Bundesrepublik sowie ihre östlichen und westlichen Nachbarn zwar unmittelbar, doch nehmen sie nur mittelbar, jeweils innerhalb der bestehenden Militärbündnisse, daran Anteil. Umso dringender stellt sich die Frage, ob es heute ausreicht, dem wachsenden Bedürfnis nach Sicherheit allein zu begegnen, indem man militärische Mittel vermehrt, verbessert und die Möglichkeiten ausweitet, sie einzusetzen. Angesichts der gleichzeitig zunehmenden Unsicherheit ist es unabdingbar, das Bemühen um Rüstungskontrolle im umfassenden Sinne nicht aus dem Auge zu verlieren, nachdem sich schon in den 60er Jahren herausgestellt hat, daß Abrüstungsvorschläge kaum reale Chancen haben, realisiert zu werden[8]. *Friedhelm Solms* plädiert in seinem Beitrag dafür, Konzepte wie Instrumentarien von „arms control" auszuweiten. Dabei gilt es, ähnlich wie bei der Strategieentwicklung, die Unterschiede zu berücksichtigen, die hier für Länder, vergleichbar mit der Bundesrepublik, gegenüber den Handlungsmöglichkeiten der Führungsmacht des jeweiligen militärischen Bündnisses bestehen. Zu den Auseinandersetzungen zwischen den beiden Blöcken in Ost und West tritt die Notwendigkeit, auch bündnisintern zu einem Ausgleich der Interessen zu kommen.

Fragen der militärischen Sicherheit werden gemeinhin vorrangig in der Perspektive des Ost-West-Konfliktes behandelt. Entwicklungen in anderen Teilen der Welt finden nur Berücksichtigung, wenn sie sich als „Stellvertreterkriege" oder – neuerdings – als „Randkriege" in ein vereinfachendes Bild des Konfliktes einfügen lassen. Auf die Vielfalt der tatsächlichen Konflikte außerhalb der Ost-West-Polarität macht jedoch der weltweit fortschreitende Prozeß der Aufrüstung und Militarisierung aufmerksam, der auch in den ökumenischen Dokumenten zur Sprache kommt. *Michael Brzoska* beleuchtet mit seiner Untersuchung des bundesdeutschen Waffenexportes in Staaten der Dritten Welt einen aktuellen, aber beschränkten Aspekt der Zusammenhänge. Der sachlichen und verfahrensmäßigen Bestandsaufnahme werden Vergleiche mit der Situa-

8 E. Menzel, Die Bemühungen um Abrüstung seit 1945: Mißerfolge und Teilerfolge, in: Studien zur Friedensforschung Bd. 1, Stuttgart 1969, S. 73-97.

tion anderer waffenexportierender Staaten angefügt. Der Autor sieht Möglichkeiten, die wirtschaftlichen Probleme bei einem Verzicht auf Waffenausfuhr zu bewältigen, wenn dafür einmal die politischen Bedingungen geschaffen worden sind. Diese Voraussetzung gilt für die Bereitschaft der Lieferanten ebenso wie für die Interessenten an einer Aufrüstung in der Dritten Welt dort selbst oder außerhalb. In dem Maße, in dem es gelingt, aktuelle militärisch-politische Detailprobleme in den Zusammenhang von Gewalt, Sicherheit und Frieden einzuordnen, wird man den Erwartungen gerecht, die sich auf den Ausgang der Auseinandersetzungen der Ökumene mit Militarismus und Rüstung richten.

„Militarismus" erwies sich von Anfang an als Reizwort, das einerseits geeignet war, Probleme zu identifizieren, das andererseits auch Blockaden gegenüber den Absichten des ökumenischen Programmes schuf. *Bernhard Moltmann* stellt anhand der Geschichte des Wortes „Militarismus" die verschiedenen Aspekte des „Militarismus" dar und verweist abschließend auf die Differenz zwischen Militär und Militarismus, um falsche Frontstellungen gerade in der deutschen Diskussion abzubauen. Im Mittelpunkt des Verständnisses von Militarismus steht die Frage, wie die Gewalt innerhalb von Staat und Gesellschaft verwaltet, gelenkt und gerechtfertigt wird.

Der Umgang mit der Gewalt in staatlicher Hand bietet für *Wolfgang Huber* Anlaß, über den Zusammenhang zwischen Christentum und militärischer Gewalt nachzudenken. Er fügt der ökumenischen Debatte grundsätzliche Bemerkungen zum Verhältnis zwischen Christentum und politisch verfaßter Gewalt hinzu und verweist auf eine Ebene der Diskussion, die jener der aktuellen politischen Kontroversen noch vorgelagert ist. Die an verschiedenen Stellen wieder auflebende Diskussion, Bedingungen für die Möglichkeit anzugeben, militärische Gewalt anzuwenden[9], führt Christen, Kirchen und Theologie in die Schwierigkeit, angesichts der heute möglichen und wahrscheinlichen Kriege sich der Frage zu stellen, ob zwischen Angriffskrieg und Verteidigungskrieg noch zu unterscheiden sei. Huber fordert, dem Dilemma durch eine konsequente Friedenspolitik zu begegnen, die der Abschreckung durch Androhung eines unerträglichen Risikos nicht bedarf.

Anknüpfend an dem ökumenischen Programm zur Auseinandersetzung mit Militarismus und Rüstung, wie es *Bernhard Moltmann* eingangs darstellt, prüft *Wolfgang Lienemann*, inwieweit davon geleitete Aktivitäten politikwirksam werden. In den ersten beiden Jahrzehnten nach dem 2. Weltkrieg hat es verschiedene Beispiele der positiven Einwirkung

9 Einen Überblick: R. Steinweg (edd), Der gerechte Krieg: Christentum, Islam, Marxismus, Frankfurt/M. 1980.

der Ökumene auf politisch relevante Entscheidungen gegeben. Die dann eingetretene Ausweitung der Verantwortlichkeiten, sowie die Zuspitzung gesellschaftlicher, wirtschaftlicher und politischer Abhängigkeiten und Konflikte in der Welt haben den Vorgang der direkten Interaktion an ursprünglich einflußreichen Stellen unterbrochen oder gar unmöglich gemacht. Kirchen und Christen bleibt nun übrig, entweder vollkommen auf einen solchen Anspruch zu verzichten oder aber nach neuen qualitativen Ansatzpunkten zu suchen. Das zur Debatte stehende Programm für Abrüstung und gegen Militarismus und Rüstung gibt dazu Anlaß, Sachkenntnis, Betroffenheit und Handlungsmöglichkeiten neu zu bestimmen. Wie zugespitzt die heutige Situation sich für die Christen darstellt, zeigt sich in einer fiktiven Debatte, die *Ilse Tödt* den preußischen General Carl von Clausewitz mit dem indianischen Prediger William Appes führen läßt. Der Dialog nimmt Elemente der vorangehenden Beiträge auf und stellt die Glaubwürdigkeit des Verhältnisses von Zeugnis und Praxis zur Diskussion. Der Erfolg des Engagements von Christen und Kirchen wird hier davon abhängen, ob beides miteinander in Einklang gebracht werden kann.

Die hier versammelten Beiträge knüpfen an die Publikation "Christentum und Militarismus" aus dem Jahr 1974 an. Dieses Buch hatte sich die Aufgabe gestellt, anhand einer empirischen Untersuchung des Verhältnisses zwischen Christentum und militaristischen Verhaltensweisen über die "Chancen des Friedens" und die "Möglichkeiten des Christentums" nachzudenken. Es fragte nach den Beziehungen zwischen Christentum und Militarismus, "damit Widerstände, die den Frieden verhindern und die Möglichkeit christlicher Beiträge dazu verstellen, deutlich erkannt werden können"[10]. Das Anliegen des jetzt vorgelegten Buches ist das gleiche geblieben, auch wenn die Diskussionslandschaft hier in den letzten Jahren mehr Konturen gewonnen hat. Die Beiträge der Analyse und Reflexion sind aus dem Diskussionszusammenhang hervorgegangen und verstehen sich ihrerseits als Versuch, die inner- und außerhalb der Kirchen geführten Auseinandersetzungen argumentativ zu begleiten und zu stützen. Die Autoren zeichnen zwar als Einzelne für ihre Beiträge verantwortlich, verdanken jedoch Freunden und Mitarbeitern der Forschungsstätte der Evangelischen Studiengemeinschaft zahlreiche Anregungen und Ermutigungen. Der Dank gilt auch Harriet Erbach und Susanne Stöber, die die Herstellung der Manuskripte weitgehend besorgt haben.

10 W. Huber/G. Liedke (edd), Christentum und Militarismus, Stuttgart/München 1974 (Studien zur Friedensforschung, 13), S. 7.

I. DAS PROGRAMM

Bernhard Moltmann

Das Studienprogramm zur Abrüstung und gegen Militarismus und Wettrüsten des Ökumenischen Rates der Kirchen

1. Zusammenhänge

Wie vieles Alte, das ein neues Gewand und eine neue Bezeichnung erhält, hat das Studienprogramm des Ökumenischen Rates der Kirchen (ÖRK) zur Abrüstung und gegen Militarismus und Wettrüsten schon in seiner Anlaufphase mehr Aufmerksamkeit und Kritik erfahren als frühere Initiativen der Ökumene auf diesem Gebiet, obwohl Inhalt und Anliegen schon seit Beginn der internationalen kirchlichen Zusammenarbeit auf der Tagesordnung standen[1]. Trotz der Traditionen ökumenischer Beschäftigung mit den Gefahren von Krieg, Rüstung und Militarismus hatte sich allerdings für die Welt und für den ÖRK die Situation in der Mitte der 70er Jahre gewandelt.

– Der ÖRK selbst hat durch den Einschluß der östlichen Kirchen und vieler kirchlicher Gemeinschaften, die in Entwicklungsländern beheimatet sind, sein Gesicht verändert. Er ist zu einer Gemeinschaft geworden, in der ebenso die Weltprobleme zur Sprache kommen und die politischen Konflikte aufbrechen wie in anderen internationalen Zusammenschlüssen[2]. Insofern ist der ÖRK auch eine Einrichtung

1 Der Initiator der Weltkonferenz für Praktisches Christentum von 1925 in Stockholm, der schwedische Bischof Nathan Söderblom, wurde im Jahr 1930 mit dem Friedensnobelpreis geehrt. Ders., The Role of the Churches in Promoting Peace. Rede anläßlich der Verleihung des Friedensnobelpreises, 1930, in: F.W. Haberman (ed), Nobel lectures Peace, Bd. 2, 1926-1950, Amsterdam u.a.O. 1972, S. 93-118. Zu den Vorgängen als Überblick: R. R. Rouse/H. Chr. Neill, Geschichte der ökumenischen Bewegung 1517-1948, Bd. 2, Göttingen 1958, S. 181-256.

2 Zum Ökumenischen Rat der Kirchen zählten 1978 293 Kirchen, zu denen ca. 400 Millionen Christen gehören. (Im Vergleich: Die römisch-katholische Kirche zählt ca. 550 Millionen Menschen zu ihren Gläubigen):
vgl. J. van der Bent, What in the World is the World Council of Churches?, Genf

geworden, die sich in ihrer Arbeit nicht den weltweit drängenden Fragen verschließen kann.

- Das Bewußtsein, daß die weltweiten Rüstungsausgaben eine solche Frage seien, wächst angesichts ihres Anstieges mehr und mehr. Ihre Höhe übersteigt das menschliche Vorstellungsvermögen bei weitem und läßt sich nur noch über Vergleiche erfassen. Im Jahr 1979 schätzte das schwedische Friedensforschungsinstitut SIPRI die weltweiten Rüstungsausgaben auf etwa 480 Mrd. US-Dollar (laufende Preise)[3]. Zum Beispiel würde das Programm der Weltgesundheitsorganisation zur Ausrottung der Malaria nur ein Tausendstel der jährlichen Ausgaben für militärische Zwecke in der Welt kosten.
- Gleichzeitig haben die militärischen Konflikte in der Welt zugenommen. Die vorhandenen Rüstungspotentiale haben mehr und mehr ihre abschreckende Wirkung verloren und verleiten Regierungen und Bündnisse dazu, die Waffen und militärischen Apparate auch einzusetzen. Friedensforscher haben ermittelt, daß von 1945-1978 in der Welt 133 bewaffnete Auseinandersetzungen zwischen und innerhalb von Staaten stattgefunden haben, wenngleich die Zahl noch nichts über die regionale Verteilung und die Intensität der Konflikte sagt. Die Kriege in Südostasien und während der Entkolonialisierung in Afrika kosteten viel mehr Menschenleben als die zahlreichen Putsche in Lateinamerika[4].
- Die Endlichkeit menschlicher Kräfte und materieller Ressourcen wird vielerorts sichtbar.

  Die Kosten, die die Kriegsführung, die Vorbereitung darauf sowie der Unterhalt militärischer Apparate verursachen, sind in vielen Staaten so hoch geworden, daß sie andere Aufgaben staatlichen Handelns, wie die Gesundheitsfürsorge oder die Bildung, verdrängen[5]. Die Zahl von Staaten, in denen das Militär offen oder verdeckt die politische Gewalt übernommen hat und die Möglichkeiten der politischen Partizipation eingeschränkt sind, ist in den 70er Jahren erheblich gewachsen[6].

1978, S. 60 f. und Orientierung Ökumene. Ein Handbuch, Berlin-Ost 1979, S. 270-284.

3 SIPRI, Rüstungsjahrbuch: 80/81, Reinbeck 1980, S. 35.

4 Militärpolitik. Dokumentation, 3, 1979, 14/15, S. 35.

5 R. Leger Sivard (ed), Entwicklung der Militär- und Sozialausgaben in 140 Ländern der Erde, Ausgabe 1979, Militärpolitik. Dokumentation, Beiheft 1 (1980), S. 18-20.

6 U. Sundhausen, Die Militärregime-Forschung. Betrachtungen zum Stand einer neuen Forschungsrichtung, in: Zeitschrift für Politik, 26, 1979, 4, S. 362-377.

Diese Vorgänge haben die Teilnehmer der 5. Vollversammlung des ÖRK, die im Jahr 1975 in Nairobi/Kenia tagte, veranlaßt, mit einer „Erklärung zur Weltrüstungssituation" darauf aufmerksam zu machen und Christen und Kirchen zu einer Überwindung von Militarismus und Rüstung aufzufordern[7]. Aus diesem Appell hat sich in den nachfolgenden Jahren ein Programm entwickelt, um Aktivitäten zu koordinieren, neue Impulse zu geben und Zusammenarbeit zu fördern. Der Name dieses Programms variiert, je nachdem, welche Intentionen damit verfolgt werden, vom „Antimilitarismus-Programm" zu „Studien über Konfliktbewältigung und Rüstungskontrolle". Der gegenwärtige Titel: „Studienprogramm für Abrüstung und gegen Militarismus und Wettrüsten" reflektiert den Gegensatz zwischen den Aktionisten und den Skeptikern innerhalb der ökumenischen Bewegung und verweist auf die breite Zielsetzung der Initiative.

Der folgende Bericht über das Programm verfolgt nicht die Absicht, die Entwicklungen des Programms und der Diskussionen darüber nachzuzeichnen, sondern er will das Anliegen des Programms darstellen und auf Anregungen eingehen, die die internationalen Konsultationen in den Jahren 1977 und 1978 für die Gestaltung des Programmes gemacht haben.

Die ökumenische Gemeinschaft und ihr Programm stehen nicht allein in der Auseinandersetzung mit den Problemen von Militarismus und Rüstung[8]. Ihre Stimme hat jedoch Gewicht, weil die Mitglieder des ÖRK, die Kirchen, als einflußreiche politische und soziale Größen gelten. Die biblische Friedensbotschaft trägt ihnen eine besondere Verantwortung auf. Wendet sich nun der ÖRK an seine Mitglieder und an die Weltöffentlichkeit[9], so stellt sich dem Beobachter die Frage, ob die Besonderheit der christlichen Friedensverantwortung tatsächlich zur Geltung kommt. Angesichts der militärpolitischen Lage wird jedoch bald deutlich, daß eine Gemeinschaft von Kirchen hier wenig eigenständige Handlungsmöglichkeiten hat, sondern stärker darauf angewiesen ist, durch beharrliches Agieren im Vorfeld von Entscheidungen dem Verlangen nach Abrüstung

7 Zitiert in: H. Krüger/W. Müller-Römheld (edd), Bericht aus Nairobi 75, Frankfurt/M. 1976, S. 190-193.

8 An einer Konferenz von Nicht-Regierungsorganisationen, die im Frühjahr im Vorfeld der Sondergeneralversammlung der UN zur Abrüstung in Genf tagte, nahmen Vertreter von über 250 Organisationen, darunter auch des ÖRK teil, vgl. epd-Dokumentation 32/33, 1978.

9 Auf der Sondergeneralversammlung selbst fand am 12. 6. 1978 unter dem Stichwort "Abrüstung ist nicht nur eine Provinz von Regierungen" ein NGO-Day (=Tag der Nicht-Regierungsinstitutionen) statt, auf dem Vertreter von 25 Organisationen zu Wort kamen, darunter auch der Generalsekretär des Ökumenischen Rates der Kirchen.

Gehör und Wirkung zu verschaffen. Diese Erfahrung hat die ökumenische Bewegung bereits während der 50er und 60er Jahre gemacht, als die ersten Rüstungskontrollverhandlungen zwischen den Großmächten in Gang kamen[10]. Allerdings hat die Erklärung von Nairobi die Forderung nach Abrüstung sehr viel radikaler präsentiert.

2. Anstöße und Zielsetzungen des Programms

Wie gegenwärtig und drängend die Teilnehmer der 5. Vollversammlung des ÖRK in Nairobi die Lasten und Gefahren von Militarismus und Rüstung empfunden haben, wird deutlich, wenn man sich noch einmal die Arbeitsergebnisse der Konferenz vergegenwärtigt. Im Gegensatz zu den früheren Stellungnahmen aus dem kirchlichen Raum[11], die Militarismus und Rüstung vor allem als Konsequenzen internationaler Vorgänge interpretiert hatten, setzte sich nun die Ansicht durch, daß in gleichem Maße auch gesellschaftliche, wirtschaftliche und kulturelle Faktoren zur Erklärung heranzuziehen waren. Die wachsende Zahl von Militärregimen in der Welt sowie die ständig zunehmenden Menschenrechtsverletzungen wurden als Ausdruck von ungerechten sozialen, ökonomischen und politischen Strukturen interpretiert. Das gleiche gilt auch für den Rassismus. Die schärfste rassistische Unterdrückung findet sich in institutionellen Strukturen, die sich selbst stärken und verlängern, zumeist zum Vorteil Weniger und zum Nachteil Vieler. Als herausragende Beispiele gelten die wachsende Zahl von Militärregimen und die ausufernde Praxis, Repressionsmittel weltweit zu verbreiten[12].

Militarismus und weltweite Rüstung werden darüber hinaus in engen Zusammenhang mit dem technologischen Wandel gebracht und in ihrer Expansion als Mißbrauch ohnehin knapper materieller Ressourcen interpretiert. Mit dem Verfügen über militärische Machtmittel lassen sich im nationalen wie internationalen Kontext Abhängigkeitsverhältnisse aufrechterhalten. Die Hoffnung, mit Armeen zur Befreiung zu gelangen, hat sich selten erfüllt[13].

10 D. Hudson, The World Council of Churches in International Affairs, Leighton Buzzard 1977, S. 260.

11 CCIA Dokumentation, 1978, 1, ÖRK-Erklärungen zum Problem der Abrüstung.

12 Sektion V: Strukturen der Ungerechtigkeit und der Kampf um Befreiung, in: Krüger/Müller-Römheld, a. a. O. (Anm. 7), S. 70-96.

13 Sektion VI: Menschliche Entwicklung: Die Zwiespältigkeit von Macht und Technologie und die Qualität des Lebens, ebda., S. 98-121.

Diese Deutung der Zusammenhänge, die für jede zukünftige Auseinandersetzung mit Militarismus und Rüstung gilt, schuf zugleich die Verbindung zu anderen Aktivitäten der ökumenischen Bewegung, die sich mit Fragen der Entwicklungspolitik und der Gewalt beschäftigten. Der Wunsch, das weitere Vorgehen des ÖRK in Gestalt eines Programms zu kleiden, wurde während der Vollversammlung an verschiedenen Stellen laut[14]. Er ist als Versuch zu werten, das Engagement der kirchlichen Gemeinschaft zwischen den Vollversammlungen verbindlicher zu machen und gleichzeitig mit neuen Initiativen auf die lebensbedrohliche Situation der 70er Jahre zu reagieren. Die Beratungen und Beschlußfassungen der Vollversammlung haben in folgenden Ergebnissen ihren Niederschlag gefunden:

– in der „Erklärung zur Weltrüstungssituation". In diesem Dokument wird die gegenwärtige militärpolitische und rüstungstechnische Situation der Welt skizziert und an die Kirchen appelliert, der Kriegsgefahr und der fortschreitenden Rüstung einschließlich ihrer gesellschaftlichen Nebenwirkungen entgegenzutreten. In der Spannung zwischen dem Wunsch nach Sicherheit und den Mitteln zur Befriedigung dieses Bedürfnisses sollen – so lautet der später vielfach als „anstößig" empfundene Satz – „die Kirchen ihre Bereitschaft betonen, ohne den Schutz von Waffen zu leben, ...".
– in den Richtlinien für die künftige Programmgestaltung, die die Auseinandersetzung mit Militarismus und Rüstung in einen engen Zusammenhang mit dem „Kampf um wahre Menschlichkeit" bringen.

Die vielfältige Resonanz auf die in Nairobi geführte Diskussion über Militarismus, Rüstung, Kriegsgefahr und internationale Abhängigkeit deckte schnell auf, in welchem Maße einzelne Phänomene überall registriert wurden, wie sie aber auch je nach Kontext wiederum variierten. Angesichts dieses vielfarbigen Bildes versagen allgemeine Erklärungsmodelle. Zudem stellte sich rasch die Einsicht ein, daß mit Militarismus und Rüstung nur Elemente eines umfassenderen Problemfeldes – der Rolle organisierter Gewalt in politischen, gesellschaftlichen oder wirtschaftlichen Zusammenhängen – benannt worden waren. Nun waren wieder Fachleute und Wissenschaftler gefragt, um die Probleme zu deuten. Nachdem Experten aus Militär und Friedensforschung für die weitere Programmplanung herangezogen wurden, zeichnete sich ab, daß sich die Fachdiskussion und die Suche nach einem be-

14 U. Lochmann, Kampf um Befreiung – Wer gegen Wen?, in: Ökumenische Rundschau, 25, 1976, S. 212-226, S. 221 und G. Dietrich, Menschliche Entwicklung, in: ebda., S. 227-241, Anm. 14.

sonderen kirchlichen Beitrag voneinander trennen würden, was von den Initiatoren bald als belastend empfunden wurde. Es zeigte sich, daß es hier nicht möglich war, ein „Aktionsprogramm", wie es der ÖRK in anderen Sektoren wie der Entwicklungsförderung oder der Energiepolitik initiiert hatte, zu beginnen, denn die Kirchen können nur mittelbar auf die Faktoren Einfluß nehmen, die als Ursache von Militarismus und Rüstung gelten. Zudem würde jede Aktivität von Seiten des ÖRK und seiner Mitglieder rasch in die Zone politischer Kontroversen angesichts der aufgeworfenen Fragen geraten, denn die von Militarismus und Rüstung ausgehenden Gefahren werden je nach Standort unterschiedlich beurteilt:[15]

- Stimmen aus dem Kreis der Industrieländer betonen vor allem die Gefährdung des Weltfriedens durch die zahlreichen Konflikte in und zwischen den Entwicklungsländern, die häufig mit Menschenrechtsverletzungen einhergehen. Der bislang dominierende Ost-West-Konflikt tritt demgegenüber zurück.
- Kirchliche Stimmen aus Entwicklungsländern verweisen vor allem auf die Gefahren, die von dem Wettrüsten zwischen den beiden Militärblöcken in Ost und West ausgehen. Die Rüstung in der Dritten Welt ist demgegenüber eher marginal. Es fällt ihnen jedoch schwer, die innenpolitische Rolle vom Militär in ihren Heimatstaaten in Frage zu stellen, weil dem Wirken der Streitkräfte kaum Grenzen gesetzt sind. Kirchen und kirchliche Führer aus der Dritten Welt können die eigene innenpolitische Entwicklung häufig nicht kritisieren, ohne sich selbst unmittelbaren Repressalien auszusetzen.
- Die osteuropäischen Kirchen haben das Thema: Militarismus zunächst von sich gewiesen und sich hinter die „friedensorientierte" Politik ihrer Regierungen gestellt. Bei dem Verlangen nach Abrüstung haben sie sich stark engagiert.
- Der Begriff „Militarismus" erwies sich auch in bundesdeutschen Zusammenhängen[16] als Reizwort, das Widerstände weckte, denn die Kirchenvertreter fürchteten eine Wiederbelebung der Diskussion über die Rolle des Militärs in der jüngeren deutschen Geschichte.

Die Fortführung der Anregungen von Nairobi stand in den darauffolgenden Jahren unter einem zweifachen Druck: Einerseits hatten Diskussionen und Beschlüsse der Vollversammlung große Erwartungen im Blick auf zukünftige Aktivitäten geweckt, andererseits drängten bereits terminierte Vorgänge darauf, die kirchliche Diskussion weiterzutreiben – hier vor allem die für das Frühjahr 1978 angesetzte UN-Sondergeneralver-

15 B. Moltmann, Rüstung und Militarismus. Provokation oder Chance für den Ökumenischen Rat der Kirchen? In: Junge Kirche, 38, 1977, 6, S. 311-315.
16 Vgl. den Beitrag zu „Militarismus" im gleichen Band.

versammlung über Fragen der Abrüstung –, einmal abgesehen von der Einsicht, daß ohnehin jedes weitere Zaudern der weiteren Expansion der Rüstung und der Ausweitung der Kriegsgefahr den Weg bereitet. Der äußere Ablauf der Weiterarbeit läßt sich in folgender Weise skizzieren: Nach einer Vorbereitungszeit von 1 1/2 Jahren, während der eine Reihe von Experten um Mithilfe bei der Strukturierung der Fragen und des Materials gebeten wurden[17], veranstaltete man zwei internationale Fachtagungen, von denen die eine der breiteren Diskussion des Militarismus-Problems gewidmet war (November 1977), und die andere die begrenzte Aufgabe hatte, zu klären, welchen Beitrag die Kirchen zur Abrüstung leisten könnten (April 1978). Der gemeinsame Tagungsort der Konsultationen gab dem Treffen ihren Namen: Glion I und Glion II. Die dort erarbeiteten Berichte und Empfehlungen liegen inzwischen den Mitgliedskirchen vor[18]. Das auf zwei Konsultationen zusteuernde Verfahren prägte den Umgang mit den Inhalten insofern, als die Bereiche: Militarismus und Rüstung (oder „Wettrüsten", „Abrüsten") wieder auseinandergezogen wurden, und für jedes der beiden Themen ein Treffen durchgeführt wurde, obwohl zunächst gerade der Verweis auf die Zusammenhänge das Originelle der Diskussion von Nairobi gewesen war. Allerdings konnte man bei Fragen der Rüstung an die Tradition ökumenischer Initiativen anknüpfen, während das Stichwort: Militarismus zunächst Ungewißheit erzeugte, und die vorbereitenden Arbeiten wenig Hoffnungen geweckt hatten, hier zu neuen Einsichten und praktischen Handlungsvorschlägen zu kommen. Die Teilnehmer der Tagungen waren unter den Gesichtspunkten einer gewissen regionalen Ausgewogenheit und der fachlichen Kompetenz eingeladen. Insofern waren alle Konflikte, die auch andere Veranstaltungen zu dem Thema: Militarismus und Rüstung beschäftigten, hier präsent[19].

Die Tagungen standen in ihrer Arbeit vor dem Problem, Bekanntes, an anderer Stelle und von Friedensforschern, Strategieexperten, Friedensarbeitern oder Politikern bereits Gedachtes und Formuliertes aufzunehmen und mit dem christlich-kirchlichen Interesse daran in Verbindung zu bringen. Diese Aufgabe fiel vor allem den theologischen Grundsatzreferaten zu, die einerseits die Position von Kirchen und Christen

17 Ökumenischer Rat der Kirchen. Exekutivausschuß Genf (14.-18.2.77), Dokument Nr. 13: Studienprogramm über Militarismus und Wettrüsten.

18 epd-Dokumentation 22/23, 1978, Glion I: Militarismus-Konsultation des ÖRK epd-Dokumentation 27 und 32/33, 1978, Glion II: Abrüstungskonsultation des ÖRK

19 So gingen Vorlagen für die Konsultationen in die Arbeit von Sektionen der Pugwash-Conference und International Peace Research Association ein:
A. Eide/ M. Thee (edd), Problems of Contemporary Militarism. London 1980.
M. Kaldor/ A. Eide (edd), The World Military Order. The Impact of Military Technology on the Third World, London 1979.

gegenüber Militarismus und Rüstung zu begründen hatten, die andererseits der Gefahr begegnen mußten, nur kirchliche Legitimationen zu politischen Aktionen zu liefern.

Der Theologe W. Huber aus der Bundesrepublik wählte in seinem Beitrag „Das Problem des Militarismus – einige theologische Perspektiven"[20] einen systematisch-historischen Zugang, indem er grundsätzliche Bemerkungen zum Verhältnis von Kirchen oder Christen zu Militär oder staatlicher Gewalt mit Interpretationen der Geschichte des Christentums verband[21]. Militarismus erschien ihm als Zeichen des Widerspruchs zwischen dem christlichen Auftrag der Kirche und den historischen Wirkungen ihres Tuns. Der Beitrag der Kirchen in der Auseinandersetzung mit Militarismus könne darin bestehen, das Verhältnis zwischen Kirche und politischer Macht zu überprüfen, darüber nachzudenken, ob Gott nur ein strafender Gott ist, und auf einen Wandel des Menschenbildes hinzuarbeiten.

Der ungarische Theologe K. Toth stellte in seinem Referat zu theologischen Aspekten der Abrüstung[22] vor allem die Forderung an die Kirche in den Mittelpunkt, sich nicht der Wirklichkeit zu entziehen, sondern sich der Friedensaufgabe anzunehmen. Man könne nicht zwischen theologischen und politischen Problemen unterscheiden, sondern habe als Christ die umfassende Verantwortung wahrzunehmen. Angesichts der Diskrepanz zwischen den Inhalten kirchlichen Redens und der tatsächlichen Praxis empfiehlt Toth, sich wieder der prophetischen Aufgabe zu besinnen. Trotz aller Emphase haben die theologischen Beiträge nicht erreicht, neuen Perspektiven auf die Probleme von Militarismus und Rüstung den Weg zu bahnen, denn sie konnten den aufgedeckten Widerspruch zwischen Reden und Handeln nicht überbrücken. Die Wirklichkeit von Krieg, Rüstung und Militarismus beherrschte die Beratungen der Ökumene zu sehr, als daß Raum gewesen wäre, über eine Neuorientierung kirchlichen Engagements nachzudenken, die Aussicht gehabt hätte, nachvollzogen zu werden. Die Beispiele aus der Geschichte der Friedenskirchen waren zwar präsent, aber nicht stark genug, um prägend zu wirken.

Die *Militarismus-Konsultation (Glion I)* im November 1977 bemühte sich zunächst einmal um eine Begriffserklärung: „Militarismus" wird als mehrdimensionaler Begriff verstanden. Man kam zu folgendem Definitionsversuch: „Militarisierung ist als Prozeß zu verstehen, durch den militärische Werte, Ideologien und Verhaltensmuster einen bestimmen-

20 In: epd-Dokumentation 22/23, 1978, 35-53 u. Beitrag im gleichen Band.
21 Vgl. W. Huber/G. Liedke (edd), Christentum und Militarismus, Stuttgart/München, 1974 (Studien zur Friedensforschung, 13).
22 In: epd-Dokumentation 32/33, 1978.

außenpolitischen Angelegenheiten des Staates erhalten, mit der Folge, daß die strukturellen ideologischen und verhaltensmäßigen Muster, sowohl der Gesellschaft als auch der Regierung ,militarisiert' werden."[23].

Es wurden folgende Vorschläge ausgearbeitet:

a) Die Mitgliedskirchen sollen sich die Problembestimmung zu eigen machen und nach Bezugspunkten im eigenen Bereich suchen.
b) Die Kirchen sollen sich im nationalen und internationalen Rahmen anderen, ähnlich orientierten Bewegungen öffnen und in ihren Friedensaktivitäten sich mit ähnlich orientierten Kräften im Bereich der Katholischen Kirche verbinden.
c) Beginn der theologischen Arbeit in diesem Bereich:
   – Untersuchung religiöser und theologischer Interpretationen, die militaristische Verhaltensweisen begünstigen.
     Verhältnis Kirche – Krieg (gerechter)
     Verhältnis Kirche – Militär/Kriegsdienstverweigerung
     Verhältnis Kirche – Staat/Nation
   – Frage des Feindbildes
   – Funktion der „nationalen Sicherheit".

In der Thematik der *Abrüstungskonsultation (Glion II)* im April 1978 ist eine Eingrenzung gegenüber dem ursprünglichen Ansatz: Rüstung oder Wettrüsten eingetreten. Gleichzeitig wird die zeitliche und sachliche Nähe zur im Mai/Juni 1978 stattfindenden UN-Sondergeneralversammlung zu dieser Frage deutlich. Die Spannung zwischen dem Titel der Veranstaltung und der Programmbezeichnung verweist auf einen möglichen Zielkonflikt: Rüstungskontrolle oder -beschränkung gelten als kurzfristig eher zu realisierende Forderungen als das Verlangen nach Abrüstung[24].

Die Tagung hatte folgende Ergebnisse:

a) Die Abrüstungsdebatte muß aus der Konzentration auf militärische und strategische Probleme herausgeführt und in den größeren Zusammenhang der globalen wirtschaftlichen, sozialen, politischen und wissenschaftlich-technologischen Probleme hineingestellt werden.
b) Das Verlangen nach Abrüstung und Frieden muß in elementaren Begriffen ausgedrückt werden, ohne einer Vereinfachung anheim zu fallen.
c) Die Kirchen sollen die nationale und internationale militärische Diskussion auf die ihnen eigenen Ziele und Absichten hin überprüfen.
d) Die Kirchen sollen Kanäle für die friedliche Beilegung von Konflikten schaffen.

23 epd-Dokumentation 22/23, 1978, S. 3.
24 Vgl. den Beitrag von F. Solms in diesem Band.

e) Die Kirchen sollen die Zusammenschau von militärischen Ausgaben und Entwicklungshilfe fördern.

Insgesamt hat die Tagung über Militarismus in stärkerem Maße auf bislang verdeckte Zusammenhänge und Probleme hingewiesen und ist dabei ihrem Auftrag nähergekommen als die Abrüstungs-Konsultationen, die mit ihrer Themenstellung eher konventionell verlief. Die kritische Darstellung des Umgangs, den die Ökumene mit dem Thema: Militarismus und Rüstung pflegt, soll nicht darüber hinwegtäuschen, daß ein großer Teil der Schwierigkeiten des Diskussions- und Arbeitsgangs in der Sache selbst liegt, also nicht dem speziellen Kontext der Ökumene angelastet werden kann.

3. Das Programm

Befragt, was denn nun das ökumenische Studienprogramm für Abrüstung und gegen Militarismus und Wettrüsten sei, kann man zunächst antworten: Es handelt sich um eine gezielte Bündelung von Aktivitäten der internationalen Arbeit des ÖRK, mit dem Ziel, innerhalb der Mitgliedskirchen weiteres Engagement zu stimulieren[25].

Im Rahmen des derzeitigen Programmes wird den Mitgliedskirchen des ÖRK vorgeschlagen, sich zu beschäftigen mit:

- der nuklearen Aufrüstung in Ost und West, aber auch der Gefahr der Weiterverbreitung atomarer Waffen.
- der Möglichkeit, durch bilaterale Gespräche über die Grenze von Blöcken hinweg zu einem Abbau der politischen und militärischen Spannungen beizutragen, wie dies beispielsweise durch Kontakte zwischen den evangelischen Kirchen der DDR und US-amerikanischen Kirchenvertretern schon begonnen worden ist.
- den Umständen, unter denen heute Waffen in der Welt verbreitet werden. Dies geschieht einerseits durch einen ausgedehnten Waffenhandel, andererseits durch eine sich ausweitende Waffenproduktion in der Welt. Eine Reihe westeuropäischer Kirchen haben mit Studienarbeiten dazu einen Anfang gemacht[26]. Das Beispiel des Waffenexportes gehört in den größeren Zusammenhang der Frage, inwieweit die weltweite Rüstung die bestehenden Abhängigkeiten vertieft und letztlich die Unterentwicklung fördert.

25 Zusammenfassend N. Koshy, Das ökumenische Antimilitarismus-Programm, in: Der Überblick 16, 1980, 4, S. 74-77.

26 Des églises d'occident, face aux exportations d'armes. Paris: o. J. (1979).

– dem Einfluß von Militär und Militarismus auf die Gesellschaft, der sich zum Beispiel in der Diskussion ausdrückt, ob Frauen zum Militärdienst herangezogen werden sollen. In vielen Fällen sind bereits Kinder Teil des Militärapparates und leisten dort Hilfsdienste.
– dem Zusammenhang zwischen Militarismus und der Verletzung von Menschenrechten. Die Einschränkung der Menschenrechte ist unmittelbar erfahrbar und führt, wie Reaktionen in philippinischen Kirchen gezeigt haben, zu intensiven Auseinandersetzungen mit dem herrschenden Regime.
– den Möglichkeiten der Friedenserziehung. Hier wird sowohl an die Wissenschaft appelliert, einen Beitrag zum Frieden zu leisten – im Jahr 1979 startete die Initiative „Science for Peace" – als auch die Basis aufgefordert, sich der Friedensbewegung anzuschließen. Als Beispiel gelten hier die Entwicklungen in den Niederlanden.

Die ersten Phasen des Programms haben gezeigt, daß die Probleme von Militarismus und Rüstung in hohem Maße vom Kontext bestimmt werden. Insofern erwies es sich als schwierig, einen gemeinsamen Nenner für die verschiedenen Aktivitäten zu finden. Die Stellen des ÖRK, die für das Programm verantwortlich sind, haben daraus den Schluß gezogen, dem Programm keine bindende Form zu geben, zum Beispiel in Gestalt von präzisen Zeitvorgaben oder neuen Vorschlägen. Die Konsultationen haben Problemzusammenstellungen und zahlreiche praktische Vorschläge erarbeitet, die bei weitem noch nicht alle ausgeschöpft sind. Außerdem sind Militarismus, Rüstung und Krieg sowie deren Folgen für Menschen und Kirchen zu ständigen Punkten auf der Agenda der internationalen Tätigkeit des ÖRK geworden und hängen unmittelbar mit anderen Arbeitsschwerpunkten wie dem Programm zur Bekämpfung des Rassismus, der Flüchtlingshilfe, den Entwicklungsinititativen zusammen.

Wie Ninan Koshy als zuständiger Sekretär im ÖRK-Stab formulierte, besteht eine der zentralen Aufgaben jetzt darin, Informationen zu sammeln, sie weiterzugeben und daraus ein Frühwarnsystem aufzubauen, um einzelne Kirchen und die internationale Gemeinschaft auf sich abzeichnende Konflikte vorzubereiten. Von Seiten der Mitgliedskirchen mag dieser Verzicht auf Leitung der Programmarbeit, der vor allem mit pragmatischen Gesichtspunkten begründet wird, bedauert werden, da der ÖRK damit eine Reihe von Instrumentarien aus der Hand gibt, die ihn im ersten Jahrzehnt seines Bestehens befähigt haben, in verschiedene akute Konflikte vermittelnd einzugreifen. Gleichzeitig liegt darin aber auch eine Chance für die ökumenische Bewegung, denn jetzt besteht die Möglichkeit, aus der Vielzahl der Beiträge zum Programm ein umfassendes Bild zu erhalten, auf dem sich die Verschiedenen Aspekte von Militarismus und Rüstung wiederfinden. Wie die bisherige Praxis des Programmes zeigt, haben Kirchen – vor allem in den USA, West- und Osteuropa – mit Studien- und Arbeitsvorhaben an unterschiedlichen Stellen des Themenkataloges angesetzt. Stimmen aus der Dritten Welt äußern sich stärker zu Fragen, die mit den Menschenrechten zusammenhängen. Bis jetzt zeigt sich das Maß an Mobilisierung, das das Programm innerhalb einzelner Kirchen erreicht hat, sich mit den Fragen der militärischen Gewalt, von Krieg und Frieden auseinanderzusetzen.

Im Bereich der Bundesrepublik hat das ökumenische Programm den Hintergrund für die seit der Mitte der 70er Jahre intensiver gewordene Debatte abgegeben, mit welchen Mitteln sich heute noch angemessen eine Verteidigung erreichen lasse. Die Texte aus der Ökumene akzeptieren das Recht, Person, Besitz, religiöse, weltanschauliche und kulturelle Lebensbedingungen zu verteidigen. Sie tadeln jedoch den Exzess bei der Vorbereitung darauf und im Umgang mit den Mitteln, die dafür zur Verfügung stehen. Insofern bleiben sie im Ergebnis hinter der möglichen Radikalität der Forderung, auf Verteidigung mit Waffengewalt zu verzichten, zurück.

Jeder Versuch, die Umstände der Verteidigung in Frage zu stellen, sieht sich der Schwierigkeit gegenüber, zwischen dem Bedürfnis nach Sicherheit und den Mitteln zu dessen Befriedigung – hier: Waffen – abzuwägen. Wie läßt sich das in der Diskussion um Verteidigung bald erwachsende Freund-Feind-Denken unter den heutigen Bedingungen des Zeitalters atomarer und hochentwickelter Waffen mit dem gängigen Slogan verbinden: „Der Zweck heiligt die Mittel"? In dieser Situation erlebt derzeit die Vorstellung von „Sicherheit" eine Hochkonjunktur, denn sie vereinigt eine Reihe von Wünschen auf sich. Ähnlich wie der Begriff „Militarismus" ist jedoch auch der der Sicherheit eher geeignet, Unklarheiten zu erhalten als Wege aufzuzeichnen, wie das Ziel erreicht werden kann. In dem Maße, in dem Sicherheit mit der Anwendung von Waffengewalt oder mit deren Androhung identifiziert wird, tritt auch eine Verengung des Verständnisses von Sicherheit ein. Insgesamt umfaßt Sicherheit mindestens folgende Aspekte – ausgedrückt in Eigenschaften:

– geschützt, wohlverwahrt
– ohne Sorge, unbekümmert
– gewiß, zuverlässig.

Die Sicherheit, die sich militärischer Mittel bedient, strebt danach, Schutz vor Gewalt zu erreichen. Im Zusammenhang mit ihm sollen sich dann die übrigen Funktionen von Sicherheit einstellen. Der Absicht steht die Tatsache entgegen, daß mit den zunehmenden Bemühungen um

Schutz letztlich die Unsicherheit wächst, denn die verstärkte eigene Sicherheit wirkt auf das Gegenüber wiederum als Bedrohung. Im Rahmen eines Denkens, das auf Modellen der Abschreckung beruht, wird die Unsicherheit im Sinne von Ungewißheit gar als Mittel eingesetzt, um Sicherheit zu erreichen, ohne jedoch zu Sorglosigkeit oder Gewißheit zu führen.

Die bisherigen Versuche von Militär und Politik, durch das Vertrauen auf die mögliche oder tatsächliche Wirkung von Waffen dem Dilemma: Sicherheit zu entkommen, haben wenig zur Befriedigung der Bedürfnisse nach Sicherheit geleistet. Insofern hat der Appell von Nairobi aus dem Jahr 1975 nichts an Aktualität verloren: „Wir appellieren an alle Christen, für die Abrüstung der Welt zu denken, zu arbeiten und zu beten".

II. ANALYSEN

Mehdi Padamsee

Von der massiven Vergeltung zu flexible Response. Zur Problematik strategischer Rüstung

1. Einleitung: Kriegsführung und Kriegsverhütung

In seinen Überlegungen zur Kriegskunst unterscheidet Carl von Clausewitz zwischen dem Streben, militärische Vorgänge zu verstehen, und dem Wunsch, daraus für die Praxis zu lernen. Das Denken kriegerischer Handlungen bewegt sich in dieser Spannung: Betrachtung und Erklärung militärischer Verhältnisse gehen in die Formulierung militärischer Ziele und Möglichkeiten über. Der Taktik kommt die Aufgabe zu, auf dem Gefechtsfeld einen Sieg über die gegnerischen Kräfte herbeizuführen, der Strategie stellt sich die Aufgabe, mit Hilfe des taktischen Erfolges – des Sieges – Bedingungen des Friedens zu schaffen[1]. An der Aufgabe strategischer Überlegungen hat sich seit Clausewitz, sein Werk „Vom Kriege" erschien 1832, zumindest im europäischen Kontext wenig geändert. Im Blick auf die Mittel jedoch ist seit dem Eintritt in das Zeitalter atomarer Waffen eine radikale Wende eingetreten. Heutigem militärischem Denken im Zeichen des Gegensatzes zwischen Ost und West stellt sich die Aufgabe, Krieg zu verhüten[2]. Sicherheitspolitik geht darüber hinaus, denn an sie richtet sich die Erwartung, den Frieden unter Austragung menschlicher und politischer Konflikte zu erhalten und zu gestalten. Dem militärischen Teil des Friedensauftrages gilt die Abschreckungsstrategie. Sie nutzt militärische Mittel, um auf Entscheidungen eines möglichen Gegners einzuwirken und ihn durch Androhung ihres Einsatzes dazu zu bewegen, auf einen Angriff zu verzichten, weil ihm glaubhaft gemacht worden ist, daß er bei einem Angriff mehr verliert als gewinnen oder doch nicht die erwarteten Vorteile erlangen kann[3].

1 C. v. Clausewitz, Vom Kriege, [19]Bonn 1980, S. 290 ff.

2 C. F. v. Weizsäcker, Militärische Tatsachen und Möglichkeiten, in: G. Howe (ed), Atomzeitalter – Krieg und Frieden, Frankfurt/Berlin 1961, S. 22-54, S. 36 f.

3 U. Schwarz/L. Hadik, Strategic Terminology, Düsseldorf 1966, S. 49.

Es mehren sich in den letzten Jahren nun die Anzeichen, daß trotz fortbestehender Abneigung auf allen Seiten, einen Krieg zu führen, der Gedanke, durch Abschreckung Kriege zu verhüten, an Boden verloren hat: Die alte Abschreckung ist tot! – Wird der Krieg wieder denkbar? Die Atomstrategie wandelt sich – so lauten die Überschriften. Als stichhaltige Indizien dafür seien unter anderem genannt:

- der Beschluß der NATO-Staaten im Mai 1978, die Verteidigungsausgaben jährlich um 3% zu erhöhen, was auf eine Stärkung der konventionellen Waffen hinausläuft[4].
- der Beschluß der NATO, ihr Mittelstreckenpotential in Mitteleuropa im Zusammenhang mit der Einführung neuer Raketen im Bereich des Warschauer Paktes durch Raketen zu verstärken, die das Territorium der Sowjetunion erreichen. Deshalb werden sie von sowjetischer Seite als strategische Waffen eingestuft[5]. Sie bedrohen sowjetische Potentiale, die gegen die strategischen Waffen in den USA gerichtet sind und als Element der stabilen wechselseitigen Abschreckung gelten. Zum ersten Mal sollen Waffen auf westeuropäischem Boden stationiert werden, die zivile und militärische Ziele im Kernland der Sowjetunion zerstören können. Dieser NATO-Beschluß wird in der Diskussion als „Nachrüstung" bezeichnet, das heißt, es wird eine Wechselbeziehung zwischen den sowjetischen Rüstungsmaßnahmen, die Mittel- und Westeuropa bedrohen – dazu gehört auch die Verstärkung sowjetischer Panzerkräfte – und den Veränderungen westlicher Strategiekonzepte und der daraus folgenden Umrüstung hergestellt. Die „Nachrüstung" gilt als Voraussetzung für den Eintritt in Verhandlungen über die Kontrolle der Potentiale in Ost und West und deren mögliche Verringerung[6].
- die Direktive 59 des US-Präsidenten Carter, die im Sommer 1980 unbeabsichtigte Publizität erhielt. Sie bezieht sich auf die Zielplanung eines atomaren Schlages von seiten der USA gegen die Sowjetunion[7]. Dabei unterscheidet sie zwischen militärischen und nicht-militärischen Zielen eines möglichen Angriffes. Die Direktive 59 setzt die strategischen Überlegungen fort, die Abschreckung durch Möglichkeiten der flexiblen Reaktion zu verändern, wie sie 1960/61 vom US-Vertei-

4 Kommuniqué über die Ministertagung des Nordatlantikrates unter Beteiligung von Staats- und Regierungschefs in Washington am 30. Mai 1978, in: Europa Archiv, 33, 1978, 17, D. 478-482, D. 482.

5 Zur Klassifizierung siehe unter 2.2.

6 Kommuniqué der Sondersitzung der Außen- und Verteidigungsminister der NATO zur Frage der Modernisierung der Kernwaffen am 12. 12. 1979 in: NZZ vom 15. 12. 1979.

7 In: Archiv der Gegenwart, 50, 1980, S. 23770 A.

digungsminister Mc Namara unter der Präsidentschaft Kennedys eingeleitet wurden[8]. Damit hat ein wesentlicher Grundsatz der Abschreckung an Kraft verloren: In der Direktive wird die militärische Kraft des Atoms nicht mehr nur als ein passives Element der Strategie der Abschreckung gewertet. Die nuklearen Waffen können danach, selektiv eingesetzt, auch aktive Mittel der Kriegsführung sein[9].

Der folgende Beitrag unternimmt den Versuch, Grundzüge und Entwicklungen des Abschreckungsdenkens nachzuzeichnen,das bis hinein in militärische Detailplanung prägend ist oder zumindest zur Erklärung dient. Dabei steht die Diskussion, wie sie in den USA geführt worden ist oder geführt wird, im Mittelpunkt, denn die USA sind als führende Atommacht im Bereich der NATO verantwortlicher Träger der Abschreckung, obwohl gerade in jüngerer Zeit diese Aufgabenzuweisung Anlaß zu bündnisinternen Spannungen gibt. Auf die Rüstungspolitik und Strategieüberlegungen auf seiten der Sowjetunion wird insoweit eingegangen, als sie ihren Niederschlag in Maßnahmen auf westlicher Seite gefunden haben.

2. Die Abschreckung: Doktrin und Waffen

2.1. Das Konzept der Abschreckung

Im militärischen Denken heißt Abschreckung, Waffen bereit zu halten, deren Wirkung für einen Gegner unannehmbar ist. Das Vorhandensein der Waffen und die Bereitschaft, sie auch einzusetzten, sollen einen Gegner von einem Angriff abhalten (= abschrecken), der ihren Einsatz nach sich zieht[10]. Strategische Doktrinen legen die Einsatzzwecke der (strategischen) Waffensysteme fest und schreiben vor, wie sie – wenn überhaupt – gebraucht werden sollen. Darüber hinaus legen sie der Planung für den Ernstfall Annahmen über die vertretbaren Sicherheitsrisiken zugrunde[11]. Diente ursprünglich jede militärische Strategie allein dazu, die gegnerischen Kräfte zu vernichten, so haben sich im Rahmen des Abschreckungsdenkens die Aufgaben verdreifacht:

8 Erklärung des US-Verteidungsministers Harold Brown am 20.8.1980, in: Survival, 22, 1980, 6, S. 267-270.

9 Die Beurteilung folgt einem Kommentar A. Weinsteins in der FAZ vom 6.9. 1980.

10 Als Überblick: K.-D. Schwarz/W. R. van Cleave, Die Theorie der Abschrekkung in: K.-D. Schwarz (ed), Sicherheitspolitik. Analysen zur politischen und militärischen Sicherheit, [3] Bad Honnef/Erpel 1978, S. 131-149.

11 A. Quanbeck/B. Blechman, Strategic Forces, Washington D. C. 1973, S. 2.

- ein gegnerischer Angriff soll durch Drohung verhindert werden. Diese Drohung gilt nicht nur dem militärischen Potentail, sondern bezieht auch die Bevölkerung und die wirtschaftlichen Ressourcen mit ein,
- im Falle eines gegnerischen Angriffes müssen die eigenen Kräfte so gut geschützt sein, daß sie vor der Zerstörung bewahrt werden,
- um den angedrohten, vernichtenden Gegenschlag tatsächlich ausführen zu können, muß das verfügbare Militärpotential zur Zweitschlagfähigkeit ausreichen.

Im Gegensatz zu traditionellen Militärdoktrinen richtet sich das militärische Denken der Abschreckung vor allem auf den Gegner, von dem man annimmt, er folge der gleichen Rationalität zu überleben wie man selbst. Das setzt voruas, daß der Gegner eindeutig identifiziert werden kann. Die Polarität des Ost-West-Verhlätlnisses hat das Abschreckungsdenken geprägt und bestimmt zugleich dessen Wirkungskreis. Abschreckung ist ein psychologisches Phänomen. Von Begriffen wie Drohung, Wahrnahme von Drohung, Glaubwürdigkeit, Zuverlässigkeit etc., die der Abschreckungsstrategie eigentümlich sind, können wir sagen, daß sie alle der Psychologie des Individiums entstammen. Welche Rolle man auch solchen psychologischen Einstellungen in den internationalen Beziehungen zuzubilligen bereit ist: man muß davon ausgehen, daß Abschreckung eine reale Größe ist. Deswegen müssen die individual-psychologischen Prämissen, auf denen die Logik der Abschreckung beruht, ernst genommen werden. In dieser Hinsicht kommt nun in der Abschreckungstheorie zwei Faktoren eine Schlüsselrolle zu: dem Faktor der Absicht und dem der Fähigkeit. Die Qualität der Abschreckung wird von diesen *beiden* Faktoren und von deren Verhältnis zueinander bestimmt. Strategische Doktrinen spiegeln die politischen Absichten wider und bestimmen insofern das dafür vorgesehene militärische Potential. Umgekehrt kann man aus dem Umfang und der Qualität des strategischen Arsenals einer Nation unter Umständen, mit mehr oder weniger großer Plausibilität, Rückschlüsse auf ihre Intentionen ziehen, z.B. auf ihre Entschlußkraft in Krisenzeiten. Das Konzept der Abschreckung ist darauf ausgerichtet, das Verhältnis zwischen Militär und Politik so zu gestalten, daß die Anwendung militärischer Mittel zwar möglich ist, die politische Aufgabe – ihren Einsatz zu vermeiden – aber verfehlt ist, wenn es tatsächlich zu einem bewaffneten Konflikt kommt[12].

12 In Auseinandersetzung mit den Thesen von Carl von Clausewitz siehe H. Afheldt, Verteidigung und Frieden. Politik mit militärischen Mitteln, München 1979, S. 47 f.

Der Übergang von Kriegsführungsstrategien zu Verhütungsstrategien, die nur von der Androhung eines militärischen Einsatzes ausgehen, vollzog sich unter dem Eindruck der verheerenden Wirkung der atomaren Waffen. Die erste, über Hiroshima gezündete Atombombe hatte eine Sprengwirkung von 20 Kilotonnen. Das genügte, um das Zentrum der japanischen Stadt in einen Aschenhaufen zu verwandeln und auf einen Schlag von den 343000 Einwohnern der Stadt 66000 zu töten und 66000 Menschen schwer zu verletzen. Heute steht in den Militärarsenalen ein Vielfaches dessen zur Verfügung. Um die Sprengkraft der vorhandenen Atomwaffen noch in vorstellbaren Dimensionen auszudrücken, sprechen Fachleute davon, daß auf jeden Einwohner der Welt, heute 3 t Sprengstoff (TNT) entfallen[13]. Der Mensch hat von nun an nicht mehr nur die Fähigkeit, Kriege zu führen, er hat es auch in der Hand, Zivilisationen auszulöschen. Jedem politisch verantwortlichen Handeln stellt sich die Aufgabe, in welcher Form auch immer zu verhindern, daß diese Zerstörungspotentiale in Gang gesetzt werden. Doch war es gerade die Furcht vor den Folgen eines Atomwaffeneinsatzes, die – parallel zur waffentechnischen Entwicklung – im Laufe der letzten Jahrzehnte dazu geführt hat, der Radikalität des Abschreckungsdenkens auszuweichen und ihm andere – flexible – Reaktionsarten vorzulagern. Es stellt sich nun die Frage, ob gleichzeitig an der kriegsverhütenden Wirkung militärischer Planung und Rüstung festgehalten werden kann[14].

2.2. Abschreckende Waffen

Die Bedrohung der beiden militärischen Großmächte als Element der Abschreckung geht in erster Linie von ihren strategischen Offensivwaffen aus. Das sind jene weitreichenden sowjetischen und amerikanischen Trägerwaffen für nukleare Gefechtsköpfe, zum Teil mit interkontinentaler Reichweite, die auf Ziele innerhalb des gegnerischen Territoriums gerichtet sind. Die Sprengkraft der Gefechtsköpfe liegt im Kilo- und Megatonnenbereich (1000 t = 1 KT, 1000 KT = 1 Megatonne). Das sowjetische strategische Raketenpotential ist derzeit (Schätzungen für September 1980) mit einer Sprengkraft von 4497 Megatonnen ausgestattet[15]. Die USA verfügen bei ihrem strategischen Potential über eine Sprengkraft von 3210 Megatonnen. Die Sprengkraft ist in folgender Weise auf die Waffensysteme verteilt[16]:

13 FAZ vom 24.2.1981.

14 Darauf weist hin F. Solms, Die alte Abschreckung ist tot, in: Mitteilungen 1980, 10, S. 29-32.

15 SIPRI, Rüstungsjahrbuch 1980/81, Reinbek 1980 (=RoRoRo-aktuell 4735), S. 22 f.

16 Ebda, S. 25.

	USA	Sowjetunion
seegestützte Raketen	9 %	17 %
landgestützte Raketen	41 %	83 %
Bomberflugzeuge	50 %	–

Die Überlegenheit der Sowjetunion im Bereich der atomaren Sprengkraft wird auf seiten der USA durch die Zahl der Sprengköpfe und deren Verteilung auf verschiedene, voneinander unabhängige Trägersysteme mehr als ausgeglichen: So verfügen die USA über circa 9 200 Sprengköpfe, die Sowjetunion über circa 5 000. Sie sind folgendermaßen verteilt:

	USA	Sowjetunion
seegestützte Raketen	54 %	21 %
landgestützte Raketen	21 %	79 %
Bomberflugzeuge	25 %	–

Die verschiedenen strategischen Waffensysteme werden unter dem Kriterium der gesicherten Zerstörungsfähigkeit aufgebaut und unterhalten. Es ist die erklärte Politik der USA, daß jedes Element der strategischen Triade, also die landgestützten Interkontinentalraketen (ICBMs), die U-Boot-gestützten Fernraketen (SLBMs) und die Fernbomber für sich genommen ausreichen soll, dem Gegner unannehmbaren Schaden im Fall eines nuklearen Angriffes zuzufügen. Dies wird zuweilen im Sinne eines „worst case"[17] damit begründet, daß ein Element der Triade ausfallen kann oder der Gegner auf einem Gebiet einen technologischen Durchbruch erreicht, wodurch die Zweitschlagfähigkeit beeinträchtigt werden könnte. Dagegen kann man aber den berechtigten Standpunkt vertreten, daß, gleichgültig wie die Gegenseite aufrüstet, eine Beschränkung seitens der USA auf einige strategische U-Boote jedenfalls für absehbare Zeit vollkommen ausreichen würde, um dem Gegner, wenn nötig, unannehmbaren Schaden zuzufügen. Das ist bekanntlich der Standpunkt der minimalen Abschreckung. In der Tat werden die U-Boote auch offiziell[18] als das verläßlichste Element der Triade gegen einen eventuellen ersten nuklearen Schlag auf die USA angesehen. Das liegt daran, daß U-Boote, während sie in den Weltmeeren unterwegs sind, kaum geortet werden können. Hinzu kommt, daß die USA sowohl auf dem Gebiet der atoma-

17 Die „worst-case" Methode oder die Methode des „schlimmsten Falles" wurde im Pentagon von Verteidungsplanern unter Verteidigungsminister McNamara eingeführt. Sie geht von extrem ungünstigen Annahmen über die jeweils zu erwartende Stärke der sowjetischen Bedrohung für die USA aus.
J. Kahan, Security in the Nuclear Age, Washington, D. C. 1975, S. 96-98.

18 Vgl. demgegenüber neuerdings die Ausführungen über die Fortschritte in den Technologien zur U-Boot-Bekämpfung in: SIPRI, World Armament and Disarmament, Yearbook, London 1979, S. 389 ff., besonders S. 416 und S. 448 f.

ren U-Boot-Technologie – und hier zählen Eigenschaften wie die Schnelligkeit der U-Boote, ihre Reichweite, ihr Geräuschpegel usw. – als auch in der Technologie der U-Boot-Verfolgung und -Bekämpfung einen Vorsprung gegenüber der Sowjetunion besitzen. Darüber hinaus sind, was den Zugang zu den Weltmeeren betrifft, die USA in einer ungleich vorteilhafteren Position als die Sowjetunion. Deshalb muß die Frage gestellt werden, ob nicht aus anderen Gründen an der Triade überhaupt festgehalten wird. Da die Sowjetunion als ausgesprochene Landmacht das Schwergewicht ihres strategischen Potentials auf ihre verbunkerten ICBMs legt, ist es möglich, daß die USA, allein um angenommene Nachteile zu vermeiden – Nachteile, die im Hinblick auf die gesicherte Zweitschlagfähigkeit *militärspezifisch* kaum von Belang wären – ihrerseits ebenfalls nicht auf ihre ICBMs verzichten kann. Da die landgestützten Minuteman ICBMs außerdem aus vermessenen Stellungen abgefeuert werden können, haben sie zur Zeit vermutlich noch eine höhere Treffgenauigkeit als die SLBMs und sind darum geeigneter für die Bekämpfung von Punktzielen, eine Tatsache also, die für eine Strategie der flexiblen Reaktion von Bedeutung ist. Was die strategischen Bomber betrifft, so eignen sie sich in Krisenzeiten viel eher zur flexiblen Verwendung, da sie als Zeichen einer ernst gemeinten Warnung an den Gegner gestartet und zurückgeholt werden können, ohne einen nuklearen Angriff auch durchgeführt zu haben.

„Ballistic missiles" oder Raketen bilden den Eckpfeiler der strategischen Offensivkapazität. Das Prinzip des Raktenantriebes beruht auf der Rückstoßwirkung des Treibstoffes. Im Gegensatz etwa zu einem Geschoß, das aus einem Geschützrohr abgefeuert wird, kann durch das Rückstoßprinzip die Beschleunigung einer Rakete über eine Dauer von mehreren Sekunden oder Minuten verteilt werden, was die Erreichung sehr hoher Geschwindigkeiten ohne allzu massive Konstruktion ermöglicht. Ballistisch nennt man die Raketen, weil die Endphase ihrer Flugbahn, nach Ausbrennen der Endstufe, ähnlich wie ein Wurfgeschoß, nur durch Größe und Richtung ihrer Geschwindigkeit beim Brennschluß bestimmt ist. Die Größe dieser Geschwindigkeit liegt bei 7-10 Km/Sek. Das ist erheblich höher als die Geschwindigkeit, die ein Flugzeug erreichen kann, und darum ist die Abwehr solcher Waffen außerordentlich schwierig. Hierin liegt eben die militärische Bedeutung der Raketenwaffe. Die Nutzlast einer solchen Rakete erreicht ein Ziel von interkontinentaler Reichweite in etwa 30 Minuten. Zwei Parameter der Nutzlast spielen dabei eine entscheidende Rolle: die Zerstörungskraft und die Treffgenauigkeit.

Die Interkontinentalraketen tragen Kernwaffen, deren Sprengwirkung meist im Megatonnenbereich liegt. Maß für die Treffgenauigkeit ist der sogenannte CEP (= Circular Error Probable, d.h. mittlerer Zielfehler)[19]. Der CEP gibt den Radius des Kreises um den Zielpunkt an, innerhalb dessen die Rakete mit einer Wahrscheinlichkeit von 50 % einschlagen würde. Ein CEP von 1 km bedeutet also, daß bei dem Abschuß von vielen Raketen auf das Ziel etwa 50 % innerhalb eines Kreises von 1 km Radius einschlagen würde. Für die Zerstörung von sogenannten weichen Zielen, wie von Großstädten, würde ein CEP von 2 km ausreichen. Die Zerstörung harter Ziele, etwa die in Silos verbunkerten Interkontinentalraketen oder die unterirdischen Befehlszentralen, benötigt je nach Sprengkraft eine größere Treffgenauigkeit. Auf ein amerikanisches Minuteman Raketensilo, das z.B. einer Stoßwelle von 20 atü (atmosphärenüberdruck) standhalten kann, muß 1 MT-Sprengkopf[20] innerhalb von 650 Meter Entfernung einschlagen, um es zu zerstören. Bei der Zersötrung der harten oder der Punktziele spielt die Erhöhung der Genauigkeit eine um ein Mehrfaches bedeutendere Rolle als die Er– höhung der Sprengkraft. Die exakten Angaben über die Treffgenauigkeit werden aus naheliegenden Gründen streng geheimgehalten. Schätzungen von SIPRI zufolge betrug der CEP der Minuteman III-Rakete bereits 1974 1/4 Seemeile[21] (=circa 460 m), heute dürfte er erheblich geringer sein. Es gilt als sicher, daß beide Seiten die Treffgenauigkeit ihrer Raketen erhöhen. Auch gehen fast alle Vermutungen dahin, daß die Raketen der USA infolge ihres generellen technologischen Vorsprunges (man spricht von einem Vorsprung von etwa 5 Jahren)[22] genauer sind als die der Sowjetunion.

Die bedeutendste neuere Entwicklung in der Technologie interkontinentaler Raketen ist die Ausrüstung einer einzelnen Rakete mit mehreren Sprengköpfen (MIRV=Multiple Independently Targetable Re-Entry Vehicles)[23]. Mit dieser Technologie werden mehrere Zielsetzungen erreicht. Die Mehrzahl der Sprengköpfe kann z.B. als Eindringhilfe gegen Raketenabwehrsysteme (ABM = Anti-Ballistic-Missile) dienen. Die Verteidigung gegen eine solche Waffe wäre vor die äußerst

19 A. Legault/G. Lindsay, Dynamik des nuklearen Gleichgewichtes, Frankfurt 1972, S. 21-29.

20 F. Solms, Sicherheit durch Modernisierung, in: M. Padamsee/F. Solms/B. Moltmann, Zum Zusammenhang von Militärstrategie und Sicherheit, Heidelberg, 1979, S. 25-47, S. 34.

21 SIPRI, Yearbook, London 1974, S. 110. Zur Modernisierung der strategischen Atomwaffen vgl. SIPRI, a. a. O., (Anm. 18), S. 28-34.

22 Bulletin of Peace Proposals, 9, 1978, S. 268-270.

23 Legault/Lindsay, a. a. O. (Anm. 19), S. 39-41.

schwierige Aufgabe gestellt, mit einer Abwehrbatterie mehrere Abfangoperationen zugleich durchzuführen. In diesem Fall müßten sich die Mehrfachsprengköpfe so weit voneinander trennen, daß sie nicht durch eine einzelne Abwehrrakete gemeinsam vernichtet werden könnten. Mit Sicherheit ist die gegenseitige Beschränkung der Raketenabwehr, die in SALT I vereinbart wurde, zum großen Teil darauf zurückzuführen, daß keine effektive Technologie gegen die MIRV-Technologie für absehbare Zeit realisierbar schien. Ein zweites Ziel ist die Erhöhung der Wirkung gegen große Städte, da mehrere kleine Sprengköpfe, mit gleicher Gesamtmasse und gleicher Gesamtsprengkraft wie ein großer Sprengkopf, erheblich mehr Schaden ausrichten können als dieser. Aber da solche Gefechtsköpfe auch eigene Zündmechanismen und eigene Hitzeschilder benötigen, ist es nicht sicher, ob dieser Vorteil durch die Verringerung der Gesamtsprengkraft, die dadurch erforderlich würde, nicht wieder aufgehoben wird. Da Raketenabwehrsysteme heute so gut wie keine Rolle spielen, liegt der wichtigste militärische Zweck der Mehrfachsprengköpfe gegenwärtig darin, daß mehrere Ziele mit einer einzigen Rakete zerstört werden können. Durch die Technik der Einzelsteuerung für jeden Gefechtskopf können auch weit voneinander entfernte Ziele erfaßt werden. Darüber hinaus ermöglichen die MIRV auch die Vernichtung harter Ziele, weil der Verlust an Sprengkraft der einzelnen Gefechtsköpfe durch höhere Treffgenauigkeit mehr als wettgemacht wird. Die Faszination einer solchen Technologie spielte bei den kontroversen Debatten um die Weiterentwicklung und Einführung solcher Systeme während der SALT I-Verhandlungen eine wichtige Rolle. Der Vorsprung der USA in der Anzahl der einzelnen Nuklearwaffen läßt sich im wesentlichen auf diese Entwicklung zurückführen. Die Sowjetunion ist natürlich dabei, den Rückstand aufzuholen und insbesondere auch ihre schweren Interkontinentalraketen ebenfalls mit Mehrfachsprengköpfen auszurüsten.

2.3. Innen- und außenpolitische Bedingungen der Militärstrategie

Nach diesen Anmerkungen zu den militärischen Kapazitäten kommen wir zu dem politisch wichtigeren Faktor in der Gleichung: Abschreckung = Fähigkeit x Intention, nämlich dem Faktor der Intention. Die gegenwärtige strategische Doktrin der USA ist die der „strategic sufficiency", die im wesentlichen an drei Kriterien orientiert ist: die Vergeltungs- oder die gesicherte nukleare Zweitschlagfähigkeit, die ungefähre numerische Parität mit dem potentiellen Gegner und das Vorhandensein flexibler strategischer Optionen. Von diesen drei Kriterien ist das erste, nämlich das der gesicherten Zweitschlagfähigkeit, bei weitem das entscheidendste. In dieser Hinsicht besteht zwischen den beiden Staaten, USA und UDSSR, ein Gleichgewicht, das man auch das Gleichgewicht des Schreckens nennt, denn jede Seite besitzt diese Fähigkeit zur gesicherten Zerstörung des Gegners, und selbst unter Berücksichtigung technologischer Entwicklungen wird dieses Gleichgewicht auf absehbare Zeit noch erhalten bleiben. Die effektive Vergeltungsfähigkeit wird auch „assured destruction" oder „gesicherte Zerstörung" genannt. Dieser Terminus wurde von Verteidungsminister McNamara im Rahmen einer systematischen und operationalisierten Methode („systems analysis") als entscheidendes Abschreckungskriterium für die strategische Planung Mitte der sechziger Jahre offiziell eingeführt. Da „mutual assured destruction" oder die wechselseitig gesicherte Zerstörung[24] als das entscheidende Kriterium für die Stabilität der Abschreckungssysteme gewährleistet ist, muß man fragen, warum solche enormen Zerstörungspotentiale auf beiden Seiten überhaupt existieren und, vor allem, warum sie, und das trotz SALT[25], weiterentwickelt werden. Hieran schließt sich die weitere, sehr wichtige Frage an, ob diese Entwicklung nicht innenpolitisch bedingt ist durch die Eigendynamik des technologischen Fortschrittes, durch die Interessen gewisser innergesellschaftlicher Gruppierungen, die man etwas verkürzt unter der Bezeichnung militärisch-industrieller-bürokratischer Komplex zusammenfassen kann, ob andere innenpolitische Rücksichten wie Arbeitsplatzbeschaffung und -erhaltung oder ob manchmal schon parteipolitische und wahltaktische Überlegungen im Spiel sind. Man muß sich fragen, ob nicht irreale Feindbilder und Bedrohtheitsvorstellungen diese innergesellschaftlichen Faktoren überlagern und das strategische Wettrüsten immer wieder von neuem schüren. Dabei soll aber nicht vergessen werden, daß reale, machtpolitische Gegensätze zwischen den USA und der UdSSR nach wie vor bestehen. Die Frage lautet aber dann, ob solche Waffen, deren Sinn letztlich darin besteht, daß sie niemals gebraucht werden, zur Austragung solcher Gegensätze in irgendeinem Sinn überhaupt tauglich sind.

Um die bereits angeschnittene Frage nach den innen- und außenpolitischen Bedingungsfaktoren des gegenwärtig bestehenden Potentials und ihrer Dynamik zu verstehen, seien hier zwei gängige Thesen in vereinfachter Form einander gegenübergestellt:

a) *Die „außenpolitische" These*
Strategische Waffensysteme sind das Ergebnis bestimmter strategischer Doktrinen. Diese Doktrinen werden von den Entscheidungsträgern als die angemessene Antwort auf die äußere Bedrohung, die

24 Kahan, a. a. O. (Anm. 17).
25 Afheldt, a. a. O. (Anm. 12), S. 75-80.

von den gegnerischen strategischen Waffen ausgeht, formuliert. „Angemessen" soll heißen, daß sie den Kriterien des Sicherheitsbedürfnisses optimal entsprechen.

b) *Die „innenpolitische" These*

Strategische Waffensysteme sind das Ergebnis innenpolitischer und innergesellschaftlicher Prozesse: die technologische Eigendynamik und Lobbyinteressen des militärisch-industriellen-bürokratischen Komplexes. Strategische Doktrinen sind lediglich nachträgliche Rationalisierungen dieser Prozesse: Sie geben der (Über-)Fülle von Waffen Zweck und Ziele.

Außenpolitische Überlegungen dienen traditionell zur Rechtfertigung militärischer Stärke und Planung. Demgegenüber wird das Gewicht der innen- und wirtschaftspolitischen Erklärungen erst verständlich, wenn man sich die Rolle vergegenwärtigt, die die an der Rüstung interessierten innergesellschaftlichen Gruppierungen und die technologischen Innovationen hier spielen. Vor allem der hier viel beschworene militärisch-industrielle Komplex (MIK) und seine zahlreichen Erweiterungen[26] ziehen das Interesse auf sich. Bei dem MIK handelt es sich im Kern um eine materielle, das heißt ökonomische und institutionelle Interessenidentität von hohen Militärs und Vertretern der Rüstungsindustrie sowie von hohen Beamten der Regierung, deren Karrieren mit der Rüstung verbunden sind, und Parlamentsabgeordneten, deren Wahlbezirke in irgendeiner Weise von Rüstungsbeschaffungen profitieren[27]. Beschränken wir uns auf den materiellen – im Unterschied zum politischen und ideologischen – Aspekt, so treten in den Erweiterungen dieses Begriffes die militärische und die zivile – speziell administrative – Bürokratie sowie die Einrichtungen, die den technologischen Innovationsprozeß in Gang halten, in den Vordergrund. Die Interessenidentität existiert allerdings nur teilweise. Daraus ergeben sich zwar bestimmte Formen der Kooperation zwischen den Teilbereichen, das Beziehungsgeflecht insgesamt aber, aus dem der Komplex besteht, kann nicht als ein monolithischer Block angesehen werden. So können schon innerhalb derselben Waffengattung zum Beispiel konkurrierende Vorstellungen zur Waffenbeschaffung bestehen, die sich aus den unterschiedlichen Interessenlagen ihrer Teilbereiche ergeben. Andere Beispiele bilden der Wettbewerb zwischen

26 Hierzu zählen Begriffsbildungen wie "militärisch-industriell-bürokratisch-technologischer Komplex", "politisch-ideologisch-militärisch-wissenschaftlich-technologisch-industrieller Komplex" etc.

27 U. Albrecht, Theoreme vom "militärisch-industriellen Komplex" – eine kritische Bestandsaufnahme, in: W. v. Bredow/G. Kade (edd), Abrüstung. Politische Voraussetzungen, sozio-ökonomische Folgen. Aufgaben der Wissenschaftler, Köln 1978, S. 75-94.

den Waffengattungen oder die unterschiedlichen Abhängigkeitsverhältnisse von Parlamentsabgeordneten, je nachdem, welche Industriezweige in ihrem Wahlbezirk angesiedelt sind.

Der breiten Öffentlichkeit bekannt wurde der Begriff des militärisch-industriellen Komplexes erst durch die Abschiedsrede von Präsident Eisenhower, drei Tage bevor er sein Amt im Januar 1961 abgab:

> „Ein lebenswichtiges Element der Friedenssicherung sind unsere militärischen Einrichtungen. Unsere Militärmacht muß überwältigend und jederzeit einsatzbereit sein, damit kein potentieller Angreifer dazu verleitet wird, seine eigene Vernichtung zu riskieren. ... Eine große Waffenindustrie ist neu für die amerikanische Erfahrung. Der totale Einfluß – wirtschaftlich, politisch, sogar geistig – ist in jeder Stadt, in jedem Regierungssitz eines Bundesstaates, in jedem Büro der Bundesregierung fühlbar. Wir müssen den Zwang dieser Entwicklung anerkennen. Aber wir dürfen uns nicht darin täuschen, ihre gewichtigen Implikationen anzuerkennen ... In den Stäben der Regierung müssen wir uns gegen unverantwortliche Einflußnahme, gewollt oder ungewollt, wehren, die vom militärisch-industriellen Komplex angestrebt wird. Die Möglichkeit, daß eine üble Gewalt ihre unheilvolle Wirkung entfaltet, besteht und wird weiter bestehen..."[28].

Die in jener Rede vorgetragene Warnung Eisenhowers vor dem ungebührlich hohen Einfluß des MIK auf die Regierung ist seitdem besonders von Kritikern der Rüstung immer wieder aufgegriffen worden[29], in der Praxis freilich mit wenig oder zweifelhaftem Erfolg. Es wird oft stillschweigend übersehen, daß Eisenhowers eindringliche Warnung vor dem MIK damit anhob, die „lebenswichtige" Rolle einer überwältigenden Militärmacht für die Sicherheitsinteressen der USA deutlich zu unterstreichen. Die in der Geschichte der USA bis zum zweiten Weltkrieg unvorstellbare Ausdehnung des Militärapparates und der Rüstungsindustrie sei eine unabdingbare Entwicklung gewesen, die der Erhaltung des Friedens durch Abschreckung des potentiellen Gegners diente. Eisenhower, der von Anfang an eine sparsame Rüstungsausgabenpolitik verfolgt hatte, hielt seine Abschiedsrede unter dem Eindruck einer an die Demokraten verlorenen Wahlkampagne, in der Fragen der Nuklearstrategie und der nationalen Sicherheit eine viel größere Rolle spielten als üblich. Seit die Sowjetunion – für die USA völlig überraschend – den ersten Satelliten im Oktober 1957 in eine Umlaufbahn um die Erde geschickt hatte, war die Eisenhower-Administration in einer heftigen öffentlichen Debatte verwikkelt. Diese Debatte, die mit der Bezeichnung „Sputnik-Schock" charakterisiert wurde, ließ sogar Zweifel an der Überlebensfähigkeit der Nation angesichts einer wachsenden sowjetischen Nuklearrüstung aufkommen.

28 Fare-well Address to the Nation, 18. 1. 1961, in: H. Steele (ed), Documents to American History, [9]New York 1973, S. 652-653.

29 Im deutschen Sprachraum richtungsweisend: D. Senghaas, Rüstung und Militarismus, Frankfurt 1972.

Der von seiten der Militärs und der Rüstungsindustrie seit Jahren unablässig ausgeübte Druck auf die sparsame Fiskalpolitik der Regierung, Rüstungsbeschaffungsprogramme auszuweiten und zu beschleunigen, traf in diesem Augenblick auf fruchtbaren Boden. So erhöhte Eisenhower 1960 den Verteidigungshaushalt für das kommende Finanzjahr und bat den Kongreß um zusätzliche Mittel für das laufende Raketenprogramm. Die Freimütigkeit der Warnung Eisenhowers vor dem MIK war also wahrscheinlich durch seine Erfahrungen mit den Militärs und der Rüstungsindustrie in den Jahren zuvor begünstigt worden. Seine Befreiung von der Bürde des Präsidentenamtes muß dabei als zusätzlicher Anstoß gewirkt haben. Doch es ist immerhin beachtenswert, wie stark Eisenhower die Notwendigkeit des MIK für die Sicherheit der USA betont, indem er erstens seiner „Lebenswichtigkeit" („vital element") und zweitens der „Unabdingbarkeit" („imperative need") seiner Entwicklung zu einem gewaltigen innergesellschaftlichen Faktor genau so viel Aufmerksamkeit schenkt wie der Gefahr seines „ungebührlich großen Einflusses" („unwarranted influence"). Dies war sicher keine bloße Pflichtübung. Die Art und Weise, wie die unterschiedlichen Akzente von Eisenhower gesetzt wurden, können in gewisser Hinsicht bis heute für beispielhaft gehalten werden; denn es ist nicht das enorme Einflußpotential des MIK als solches, das er anprangert – ihm wird sogar eine Legitimität zugestanden – sondern nur die Tatsache, daß seine Wirkung *ungebührlich* groß werden kann. Ob diese Gewichtung zutrifft, muß im einzelnen allerdings empirisch entschieden werden.

Wendet man sowohl die innen- wie auch die außenorientierte These dazu an zu erklären, wie Strategien formuliert werden, wird rasch deutlich, daß keine von beiden allein eine Gültigkeit beanspruchen kann. Beide benennen Faktoren, die für die Strategiediskussion und ihre praktischen Folgen bestimmend sind.

3. Die Strategieentwicklung

3.1. Von Eisenhower zu Nixon

Entsprechend der weltpolitischen Konstellation, der technischen Möglichkeiten auf militärischem Sektor, aber auch dem Verhalten der Sowjetunion hat das Konzept der Abschreckung seit seiner Begründung in den fünfziger Jahren eine Reihe von Entwicklungsstadien durchlaufen. Die verschiedenen Phasen sind von den Akteuren in den

USA und in Westeuropa in unterschiedlichem Maße wahrgenommen worden, je nachdem wie die übrigen politischen Institutionen der NATO-Partner sich dazu verhielten. Die Wahrnehmungsdefizite unter den Beteiligten waren und sind nicht zuletzt Ursache der politischen Spannungen und Konflikte im westlichen Bündnis.

Seit Anfang seiner Amtszeit 1953 war Präsident Eisenhower, noch im Zeichen des zu Ende gehenden Koreakrieges, entschlossen, die Verteidigungsausgaben drastisch zu kürzen, ohne deshalb Abstriche an der erklärten Politik der Eindämmung der kommunistischen Expansion in der Welt machen zu müssen[30]. Er sah den Schlüssel zur Lösung dieser Aufgabe in der seinerzeit überwältigenden, ja beinahe monopolartigen nuklearen Überlegenheit Amerikas. Konventionelle Truppen und Kräfte sollten reduziert und das Schwergewicht auf die Fähigkeit verlegt werden, überall auf der Welt Übergriffe seitens des kommunistischen Lagers nuklear zu vergelten. In der sich daran anschließenden Kontroverse um die Verteidigungspolitik des „New Look" wurde diese rasch als Doktrin der „massiven Vergeltung" bekannt. Damals, also Anfang 1953, ging man noch allgemein davon aus, daß die Sowjetunion wenigstens für fünf Jahre außerstande sein würde, die Überlegenheit der USA in Frage zu stellen. Diese Situation änderte sich jedoch wenig später schlagartig, als die Sowjetunion im August desselben Jahres einen thermonuklearen Sprengsatz – den Vorläufer der Wasserstoffbombe – zündete. Innerhalb eines Jahres kam der Verdacht auf, daß die Sowjetunion im Begriff war, bald interkontinentale Bomber zu produzieren, wodurch die USA sich zum ersten Mal gezwungen sah, mit der Möglichkeit zu rechnen, selbst nuklear angegriffen zu werden. Trotz erheblichen Druckes von verschiedenen Seiten, besonders von der Luftwaffe, blieb die Eisenhower-Administration in den nachfolgenden Jahren bei ihrer Politik des „New Look" und lehnte es ab, die konventionellen Streitkräfte erheblich zu verstärken. Der Ausweitung der strategischen Bomberflotte stimmte sie ebenfalls nur in begrenztem Maße zu. In dieser Zeit entstand die Doktrin der „strategic adequacy", die der Tatsache Rechnung trug, daß man sich mit einem nuklearen Potential auf sowjetischer Seite abfinden mußte, wenn man es nicht mehr ausschalten konnte, ohne selbst Risiken einzugehen. An der Vorstellung einer massiven Abschreckung war nicht mehr festzuhalten[31]. Als die Sowjetunion 1957 den ersten Sputnik in eine Umlaufbahn schickte, stellte die Eisenhower-Administration zusätzliche Mittel für das ohnehin laufende interkontinentale Raketenprogramm der USA bereit. Aber im wesent-

30 Kahan, a. a. O. (Anm. 17), S. 11 ff.
31 Für das Folgende vgl. Kahan, a. a. O., S. 30 ff.

lichen blieb die Verteidigungspolitik Eisenhowers durchgängig dadurch bestimmt, daß sie sich unterhalb festgesetzter oberer Grenzen für die Verteidigungsausgaben bewegte („fixed budget ceilings"). Nichtsdestoweniger wuchs das Nuklearpotential der USA von 1953 bis 1960 beachtlich, und gegen Ende der Amtszeit Eisenhowers war ein Programm von 19 raketenbestückten U-Booten und 450 verbunkerten ICBMs für die sechziger Jahre voll bewilligt worden.

Die heute bestehenden Größenordnungen der strategischen Waffen auf beiden Seiten sind jedoch das Ergebnis von Entscheidungsprozessen, die in den USA 1961 unter Kennedy und McNamara und in der UdSSR nach der Kubakrise im Oktober 1962 unter Chruschtschow in Gang gesetzt wurden. Die Jahre 1961/62 markieren den Umbruch in der Entwicklung strategischer Waffensysteme[32]. Was die USA anbetrifft, bedeutete dieser Wandel einen Abschied von den strategischen Vorstellungen der Eisenhower-Ära, denen die Doktrin der Abschreckung durch massive nukleare Vergeltung zugrunde gelegen hatte. Angesichts der Ende der fünfziger Jahre gewachsenen Bedrohung für das amerikanische strategische Potential durch sowjetische ICBMs[33] wurde bereits zu Anfang der Amtszeit Kennedys 1961 der Akzent zunächst von der massiven Vergeltung auf eine „ausreichend gesicherte" nukleare Zweitschlagfähigkeit verlegt.

Wie können nun diese Entscheidungen interpretiert werden? Die durch den Sputnik-Schock ausgelöste Befürchtung eines „missile gap", einer Raketenlücke, spielte in Kennedys Wahlkampagne eine erhebliche Rolle. Als die Entscheidungen zu einer drastischen Erhöhung des strategischen Arsenals Anfang 1961 gefällt wurden, waren Zweifel an dem Vorhandensein des „missile gap" aufgekommen. Bestätigt wurden sie aber noch nicht. Bis spätestens zum Herbst 1961 zeigten Auswertungen von Satelliten-Aufklärungsmissionen jedoch ohne jeden Zweifel nicht nur, daß der „missile gap" ein Mythos gewesen war, sondern auch, daß die USA über einen Vorsprung an bereits eingeführten strategischen Raketen verfügten. Trotzdem wurden die Entscheidungen von 1961 nicht revidiert. Viel später, nämlich im Jahre 1967, erklärte McNamara diese Tatsache mit der Begründung, daß es einerseits zwar klar gewesen sei, daß die UdSSR ein sehr kleines operatives Arsenal von interkoninentalen Raketen gehabt habe, andererseits aber auch, daß

32 F. Long/G. Rathjens (edd). Arms Defence Policy and Arms Control, New York 1976, S. 108-113.

33 1961 USA: 54 ICBMs, 80 SLBMs, 600 Fernbomber;
1961 UdSSR; 50 ICBMs, 190 Fernbomber, zitiert nach Long/Rathjens, a. a. O. (Anm. 32), S. 110.

sie die Fähigkeit zu einem substantiellen Ausbau dieses Arsenals besessen hätte. Von dieser Eventualität („expected threat on worst case basis") habe man ausgehen müssen. Man kann die „worst case analysis" – pessimistische Einschätzung der eigenen und optimistische Einschätzung der gegnerischen Kräfte – als nachträgliche Rationalisierung militärbürokratischer Einflüsse auf die Administration beurteilen, allerdings unter der zufälligen Bedingung der angeblichen Raketenlücke, kombiniert mit der Annahme, daß Kennedy aus innenpolitischen Gründen nicht mehr hinter seine Wahlversprechen zurückgehen konnte.

Unabhängig von den „worst-case"-Überlegungen lassen sich im strategischen Denken der Kennedy-Ära drei Ziele identifizieren[34]:

a) Eine allen sichtbare zahlenmäßig deutliche Überlegenheit über den Gegner kompensatorisch herzustellen, die zwar spezifische militärische Sicherheitsbedürfnisse überschritt, dafür aber psychologisch die Entschlußkraft der USA in möglichen Krisen unterstrich und als Element der Abschreckung wahrgenommen werden sollte.
b) Die durch das gewachsene sowjetische Potential entstandene Abschreckungslücke in der Doktrin der massiven Vergeltung durch den Ausbau der konventionellen Kräfte zu verringern („flexible response").
c) Die Konzeption der „flexible response" im strategischen Bereich als „controlled response" zu handhaben, um unter militärischem Gleichgewicht die abschreckende Wirkung durch Optionen einer begrenzten atomaren Kriegsführung zu erhöhen.

Trotz des Festhaltens an der Abschreckungsfunktion der militärischen Rüstung und Einsatzplanung waren damit neue Elemente in das strategische Denken eingefügt worden. „Flexible Reaktion" ist als Versuch zu werten, einerseits die Schwelle für den atomaren Einsatz möglichst hoch zu hängen. ohne gleichwohl auf dessen abschreckende Wirkung zu verzichten, andererseits die Last der Reaktion auch auf die Bündnispartner zu verteilen, die mit dem Unterhalt und dem möglichen Einsatz konventioneller Kräfte ihren Beitrag für die gewährte militärische Sicherheit leisten sollten. Die Doktrin der kontrollierten Erwiderung, „ controlled response" wurde von Mc Namara zuerst 1962 in einem öffentlichen Vortrag offiziell erläutert. Sie ist der Vorläufer der heute gültigen Doktrin der flexiblen Optionen für den kontrollierten Einsatz strategischer Waffen zum Zweck der Schadensbegrenzung im Ernstfall. Unter solche flexiblen Optionen fällt auch die Fähigkeit, harte Ziele, etwa die in unterirdischen Silos verbunkerten Interkontinentalraketen zu zerstören.

34 Nach Kahan, a. a. O. (Anm. 17), S. 74 und S. 88-94.

Zur Berechnung des eigenen strategischen Potentials, das von seiten der USA für die Aufrechterhaltung der Abschreckung für notwendig erachtet wurde, diente seit der Mitte der sechziger Jahre die „gesicherte Zerstörung". Ausgehend von einer Überlegenheit aller drei Komponenten ihrer strategischen Triade erstrebten die USA 1963 die Fähigkeit, sowohl militärische („counter force") als auch nicht-militärische („counter-value") Ziele im Fall eines Krieges mit der UdSSR nuklear angreifen zu können. Im Ernstfall sollte die USA in der Lage sein, wenigstens einen Teil der gegnerischen strategischen Kapazität zu vernichten und trotzdem noch genug nuklearen Vorrat zurückzubehalten, um die sowjetischen Städte weiter bedrohen zu können, wodurch die UdSSR von einem Vergeltungsschlag abgehalten werden würde („city avoidance"). 1964 bekam diese Konzeption den Namen „damage limitation", d.h. Schadensbegrenzung. Mit der Konzeption der Schadensbegrenzung wollte man die Vergeltungsfähigkeit des Gegners erheblich reduzieren und nicht nur eine kriegerische Eskalation bremsen, wie es in der NATO-Doktrin oder auch in der strategischen Doktrin der flexiblen Optionen gegenwärtig verstanden wird. Der rasche Ausbau der sowjetischen strategischen Systeme nach 1964 stellte bereits in technischer Hinsicht die Absicht der „damage limitation" wieder in Frage und nahm ihr erhebliche Teile ihrer Glaubwürdigkeit. Die zeitweilige Institutionalisierung der Doktrin der gesicherten Zerstörung als der einzigen strategischen Doktrin unter McNamara hatte sicher ihre Beweggründe in dem Bemühen um Rüstungskontrolle nach innen sowie einer kooperativen Rüstungssteuerung[35] – im strategischen Bereich: SALT – nach außen. Sie bedeutete aber keineswegs einen Verzicht auf die erweiterte Abschreckung, die z.B. im Streben nach einer gewissen Überlegenheit und nach Flexibilität von Optionen ihren Niederschlag findet.

Die gegenwärtig herrschende allgemeine strategische Doktrin der USA wurde bereits Anfang der Amtszeit Nixons 1969 formuliert[36]. Im wesentlichen kann man den Inhalt dieser Strategie in drei Punkten zusammenfassen:

a) Eine effektive Vergeltungsfähigkeit ist aufrechtzuerhalten, die jeden potentiellen Gegner von einem nuklearen Angriff auf die USA abschrecken soll. Zu dieser Vergeltungsfähigkeit gehört eine aus-

35 Ein prominenter Vertreter dieser dynamischen, assoziativen Konzeption ist W. Graf von Baudissin, der die „kooperative Rüstungssteuerung" als angemessene Übersetzung von „arms control" versteht. Ders., Grenzen und Möglichkeiten militärischer Bündnisse, Sicherheitspolitische Perspektiven im kommenden Jahrzehnt, Europa Archiv, 25, 1970, 1, S. 1-10.

36 Nach: Kahan, a. a. O. (Anm. 17), S. 144-149.

reichend gesicherte nukleare Zweitschlagfähigkeit. Eine Seite besitzt eine ausreichende Zweitschlagfähigkeit, wenn sie jeden noch so umfassenden Angriff auf ihre eigenen Militäreinrichtungen, Städte und Industriezentren mit einem Vergeltungsschlag beantworten kann, der dem Angreifer mit sehr hoher Wahrscheinlichkeit einen unannehmbaren Schaden zufügen würde. Eine Seite besitzt eine Erstschlagfähigkeit, wenn sie durch Qualität und Umfang ihrer Rüstung die Zweitschlagfähigkeit des potentiellen Gegners ausgeschaltet hat. Aus der Sicht der USA ist unannehmbarer Schaden dann gegeben, wenn etwa ein Viertel der gegnerischen Bevölkerung und die Hälfte der gegnerischen Industrie vernichtet werden. Da ein solcher Schaden jeden möglichen Nutzen aufwiegen würde, den sich der Angreifer von einem nuklearen Schlag auf die USA ausrechnete, wäre er von einem solchen Schlag abgeschreckt, vorausgesetzt, er handelt rational.

b) Eine ungefähre numerische Parität zwischen den strategischen Arsenalen der USA und der UdSSR ist zu sichern.
c) Flexible Optionen für die strategischen Waffen der USA sind zu entwickeln, die im Ernstfall ihren Gebrauch auf begrenzte und kontrollierte Weise ermöglichen würden.

Zusammenfassend läßt sich sagen: Die USA sind bestrebt, ihren qualitativen Vorsprung gegenüber der UdSSR nach wie vor zu behaupten. Das Risiko einer Destabilisierung durch einen technologischen Durchbruch in dieser Hinsicht wird dabei jedoch bewußt in Kauf genommen. SALT hat, über seinen Symbolwert hinaus, im wesentlichen die Funktion, sich gegenseitig neutralisierende Waffenentwicklungen zu vermeiden und die Wahrscheinlichkeit eines Krieges in Grenzen zu halten. Die Behauptung ihres qualitativen Vorsprunges ist für die USA keine Überreaktion auf befürchtete sowjetische Anstrengungen. Eine Reaktion ist sie lediglich in dem Sinne, daß sowjetische Anstrengungen nach Möglichkeit kalkulierbar und realistisch in die eigenen Intentionen einbezogen werden sollen. Ob dabei von ihnen eine Erstschlagfähigkeit angestrebt wird, läßt sich nicht eindeutig feststellen. Die Sowjetunion ist nicht bereit, sich mit ihrer Unterlegenheit im strategischen Bereich abzufinden, jedenfalls nicht für absehbare Zeit. Ob sie ihrerseits eine Überlegenheit anstrebt, bleibt natürlich offen. Die Chancen, sie in naher Zukunft zu erlangen, scheinen jedoch gering zu sein.

3.2. Zur Strategie der NATO

Die strategische Kapazität der USA kann aber keineswegs lediglich als ein Element des Abschreckungspotentials der NATO ausreichend gekennzeichnet werden, sondern dient unabhängig davon den weltpolitischen Interessen der Vereinigten Staaten. Die USA verstehen sich ausdrücklich als Weltmacht, das NATO-Bündnis ist hingegen – die zweifellos vorhandenen sowjetischen Bedrohtheitsvorstellungen und die Frage nach ihrer Berechtigung werden in der vorliegenden Darstellung nicht behandelt – als Verteidigungsbündnis konzipiert. Hierin liegt ein entscheidender Unterschied der amerikanischen Abschreckungsstrategie zur Abschreckungsstrategie der NATO. In ihrer weltpolitischen Rolle befinden sich die USA auch außerhalb Europas im Gegensatz zur Sowjetunion.

Die gegenwärtig (etwa seit 1967) herrschende Doktrin der NATO ist die der Abschreckung durch „flexible response" oder abgestufte Erwiderung. Nach dieser Doktrin ist es für die NATO notwendig, über ein breites Spektrum an Verteidigungs- und Vergeltungsoptionen zu verfügen, um jeden Angriff seitens des Warschauer Paktes erfolgreich abwehren und den dabei entstehenden Schaden für die NATO-Staaten begrenzt halten zu können. Schadensbegrenzung durch ein breites Spektrum an Verteidigungs- und Vergeltungsoptionen soll dadurch erreicht werden, daß eine Eskalation des kriegerischen Konfliktes in den Bereichen größerer Zerstörung vermieden oder zumindest verlangsamt wird. Auf diese Weise soll Zeit für eine Beilegung der Feindseligkeiten auf dem Verhandlungswege gewonnen werden. In Friedenszeiten soll die Fähigkeit zur abgestuften Erwiderung der Verteidigungsbereitschaft der NATO Nachdruck verleihen und somit den potentiellen Gegner von einem Angriff überhaupt abschrecken.

Dem Zweck der Abschreckung durch abgestufte Erwiderung dient die sogenannte Triade[37]. Sie besteht aus den konventionellen Waffen, den taktischen Nuklearwaffen und den strategischen Nuklearwaffen. Ein Erstgebrauch von Nuklearwaffen gegen einen konventionellen Angriff ist ausdrücklich offengehalten, die letzte Entscheidung darüber liegt allerdings beim amerikanischen Präsidenten, und die Umstände für einen solchen Gebrauch sind nicht näher präzisiert. Dabei dient der amerikanische Nuklearschirm, also die strategische Nuklearkapazität der USA, der NATO als ultima ratio zum Zwecke der Abschreckung.

> „Die NATO-Strategie fordert eine Verteidigung gegen den konventionellen Angriff so weit vorn wie möglich. Außerdem erzwingt sie, um nötigenfalls das Eindringen eines Gegners zu verhindern oder um Grenzen wieder herzustellen, den Einsatz taktischer nuklearer Waffen und als letztes Mittel sogar zentral gesteuerter strategischer Mittel, wenn eine Eskalation nicht schon vorher eingedämmt werden kann. Auch wenn einem konventionellen Angriff herkömmlich begegnet wird, hat das geschichtlich gewachsene militärische

37 Die hier übliche Verwendung der Bezeichnung "Triade" unterscheidet sich von dem Gebrauch bei der Teilung der strategischen Potentiale.

Übergewicht des Warschauer Paktes bei seinen klassischen Waffen die bei unseren Verbündeten vorherrschende Erwartung genährt, frühzeitig zu nuklearen Waffen Zuflucht zu nehmen – seien sie taktischer oder strategischer Art"[38].

Mit den verschiedenen Reaktionsarten will man sich Optionen offenhalten, die sich am gegnerischen Verhalten orientieren. Der Feind soll durch sein Vorgehen letztlich die Ebene bestimmen, auf der die Auseinandersetzung ausgetragen werden soll. Dadurch soll das Kriegsgeschehen kalkulierbar, rational gemacht werden.

Was bedeutet nun der Übergang von der Doktrin der massiven Vergeltung zur Doktrin der abgestuften Reaktion?

a) Die USA als nukleare Vormacht des Bündnisses tragen nicht mehr allein die Last der Verantwortung für die Verteidigung. Die Vorstellung, die USA sorgten mit ihrem strategischen atomaren Potential für die Sicherheit Westeuropas, während man hier Entspannungspolitik gegenüber dem Warschauer Pakt verfolgt, findet in den USA mehr und mehr Kritiker[39].

b) Die europäischen NATO-Partner sind in die Verteidigungsplanung aktiv einbezogen, weil ihre konventionellen Kräfte zu deren Bestandteil geworden sind. In dem Maße, in dem man sich darauf verläßt, daß sich ein Krieg regional und waffenmäßig begrenzen läßt, wird die Gefahr unterschätzt, sich auf einen Krieg einzulassen. Die wachsende Bereitschaft, einen atomaren Krieg zu führen, kann einerseits zwar die Glaubwürdigkeit der Abschreckung erhöhen, andererseits aber auch den Atomkrieg wahrscheinlicher machen, weil er dann kalkulierbar und steuerbar erscheint. So hört die Abschreckung auf, lediglich ein Mittel der Kriegsverhütungspolitik zu sein.

c) Im Gegensatz zu den strategischen Atomwaffen, bei denen den Entwicklungsmöglichkeiten Grenzen gesetzt sind, bietet der Sektor der konventionellen Rüstung noch viele Möglichkeiten, auf die wachsende Angst um die Sicherheit zu reagieren. Heute fließen 80% der Weltrüstungsausgaben in die konventionelle Rüstung. Der Übergang zur flexiblen Reaktion ist ein Schritt, der das Rüsten gefördert hat[40]. Er hat in Mitteleuropa eine Konzentration hochgerüsteter Streitkräfte entstehen lassen.

d) Die technische Entwicklung auf dem Waffensektor hat es in jüngster Zeit jedoch auch ermöglicht, die nukleare Schwelle zu senken. Die

38 General A. Haig vor dem SALT-Hearing des Militärausschusses des US-Senats im Juli 1979, in: FAZ vom 1.8.1979.

39 So vehement H. Kissinger in seiner Rede „Die nächsten 30 Jahre NATO" Brüssel am 1.9.1979, in: Europa Archiv 34, 1979, 22 D 589-599, D 594.

40 Solms, a. a. O. (Anm. 20), S. 27 und S. 41 f.

NATO hat dem entsprochen, indem sie – parallel zu Entwicklungen im Warschauer Pakt – die eurostrategischen Waffen als Element ihrer Verteidigung aufgenommen hat.

e) Das Konzept der flexiblen Reaktion geht davon aus, daß sich der Gegner an die ihm zugewiesenen oder die von ihm erwarteten Spielregeln hält. Nimmt man an, daß der Warschauer Pakt dieser Gegner ist, ist aber fraglich, ob diese Erwartung berechtigt ist. Während die NATO sich auf eine „Vorneverteidigung" eingerichtet hat, bereiten sich die Kräfte des Warschauer Paktes auf eine „Vorwärtsverteidigung" vor[41].

Diese Überlegungen lassen die Schlußfolgerung zu, daß mit der Einbeziehung der Möglichkeit, Krieg zu führen, die Abschreckung als eine Kriegsverhütungskonzeption fragwürdig geworden ist. Man tut sich wieder leichter, vom Krieg als Mittel der Politik zu sprechen und richtet sich auf solche Situationen ein: „Man darf bei allem Erschrecken über diese Entwicklung nicht erstaunt sein, wenn man sieht, daß es in der Weltgeschichte wieder einmal nicht gelingt, Bedingungen zu schaffen, unter denen ein Krieg nicht stattfindet."[42].

41 K.-D. Schwarz, Sowjetische Militärstrategie von 1945-1978, in: ders., a. a. O. (Anm. 10), S. 373-396, S. 386.
42 C. F. v. Weizsäcker, in: DAS vom 11.5.1980.

Friedhelm Solms

Sicherheit und Militärstrategie
Grenzen und Chancen von Abrüstung und ‚arms control'

1. Von Abrüstung zu ‚arms control'

Obwohl sich vielerorts, im sogenannten Brandt-Bericht der Nord-Süd-Kommission etwa oder auf UNO-Ebene, die Ansicht durchzusetzen beginnt, daß ohne umfassende Abrüstungsmaßnahmen sich keines der grossen Weltprobleme wird lösen lassen, ist Abrüstung als Begriff und als Sache im Dialog der beiden Bündnissysteme NATO und WTO (Warschauer Pakt) längst zum Problem geworden. Das wird schon daran erkennbar, daß der Begriff ‚Abrüstung' im Vokabular der Politiker kaum noch oder höchstens in deklamatorischer Absicht vorkommt. An seine Stelle sind Begriffe wie Rüstungskontrolle, Rüstungsbegrenzung oder Rüstungsstop getreten. Das beschreibt auch sprachlich das Dilemma, in das die Sache der Abrüstung hineingeraten ist; denn wer heute, nach Ablauf der von der UNO-Vollversammlung 1970 proklamierten ‚Dekade der Abrüstung' Bilanz zu ziehen versucht, wird sie eine Bilanz des Scheiterns nennen müssen.

Ein Blick zurück in die noch junge Geschichte der Bemühungen um Abrüstung ist darum wohl kaum tröstlich, mag aber lehrreich sein, solange man an der Sache der Abrüstung ohne Resignation festhalten will. Von der Antike bis ins 19. Jahrhundert hinein war der Gedanke an multilaterale, das heißt alle Beteiligte umfassende Abrüstung zum Zwecke der Friedenssicherung unbekannt; allenfalls entwaffnete man einen besiegten Gegner, um seine Wiederaufrüstung zu verhindern[1]. So ist denn auch der Begriff ‚Abrüstung' neueren Ursprungs. Im Grimm'schen Wörterbuch[2] etwa findet man lediglich das Zeitwort ‚abrüsten', das mit dem lateinischen Verb ‚destruere' erläutert wird und soviel bedeutet wie ‚ein (Bau-) Gerüst abbrechen'.

Im deutschsprachigen Raum wurde der Begriff erstmals von Rudolf Virchow benutzt, der in der Sitzungsperiode des Preußischen Abgeordnetenhauses 1869/70 den Antrag stellte, die Königliche Staatsregierung

1 So nach C. von Clausewitz, Vom Kriege, [18]1980, S. 192, 194.
2 J. und W. Grimm, Deutsches Wörterbuch, Leipzig 1854, Bd. 1, Sp. 92.

möge dafür Sorge tragen, ‚daß die Ausgaben der Militärverwaltung des Norddeutschen Bundes beschränkt und durch diplomatische Verhandlungen eine allgemeine Abrüstung herbeigeführt werde'. Wie man weiß, ist daraus nichts geworden.

Als erster Versuch einer ausgesprochenen Abrüstungsbemühung auf internationaler Ebene gilt allgemein die auf Initiative des Zaren Nikolaus II. 1899 in Den Haag begonnene Konferenz. Sie brachte zwar als wichtigen Beitrag zur Humanisierung des Kriegsgeschehens die sogenannte Haager Landkriegsordnung zustande, förderte aber gleichzeitig bereits jene argumentativen Widerstände gegen die Abrüstung zutage, die bis hin zu SALT und MBFR immer wieder auftauchen. Schon die damalige Konferenz mußte feststellen:

1. daß es äußerst schwierig sein werde, Friedensstärken für Truppen festzulegen, ohne zugleich auch die gesamte Frage der nationalen Verteidigung mitzuregeln und
2. daß es deshalb so schwierig sei, weil sich die Bedingungen, unter denen jeder einzelne Staat eine ausreichende Verteidigung als gesichert ansehen könnte, kaum durch ein internationales Abkommen werden festlegen lassen.

Gleichwohl war die Konferenz schon damals der Ansicht, daß die Einschränkung der militärischen Lasten, die gegenwärtig die Welt bedrükken, in hohem Maße wünschenswert sei für das Gedeihen des materiellen und moralischen Wohlergehens.

Kaum anders erging es den erneuten Bemühungen um Abrüstung nach dem 1. Weltkrieg. Bemerkenswert sind hier vor allem jene ‚Vierzehn Punkte' des amerikanischen Präsidenten Wilson, dessen vierter in Übersetzung lautet: angemessene Maßnahmen zu ergreifen, daß die nationalen Rüstungen bis zu jenem Punkt reduziert werden, der sich gerade noch mit der inneren Sicherheit (domestic safety) vereinbaren läßt.

Der Mißerfolg dieses Vorschlags von Wilson, der gedacht war als konkreter Bestandteil der Völkerbundsatzung, ist bekannt. Die europäischen Verbündeten gaben der nationalen Sicherheit den Vorrang vor der Völkerverständigung und entwaffneten zunächst einmal nach altem Brauch den Gegner. Sodann setzten sie in der Völkerbundsatzung in Bezug auf den Umfang der Rüstung durch, daß sie sich daran messen sollte, ob sie die ‚nationale Sicherheit' hinlänglich garantiere (réduction ... au minimum comparable avec sécurité nationale. Art. 8). Parallelen zu heute drängen sich geradezu auf.

Es würde den Rahmen dieses kurzen historischen Exkurses sprengen, die einzelnen Phasen der Abrüstungsdiskussion nach dem 2. Weltkrieg nachzuzeichnen. Allgemein wird man freilich sagen können, daß bis in die 50er Jahre hinein unter dem Eindruck der Atomwaffen, die damals jedenfalls noch als Zeichen einer welthistorischen Zäsur begriffen wurden, der Gedanke einer allgemeinen und vollständigen Abrüstung auch im Gespräch der Weltmächte noch einmal Gestalt gewann, ohne jedoch je die verbindliche Form von völkerrechtlichen Verträgen zu bekommen. Durchgesetzt hat sich statt dessen ein Minimalismus, dem es nur noch darauf ankam, die Dynamik des Rüstungswettlaufs einzufangen, um Schlimmeres zu verhüten, wie man meinte. Bekanntgeworden ist diese Übereinstimmung auf kleinstem gemeinsamen Nenner unter dem englischen Namen ‚arms control', der in der gebräuchlichen Übersetzung als ‚Rüstungskontrolle' falsche Assoziationen weckt und den ich mit dem von Wolf Graf von Baudissin geprägten Begriff ‚Kooperative Rüstungssteuerung' besser, aber auch nicht befriedigend interpretiert finde. Ich verwende deshalb im folgenden weiterhin den englischen Begriff ‚arms control'.

Prominentestes, wenn auch nicht einziges Resultat der Bemühungen um ‚arms control' sind die beiden SALT-Verträge, von denen SALT II immerhin insofern erstmals ein Stück Abrüstung impliziert, als die festgesetzten Obergrenzen für strategische Waffen beide Supermächte zum Abbau eines wenn auch geringen Teils ihrer Atomkapazität verpflichten sollten. Aber wie man weiß, wird der SALT-II-Vertrag in der ausgehandelten Form vom US-amerikanischen Senat nicht ratifiziert werden. Auf die Triftigkeit der Motive und Argumente dafür will ich hier nicht eingehen. Ich will vielmehr im folgenden zu zeigen versuchen, daß sich aus dem bisherigen Konzept von ‚arms control' selbst einige Widersprüche ergeben, die aufgelöst werden müssen, wenn denn in der Weiterführung von ‚arms control' und über ‚arms control' hinaus die Idee der Abrüstung noch eine Chance behalten soll.

2. Das Sicherheitsdilemma im internationalen System

Den Gedanken der Abschreckung trug ursprünglich die Zuversicht, schon die bloße Existenz von atomaren Waffen könnte jeden Krieg dauerhaft verhindern. Aber an dieser Zuversicht nagte bald der Zweifel, insbesondere, seitdem die UdSSR das Atomwaffenmonopol der USA gebrochen hatte. Dadurch entstand eine Situation, die nach einer neuen Analyse rief. Sie sollte das Dilemma aufklären helfen, in das die beiden um ihre Sicherheit besorgten Großmächte dadurch geraten waren, daß im Prinzip beide sich wechselseitig vollständig vernichten konnten. An diese prinzipiellen Überlegungen, die dem ‚arms control'-Denken zeitlich vorausgehen und dessen Entstehung wahrscheinlich entscheidend stimuliert haben, knüpfe ich an[3].

Sicherheit, so sagte man sich und stiftete damit die Tradition des die Abschreckung wie ‚arms control' beherrschenden Nutzenkalküls, kann man in Anlehnung an gewisse ökonomische Theorien als ein öffentliches Gut betrachten. Anders jedoch als bei denjenigen Gütern, um die Nationen miteinander konkurrieren, läßt sich Sicherheit, theoretisch wenigstens, durch politische Manipulation offenbar beliebig vermehren oder verknappen. Das gilt, um zwei Beispiele zu nennen, weder für Wohlfahrt noch für Macht. Für Wohlfahrt ist konstitutiv, daß sie durch die faktische Ressourcenknappheit an den Produktivitätszuwachs gebunden ist. Darum gilt, daß Wohlfahrt global nicht allein ein Produktions- sondern auch ein Distributionsproblem ist. Für Macht als Medium zwischenstaatlicher Beziehungen hat man deshalb ebenfalls zu zeigen versucht, daß Machtverlust oder Machtzuwachs einer politischen Einheit im internationalen System einer Art Verteilungsmuster folgt, solange jedenfalls unterstellt werden kann, die Summe nationaler Machtpotentiale sei für einen bestimmbaren historischen Zeitabschnitt konstant. Denn unter diesen Voraussetzungen kann man davon ausgehen, daß sich der Machtschwund einer Systemeinheit in der Machtbilanz einer anderen Systemeinheit als Zuwachs niederschlägt[4].

Alle Momente ökonomischer Prozesse: Distribution, Knappheit, Produktion, Transfer, müssen jedoch für den Problemzusammenhang ‚Sicherheit' prinzipiell anders bestimmt werden. Wenn richtig ist, daß sich der Sinngehalt von Sicherheit, historisch und begriffslogisch, immer auf die Sicherheit eines einzelnen realen Subjekts bezieht, dann ist offensichtlich, daß sich Sicherheit nicht, wie in Grenzen Macht und Wohlstand, zwischen politischen Einheiten transferieren oder verteilen läßt. Der Schutz, den ein Subjekt verliert oder abgibt, kommt nicht notwendigerweise einem anderen zugute. Auch gilt, daß nationalstaatliche Gesellschaften das öffentliche Gut ‚Sicherheit' nur sehr bedingt durch Mobilisierung eigener Ressourcen zu produzieren vermögen. Das jedenfalls scheint die dichte Folge internationaler Konflikte der letzten zwei Jahrzehnte trotz eines gleichzeitigen globalen Bewaffnungszustandes, der historisch ohne Parallele ist, deutlich zu zeigen.

3 Ich führe damit Überlegungen fort, die ich dem Wissenschaftlichen Kuratorium der Evangelischen Studiengemeinschaft im Mai 1980 vorgetragen habe (vgl. FEST F-905).

4 Zur Konstruktion des internationalen Systems als ‚Null-Summen-Spiel-System' vgl. exemplarisch A. Rapaport, Fights, Games and Debates. Ann Arbor 1960.

Gleichwohl verhalten sich Nationalstaaten und darum auch Staatenbündnisse ihren Sicherheitsbedürfnissen gegenüber immer noch so, als handele es sich um ein Produktionsproblem: Durch Wachstum der militärischen Güterproduktion zu mehr nationaler Sicherheit (eine Gleichung übrigens, die auch in der Wirtschafts- und Sozialpolitik, aus der sie kommt, nicht mehr aufzugehen scheint).

Diese Fehlhaltung ist kein zeitlich begrenztes oder vorübergehendes Phänomen, sondern entspringt einem Konstruktionsprinzip des internationalen Systems, wie es sich seit dem vorigen Jahrhundert entwickelt hat. In dessen Realität finden sich Staaten als Handlungseinheiten vor, die mit den Erfahrungen und dem Bewußtsein wenn auch nicht der totalen Vernichtbarkeit, so doch ihrer permanenten Verletzlichkeit leben müssen. Das begründet ihr Insistieren auf Sicherheit und verweist sie zu dessen Befriedigung auf sich selbst. Die Folge ist eine im Idealfall nur nach außen gewandte Akkumulation von Machtmitteln, die freilich bei konformem Verhalten aller übrigen Einheiten des internationalen Systems kollektive Unsicherheit überhaupt erst erzeugt und dann auf Dauer stellt.

Für diese zirkuläre Konstellation hat John H. Herz[5] Ende der 50er Jahre den Begriff ‚Sicherheitsdilemma' geprägt: Staaten akkumulieren Machtmittel, weil sie sich, gegenseitig wie allseitig, mißtrauen. Sie mißtrauen sich, weil die anderen sich konform verhalten und sie sich von deren Macht bedroht fühlen. Also bedrohen sie einander, weil sie aus Mißtrauen Machtmittel unterhalten.

Diese Antinomien sind, so will es scheinen, unauflösbar. Die allgemein praktizierte und von den meisten Staaten auch als hinreichend erfolgskontrolliert angesehene Methode, diesem Dilemma zu entgehen, besteht darin, den Einsatz zu erhöhen, indem man die Akkumulation verstärkt, das heißt, indem man Aufrüstung dynamisiert. Aber jener Zustand der Sättigung an Sicherheit, also absolute Sicherheit des einen auf Kosten der absoluten Unsicherheit aller anderen, wie es Kissinger[6] noch vorschwebte, ist eine theoretische Fiktion. Jederzeit kann nämlich für jede der neutralisierten Mächte eine neue auftreten, die deren Rolle übernimmt, und die Auswegslosigkeit des Sicherheitsdilemmas kehrt wieder.

Die Frage jedoch ist: Gilt das im Sicherheitsdilemma formulierte Muster der Mechanismen des internationalen Systems umstandslos auch noch zu Beginn der 80er Jahre dieses Jahrhunderts? Die Rigorosität, mit der Herz – und andere vor und mit ihm[7] – dieses Theorem formu-

5 J.H. Herz, Weltpolitik im Atomzeitalter, Stuttgart 1961, S. 130 ff.
6 H.A. Kissinger, Großmacht Diplomatie, Frankfurt 1972, S. 6.
7 Vgl. etwa K.E. Boulding, Friedenswirtschaft, Bern 1946.

liert haben, stützte sich auf die Verblüffung wie Bestürzung über die Dynamik der atomaren Technologieentwicklung am Ende der 50er Jahre. Für Herz verschärfte sie das Sicherheitsdilemma. Nach gewohnten Politikmustern hatte die einzelstaatliche Interessenwahrnehmung ja immer noch die Unversehrtheit des internationalen Systems als Ganzes im Auge. Mit der Erlangung der Zweitschlagskapazität durch die UdSSR ergab sich aber unter den skizzierten Prämissen eine Konstellation, in der der Exitus des gesamten Systems möglich geworden war[8].

Aber wie alle Theorien und Theoreme, die mit nur einem singulären Zugriff Realität rekonstruieren wollen, haftet auch dieser Analyse des Sicherheitsdilemmas die Schwäche an, daß die Entwicklung der beobachtbaren Wirklichkeit Züge aufweist, die sich den gesetzten Annahmen nicht umstandlos fügen wollen. Das diskreditiert gar nicht unbedingt den Ansatz, mahnt aber daran, daß vielleicht die Analyse nicht hinreichte, weil sie zu sehr einer Resignation sich hingab, die die Apokalypse nahe herbeigekommen sah und daran mit einer Intensität dachte, der gegenüber das heute übliche temperiert-diskursive Reden über atomare Abschreckung als probates Mittel zur militärischen Sicherung des Friedens geradezu schnoddrige Züge zeigt. Vielleicht fehlt es heute an Leidenschaft, um die Bereitschaft zu ‚Réflexions Au Bord Du Gouffre' (Reflexionen am Rand des Abgrunds) – so die französische Übersetzung des Titels von Georg Pichts Buch ‚Mut zur Utopie'[9] – noch einmal zurückzugewinnen.

3. Abschreckungsdenken in West und Ost

Wahrhaft als Denken am Rande des Abgrunds kann man jene Doktrin bezeichnen, die unter dem Titel ‚Abschreckungstheorie' seit den frühen 50er Jahren die Interaktion zwischen Ost und West bestimmt[10]. Was über Denkstil, Struktur und Wirkung dieser Doktrin in den letzten zwei Jahrzehnten von der Friedensforschung erarbeitet worden ist, kann hier

8 Zu der wachsenden Schwierigkeit, im Zeitalter atomarer Waffen noch einzelstaatliche Interessen von denen des internationalen Systems insgesamt zu trennen vgl. St. Hoffmann, The State of War, New York 1965, S. 154 f.

9 G. Picht, Réflexions Au Bord Du Gouffre, deutsche Originalausgabe: Mut zur Utopie, München 1969.

10 Aus der Fülle der Literatur nur zwei Hinweise: G. Snyder, Deterrence and Defense. Princeton 1961. G. Howe, Technik und Strategie im Atomzeitalter, Witten und Berlin 1965.

nicht einmal zusammenfassend referiert werden[11]. Ich hebe nur verkürzt das Prinzip heraus, nach dem die Abschreckungsdoktrin konstruiert ist. Sie geht davon aus, daß beide Seiten, also USA und UdSSR, jederzeit in der Lage sind, sich gegenseitig durch Atomwaffen unakzeptablen Schaden zuzufügen. Wenn das glaubwürdig ist, dann schreckt diese Drohung jede der beiden Seiten von einem Angriff auf das Territorium des anderen dauerhaft ab.

Das ungleiche Tempo beim Aufbau der atomaren Abschreckungskapazität hat es mit sich gebracht, daß die UdSSR diese in den USA entwickelte Doktrin übernommen hat, wenn auch widerwillig. Freilich haben, und darauf kommt in diesem Zusammenhang alles an, die beiden Atommächte für ihre jeweiligen Bündnissysteme NATO beziehungsweise WTO unterschiedliche Militärstrategien daraus entwickelt, und zwar sozusagen für den Sündenfall der reinen Theorie, für den Fall nämlich, daß die Abschreckung doch einmal versagt.

Was die USA und damit die NATO angeht, so bestand ihre Militärstrategie zunächst in der Androhung eines massiven atomaren Schlages auf die gegnerischen Bevölkerungszentren, falls die Integrität des Bündnisterritoriums durch einen aggressiven Akt verletzt würde. Das galt auch im Falle eines Angriffs mit konventionellen Waffen. Schon in den 50er Jahren gab es in dem immer größer werdenden Kreis amerikanischer Strategieexperten dann aber kritische Stimmen, die den gleichsam automatischen Griff zu den Atomwaffen selbst bei kleinen Grenzzwischenfällen, die ja auch zufällig entstehen konnten, für wenig glaubwürdig hielten. Sehr bald begann denn auch die Ausarbeitung von Alternativen zum totalen Atomkrieg mit dem Ziel, wie man einen möglichen Krieg in Mitteleuropa zeitlich wie geographisch begrenzen könnte[12]. Die offizielle Version ist nun, daß diese Überlegungen den Ausschlag gaben zur Einführung einer neuen Kategorie von Atomwaffen, den sogenannten taktischen Atomwaffen[13], jenen Waffen also, die für den direkten Einsatz auf dem Schlachtfeld gedacht sind.

Den europäischen NATO-Verbündeten war diese Entwicklung nur recht. Im Zusammenhang mit der Einführung taktischer Atomwaffen wurde das Planziel der NATO-Stärke von 96 Divisionen in dieser Zeit

11 Vgl. dazu etwa die kommentierte Literaturzusammenstellung in G. Scharffenorth/W. Huber, Neue Bibliographie zur Friedensforschung, Stuttgart/München, 1973 (= Studien zur Friedensforschung, 12).

12 Vgl. beispielsweise W.W. Kaufmann, Military Policy and National Security, Princeton 1956 sowie H.A. Kissinger, Kernwaffen und auswärtige Politik, München 1968.

13 Vgl. dazu SIPRI, Tactical Nuclear Weapons: European Perspectives, London 1978.

auf 48 herabgesetzt, und die Europäer drängten die USA nach zwei Manövern unter den neuen Bedingungen, die Anzahl der in Europa gelagerten taktischen Nuklearwaffen drastisch zu erhöhen, vermutlich weil sie nicht noch einmal einen konventionellen Krieg in Europa führen wollten und außerdem, weil sie den Ausbau der eigenen konventionellen Truppen aus politischen und finanziellen Gründen störend fanden[14].

Aber noch immer gab es für diese Umrüstung der NATO-Streitkräfte keine verbindliche strategische Doktrin. Man einigte sich im NATO-Rat lediglich darüber, daß außer bei kleinen Grenzstreitigkeiten die konventionelle Periode kurz sein und sehr bald in einen taktischen und dann strategischen nuklearen Schlagabtausch einmünden sollte. Aber diese Vereinbarung war noch keine neue Militärstrategie. Erst in den Jahren 1960 bis 1968, also während der Kennedy-Johnson-Ära, wurde die formal bis heute gültige neue Militärstrategie mit dem Namen ‚flexible response'[15] entwickelt, deren erklärtes Ziel es ist, die Schwelle des unmittelbaren Übergangs von einem konventionellen zum begrenzt nuklearen Krieg mit taktischen Atomwaffen durch einen forcierten Ausbau der konventionellen Bewaffnung anzuheben.

Schon die erste Version dieser neuen Strategie von 1962 kannte daher auch den gleichsam automatischen Griff zu taktischen Atomwaffen nicht mehr und traf deshalb sogleich auf den Protest der europäischen Verbündeten. Nach langem hinhaltenden Widerstand willigten sie erst Ende 1967 in das neue Strategiekonzept ein.

Aus europäischer Sicht hatte dieses Zögern gute Gründe. Denn die Auslegung von ‚flexible response' ist bis heute zwischen den USA und ihren Alliierten kontrovers. Die Absicht von Robert MacNamara, dem damaligen Verteidigungsminister der USA, war es, die Europäer zur Verstärkung ihrer konventionellen Rüstung anzuhalten. Er wollte die strategische Option[16] erweitern und die taktischen Nuklearwaffen dazu nutzen, die Entschlossenheit zu demonstrieren, daß man zum Einsatz von Atomwaffen bereit sei. Demgegenüber hielten die Europäer weiterhin daran fest, die taktischen Atomwaffen dienten der Ausbalancierung der konventionellen Überlegenheit des Warschauer Paktes und würden im ‚Ernstfall' auch so verwendet. Diese Kontroverse über die operative

14 Ebda, S. 9 ff, besonders S. 13 f.

15 Vgl. dazu die Reden von Kennedy und MacNamara in: K. v. Schubert, Sicherheitspolitik der Bundesrepublik Deutschland. Dokumentation 1945 - 1977, Bd. 2, S. 125 ff, S. 210 ff.

16 Zur weiteren Ausgestaltung dieser Doktrin vgl. R.A. Kremin, Die neue amerikanische Nuklear-Strategie, ‚Selective Options'. In: Wehrwissenschaftliche Rundschau, 1976, Heft 4, S. 109 ff.

Ausgestaltung von ‚flexible response' ist, dafür gibt es zuverlässige Belege, bis heute nicht behoben. Die USA haben sich im Jahr 1969 lediglich dazu bereit gefunden, ihre Absicht noch einmal zu bekräftigen, taktische Atomwaffen notfalls auch als erste gegen einen konventionellen Angriff einzusetzen.

Im Gegensatz zu einer verbreiteten Meinung kann man über die Prämissen und strategischen Optionen der WTO mehr wissen, als allgemein öffentlich referiert wird. Das gilt selbst dann, wenn man einräumt, daß eine Reihe von Teilaspekten nicht bekannt sind, sei es, daß sie geheim gehalten werden, sei es, daß sie gar nicht ausformuliert sind. Das mag seinen politischen Grund darin haben, daß ein gründliches Studium dieser Doktrin die These ruinieren könnte, die atomare Abschreckung sei bei aller Polarität das friedenserhaltende Band, weil sie – und nur sie – mehr als dreißig Jahre Krieg in Europa verhindert habe, und zwar unter anderem auch deshalb, weil die gegenseitigen ‚postures', d.h. die Gesamtheit von Militärstrategie und Bewaffnung, bis auf vernachlässigbare Details sich gegenseitig entsprächen, also symmetrisch seien. Diese Auffassung aber läßt sich nicht mehr halten, wenn man zunächst einmal zur Kenntnis nimmt, was man über das militärstrategische Konzept der WTO wissen kann. Grundlage für die WTO-Doktrin ist immer noch das 1962 zuerst und 1968 bereits in dritter Auflage erschienene Buch von Sokolowsky ‚Military Strategy, Soviet Doctrin and Concepts'[17]. Daneben sind durch den Übersetzungsdienst der US-Air-Force in den letzten vier bis fünf Jahren weitere Studien bekannt geworden, die nur eine geringfügige Flexibilität dieser Doktrin in operativer Hinsicht erkennen lassen, das strategische Grundkonzept insgesamt aber nicht tangieren[18].

Diesen gewiß gezielt plazierten Publikationen läßt sich entnehmen, daß die ausschließlich nach sowjetischen Vorstellungen ausgearbeitete strategische Doktrin der WTO zwar auch die Triade von konventionellen, taktisch nuklearen und strategisch nuklearen Waffen kennt, daß sie jedoch, und das macht den gefährlichen, weil offenbar meist unterschätzten Unterschied aus, in operativer Hinsicht eine ‚abgestufte Antwort' nicht vorsieht[19]. Zwar dienen auch alle sowjetischen Atomwaffen

17 W.D. Sokolowski, Military Strategy. Soviet Doctrine and Concepts, 1962. Deutsch: Militärstrategie, Köln 1969.
18 Vgl. A.S. Sholtow, E.A. Chomenko und T.R. Kondratkow, Militärische Theorie und Praxis, Berlin 1973 sowie A.A. Siderenko, The Offensive, Moskau 1970 (Übersetzung 1975). Eine von sowjetischen Experten 1979 auf einer Tagung in der Ev. Akademie Tutzing angekündigte neue Publikation über die Militärstrategie der WTO ist bisher nicht erschienen.
19 W. Heisenberg, Rüstungskontrolle ohne einheitliche Konzeption. Zur inneramerikanischen Debatte über SALT und das strategische Kräfteverhältnis. Stiftung Wissenschaft und Politik, Ebenhausen 1978.

zunächst einmal der Abschreckung. Versagt diese aber und muß ein Krieg ausgefochten werden, dienen die sowjetischen taktischen Nuklearwaffen der Vorbereitung und Unterstützung einer umfassenden, offensiv vorgetragenen Operation durch massiven Truppeneinsatz mit konventionellem, vorwiegend gepanzertem Gerät. Strategie, Training und Organisation der WTO sind darauf angelegt, einen schnellen Überraschungsangriff mit tiefem Einbruch in das gegnerische Territorium vorzutragen, dessen politische, administrative, industrielle und militärische Zentren gleichzeitig anzugreifen und dadurch beim Gegner eine komplette Desorganisation hervorzurufen, die die eigene militärische Führung in den Stand setzt, die Initiative jederzeit selbst zu behalten.

Die erklärte Absicht der UdSSR, in dieser Form an der massiven Vergeltung festzuhalten, wenn die Abschreckung versagt, ist Ausdruck ihrer Überzeugung, daß ein Krieg in Europa, wenn er ausbrechen sollte, sich weder zeitlich noch geographisch, noch in der Wahl der militärischen Optionen und Waffen begrenzen lassen wird. Das aber steht quer zum Konzept von ‚flexible response', ja sie ist mit ihm unvereinbar: denn im operativen Kriegsführungskonzept der WTO ist alles darauf abgestellt, das Kriegsgeschehen mit massierten Kräften so rasch wie möglich auf das gegnerische Territorium zu tragen und dort eine schnelle militärische Entscheidung zu suchen. Auf der Basis von ‚flexible response' rechnet die NATO dagegen mit einem längeren konventionellen Krieg, in dem der kontrollierte Einsatz von taktischen Nuklearwaffen lediglich der Demonstration der Entschlossenheit zur Eskalation dient.

Versucht man, den Gründen für dieses militärstrategische Konzept der WTO nachzugehen, wird man davon ausgehen müssen, daß dafür neben historischen Erfahrungen des Zweiten Weltkriegs auch bündnisspezifische Gründe maßgebend sind. Zunächst einmal haben die kleineren Bündnispartner wohl selber ein Interesse daran, sich weiterhin den unverkürzten nuklearen Schutz der Bündnisvormacht optimal, das heißt durch Festhalten an der Doktrin der massiven Vergeltung zu sichern. Dem korrespondiert andererseits das bündnispolitische Interesse der UdSSR selbst[20], das sich aus dem konstitutiven Mißtrauen ihrer Bürokratie gegenüber den eigenen Bündnispartnern herleitet. Denn nur ein Kriegsführungskonzept, das eine rasche militärische Entscheidung auf dem Boden des Gegners zu erringen sucht, kann mit einiger Aussicht auf Erfolg das Risiko verringern, daß im Kriegsfall politische Unzuverlässigkeiten einzelner Bündnispartner zu einem ernsthaften Sicherheitsrisiko für die Bündnisvormacht selbst werden.

20 Vgl. St. Tiedke, Rüstungskontrolle aus sowjetischer Sicht. Die Rahmenbedingungen der sowjetischen MBFR-Politik. HSFK-Report, November 1979, S. 11 f.

Diese von ihrer operativen Ausgestaltung her unzweifelhaft stärker an wirksamer, schlagkräftiger Verteidigung als an bloßer Abschreckung orientierten Militärstrategie rechtfertigt freilich nicht den Ruf, sie sei Ausdruck aggressiver Politik. Der politische Gehalt auch des sowjetischen Strategiekonzepts ist geprägt von der Furcht vor einem Krieg. Anders wäre intersystemare Abschreckung, und, wie zu zeigen ist, auch ‚arms control' nicht zu denken. Die Gemeinsamkeit in der Angst vor dem Atomkrieg und nicht primär die beiden asymmetrischen Verteidigungskonzepte der Blocksysteme haben daher Schlimmeres bisher verhindern helfen.

4. Die Krise von ‚arms control' und mögliche neue Ansätze

4.1. Grenzen bisheriger ‚arms control' – Konzepte

Der gravierende Unterschied in den Militärstrategien der beiden Blocksysteme[21] ist einer der Gründe dafür, daß jener Denkansatz, der einst einen Ausweg aus dem oben beschriebenen Sicherheitsdilemma versprach, der sogenannte ‚arms control'-Ansatz, in eine Krise geraten ist.

Unter dem Titel ‚arms control' faßt man eine Reihe von unterschiedlichen Konzeptionen zusammen, die in den 50er Jahren in den USA entstanden sind[22]. Dabei wird gewöhnlich zwischen zwei Hauptrichtungen unterschieden, die von unterschiedlichen Annahmen über die Rolle militärischer Macht in den zwischenstaatlichen Beziehungen, dem Charakter des internationalen Systems und der amerikanisch-sowjetischen Beziehungen sowie der sowjetischen Sicherheitspolitik ausgehen. Die sogenannte ‚finite' Abschreckungsschule unterstellt, daß militärische Macht seit der Entwicklung von Atomwaffen nur noch in Form der Abschreckungsdrohung eine vorübergehende politische Funktion besitzt. Bis ein dauerhafter Verzicht auf Abschreckung möglich wird, muß sich Rüstungskontrolle nach dieser Auffassung auf die Dämpfung des Rüstungswettlaufs, die Reduktion der Atomwaffenpotentiale und die Herstellung politischer Bedingungen für Abrüstung beschränken. Demgegenüber geht die ‚infinite' Abschreckungsschule, die bisher jedenfalls die offizielle amerikanische Politik dominiert hat, davon aus, daß sich die Rolle militärischer Macht im internationalen System prinzipiell nicht verändert hat. Zwar liegt die primäre Funktion der Atomwaffen

21 Dazu F.W. Ermath, Contrasts in American and Soviet Strategic Thought, in: International Security, 1978, Heft 2, S. 138 ff.
22 Vgl. Heisenberg, a. a. O. (Anm. 19), S. 19 ff.

nicht mehr in ihrem militärischen Einsatz, sondern in der Abschreckung. Die beste Abschreckung aber ist nach dieser Auffassung die Fähigkeit, einen Krieg wirksam zu führen, wenn die Abschreckung versagt.

Wegen des bestehenden machtpolitischen Gegensatzes im amerikanisch-sowjetischen Verhältnis ist keine Seite in der Lage, auf ein militärisches Potential zu verzichten, das ihren wirtschaftlichen und technologischen Möglichkeiten entspricht. Rüstungskontrolle muß sich daher auf jene Maßnahmen konzentrieren, die zur Reduktion militärischer und technischer Risiken beitragen. Sichtbarer Ausdruck dafür, daß der ,arms control'-Ansatz prinzipiell funktionsfähig ist, ist eine Reihe von bilateralen Verträgen zwischen den USA und der UdSSR, unter denen vor allem die beiden SALT-Verträge eine gewisse Prominenz haben[23].

Die sich hinziehende Ratifizierungsdebatte im amerikanischen Senat macht freilich auch nach außen hin kenntlich, daß das bisherige Konzept in eine Krise geraten ist. Denn die hier vorgebrachten Einwände hängen zum Teil mit den Unterschieden der jeweiligen Militärstrategien und den damit verbundenen Einschätzungen des gegenseitigen Kräfteverhältnisses unmittelbar zusammen. Darauf komme ich später noch einmal zurück.

Die tieferliegende Ursache für die Krise des bisherigen Konzepts[24] aber liegt darin, daß es immer seltener gelingt, jene Dynamik unter Kontrolle zu bringen, die den ständig sich beschleunigenden Rüstungswettlauf in Gang hält: Die Eigendynamik technologischer Innovation[25]. Zwar muß man zugeben, daß die bisherige Konzentration der ,arms control'-Verhandlungen auf eine quantitative Begrenzung und – in Grenzen – auch Reduktion der bestehenden Atomwaffenarsenale nicht völlig erfolglos war. Aus angebbaren Gründen jedoch[26] – und dafür ist SALT II ein Beispiel – werden quantitative Verträge wie SALT I aus buchstäblich technischen Gründen schon bei Vertragsabschluß obsolet.

Dazu gehört vor allem:

– der technologische Durchbruch in der Zielgenauigkeit der Trägersysteme[27]. Er erschwert nicht nur die Überwachung, die sogenannte Verifikation, sondern schafft auch das komplexe Problem, die Waf-

23 Vgl. dazu J. Newhouse, Cold Dawn. The Story of SALT, New York, 1973.

24 Vgl. F.A. Long, G.W. Rathjens (edd), Arms, Defense, Policy and Arms Control, New York 1976.

25 F. Solms, Rüstungsdynamik und technologische Innovation, Manuskript, Heidelberg 1973 (FEST F 205).

26 Vgl. zum folgenden R. Burt, Technology and East-West Arms Control, in: International Affairs, 53, 1977, S. 51-71.

27 Vgl. C.S. Gray, The Future of Land-Based Missile Forces, London 1978 (Adelphi Paper Nr. 140).

fensysteme eindeutig zu definieren, für die der Vertrag gelten soll.
- die durch Miniaturisierung und Standardisierung verursachte Ununterscheidbarkeit in der bisherigen Kategorisierung von Waffensystemen. Dem äußeren Design – und darauf kommt bei der Überwachung durch Satelliten alles an – läßt sich nicht mehr zweifelsfrei entnehmen, ob es sich um atomare oder konventionelle, strategische oder taktische Systeme handelt. Es gibt sogar Waffen, die sich mit wenigen Handgriffen am Einsatzort in ihren technischen Parametern variieren lassen. Dadurch vergrößern sich noch einmal die Probleme von Verifikation und Definition.

Theoretisch ließen sich einige dieser Probleme möglicherweise durch eine kürzere Geltungsdauer der Verträge mildern. Dann aber ständen schwerfällige Verhandlungsprozedur und langwieriger Ratifikationsprozeß in Konkurrenz zum raschen technologischen Wandel, und es ist leicht zu sehen, daß dann massiert politische Widerstände auftreten würden. Das Ende von ‚arms control' wäre besiegelt.

4.2. Das Modell ‚Vertrauensbildende Maßnahmen'

In der akademischen Debatte über ‚arms control' werden in jüngerer Zeit aus der Krise ihrer Theorie wie ihrer Praxis Konsequenzen gezogen, von denen aus sich der Schattenriß eines neuen Ansatzes abzuzeichnen beginnt[28]. Im Zuge einer sorgfältigen und enttäuschungsgefestigten Analyse von zwanzig Jahren ‚arms control' schälen sich dabei Elemente heraus, die zwar noch nicht so zusammenpassen, daß man von einer konsistenten Theorie sprechen könnte. Doch ist ihre Konvergenz strukturell immerhin so hoch, daß über die akademischen Zirkel hinaus daraus durchaus konkrete Verhandlungs- beziehungsweise Handlungskonzepte formuliert werden könnten.

Die Überlegungen haben sich entzündet an der Ambivalenz einiger strukturbildender Momente der bisherigen ‚arms control'-Vereinbarungen, nämlich an der Form exklusiver Gegenseitigkeit bei den erzielten Vereinbarungen und der strikten Einschränkung auf den Tauschwertcharakter der Verhandlungsgegenstände. Schon der formale Rahmen strikter Gegenseitigkeit für alle Vereinbarungen hat, das wird im Nachhinein deutlich, immanente Nachteile. Verhandelt wird nur über das, was der eine oder der andere vom eigenen Sicherheitsstandpunkt aus für optimal hält[29]. Das

28 The Future of Arms Control, London 1978/79 (= Adelphi Paper Nr. 141, 146, 149).

29 The Future of Arms Control, Part I-III: Chr. Bertram, Arms Control and Technological Change: Elements of a New Approach, London 1978 (= Adelphi Paper Nr. 146) S. 15 ff.

führt dann bei der Implementierung der so ausgehandelten ‚arms control'-Verträge dazu, daß beide Seiten den vereinbarten Rahmen sowohl des Erlaubten als auch des Untersagten voll ausschöpfen. Offenbar sind beide Seiten der festen Überzeugung, die restlose quantitative Ausfüllung des vereinbarten Rahmens sei selbst ein Vertragsimperativ[30].

Diese Effekte, die vor allem die Erfahrungen mit SALT I spiegeln, haben zur Wiederbelebung des Interesses an einseitigen ‚arms control'-Maßnahmen viel beigetragen. Theoretisch hat der Gedanke zweifellos eine gewisse Attraktivität. Schließlich werden Streitkräfte auch nicht erst dann aufgestellt, wenn die Gegenseite dem vertraglich zugestimmt hat, sondern sie werden aufgestellt auf der Basis einer autonomen politischen Entscheidung. Logisch wäre es deshalb, wenn diese einseitige Entscheidungsautonomie auch für die Reduzierung oder gar Abschaffung von Streitkräften gelten würde[31].

Ähnliches gilt für militärische Beschaffungsprogramme, jedenfalls seitdem nicht mehr strittig ist, daß solche Beschaffungsprogramme meist eher innenpolitischen denn außen- oder verteidigungspolitischen Impulsen entstammen. Die Kontrolle des Lobbyismus vom Schlage des militärisch-bürokratisch-industriellen Komplexes, wie ihn sowohl USA als auch UdSSR eingestandenermaßen besitzen, hängt aber weniger am Wortlaut gegenseitiger Verträge als an der Fähigkeit zu seiner politischen Kontrolle im eigenen Land beziehungsweise im eigenen Bündnis[32]. Schließlich, das hat Thomas Schelling, einer der Väter von ‚arms control', immer wieder betont[33], bleibt gerade in ‚arms control'-Verträgen, die nach dem Prinzip der Gegenseitigkeit ausgehandelt sind, als Sanktion auf Vertragsbruch der einen Seite eben doch nur die Ankündigung der anderen Seite, sich nun auch nicht mehr an die Vereinbarungen zu halten. Wenn also auch Sanktionen nur einseitig möglich sind, warum dann, so könnte man fragen, ‚arms control' mit den Problemen eines formalen bilateralen Vertrages belasten? Überlegungen dieser Art über die Wiederbelebung des unilateralen Prinzips[34] bildeten jedenfalls den Hintergrund für die Entscheidungen des früheren Präsidenten Carter, den B-1-Bomber nicht zu bauen und die Produktion von Neutronensprengköpfen zu suspendieren. Beides geschah offensichtlich in der

30 Ebda., S. 15.

31 Vgl. H. Ball, The Control of the Arms Race, London 1961, S. 77.

32 Vgl. Long/Rathjens, a. a. O. (Anm. 24), S. 126.

33 Th. Schelling, The Importance of Agreements, in: D. Carlton, C. Schaerf, The Dynamics of Arms Race, London 1975, S. 12.

34 Vgl. dazu H. Scoville jr., A Different Approach to Arms Control – Reciprocal Unilateral Restraints. Unpubliziertes Manuskript für die ISODARCO-Konferenz 1976.

Erwartung, die UdSSR würde das als Signal auffassen und selbst auf dem gleichen oder einem vergleichbaren Rüstungssektor Zurückhaltung üben. Überlegungen dieser oder ähnlicher Art könnten auch Breschnew zum Abzug von 20000 Mann und 1000 Panzern aus der DDR motiviert haben.

Nun ist es derzeit wahrlich keine günstige Zeit, um Erfolg oder Mißerfolg solcher einseitigen Maßnahmen abschätzen zu wollen. Sicher ist nur, und zwar aus pragmatisch-politischen Gründen, daß auch die Einführung des unilateralen Prinzips, wenn sie gelänge, der Einbettung in formale Verträge bedürfte; denn offenbar kann nur das Zeremoniell einer Vertragsunterzeichnung, möglichst auf höchster Ebene, gerade solchen ‚arms control'-Maßnahmen die benötigte Glaubwürdigkeit beschaffen.

Um das Problem der Erhöhung von Glaubwürdigkeit, den zentralen Bezugspunkt sowohl von ‚arms control' als auch von Abschreckung, oder im hier intendierten Zusammenhang präziser: um die Verstetigung und Expansion von Glaubwürdigkeit kreisen daher die Gedanken jener Theoretiker, die einen Ausweg aus dem oben beschriebenen Sicherheitsdilemma suchen und das mit den Lehren aus der bisherigen Geschichte von ‚arms control' zu verbinden suchen. Sie knüpfen dabei an den seit der KSZE-Schlußakte verhandlungsfähig gewordenen Begriff der ‚vertrauensbildenden Maßnahmen' an und versuchen, ihn mit der Substanz von ‚arms control' zu verbinden[35].

Ausgangspunkt der Theoriebildung ist die insbesondere von der finiten Abschreckungsschule herausgestellte Einsicht, daß Rüstung nicht nur das Ergebnis, sondern die Quelle von Mißtrauen zwischen Staaten ist[36]. Die dominierende infinite Denkschule hatte dem begegnen wollen durch Verträge, die ganz am Ideal eines geradezu physikalisch verstandenen Gleichgewichts der Kräfte orientiert war, wie es sich in der Fähigkeit jeder der beiden Seiten ausdrückte, in einem zukünftigen Konflikt wirkungsvolle militärische Aktionen gegen den anderen durchführen zu können, und zwar so, daß, was immer die Intentionen des potentiellen Gegners sein mögen, jeder die Fähigkeit besitzt, dem anderen noch auf der höchsten Ebene der Gewaltanwendung, die dieser wählt, Paroli bieten zu können[37].

Von ausschlaggebender Bedeutung ist nun, daß die neuen Ansätze den Gedanken wieder in den Vordergrund stellen, der ursprünglich allen ‚arms control'-Schulen gemeinsam war: den berechtigten Sicherheitsin-

35 The Future of Arms Control, Part III: F. Alford, Confidence Building Measures, London 1979 (= Adelphi Paper, Nr. 149) S. 1 f.

36 D. Senghaas, Zur Analyse von Drohpolitik in den gegenwärtigen internationalen Beziehungen, in: ders., Rüstung und Militarismus, Frankfurt/M. 1972, S. 29-93, S. 54 ff.

37 Vgl. den Beitrag von M. Padamsee in diesem Band.

teressen auch der Gegenseite Rechnung tragen zu wollen. Genau das wird zur Basis einer neuen Theorie vertrauensbildender Maßnahmen. Statt weiterhin mit nur marginalem Erfolg über quantitative Rüstungsbeschränkungen zu verhandeln, könnte, so argumentiert man, eine neue Verhandlungsrunde begonnen werden, in der es um die Konsolidierung jener Intentionen geht, die immanent auch die bisherigen ‚arms control'-Vereinbarungen zumindest in Grundzügen immer schon anleiteten. In der den Strategieexperten geläufigen Weise ließe sich die Eröffnung einer solchen neuen Verhandlungspartie als Dialog umgangssprachlich etwa so stilisieren: „Wenn es auch Dir wirklich nur um Sicherheit geht und nicht darum, einen Angriffskrieg gegen mich zu führen, dann muß ich das Recht haben, vor jedem Angriff rechtzeitig und angemessen gewarnt zu werden; denn das beweist mir Deine lauteren Absichten. Ich akzeptiere dafür, daß Du zu einem Erstschlag berechtigt bist, falls Du Deine Sicherheit bedroht fühlst. Aber darum bin ich auch berechtigt, gewarnt zu werden. Falls ich sicher bin, ohne Tricks stets gewarnt zu werden, kann ich für meinen Teil eine Haltung einnehmen, die weniger bedrohlich für Dich ist. Da ich bereit bin, Dir zu versichern, daß ich nicht vorhabe Dich anzugreifen, finde ich das ein ganz befriedigendes Arrangement und kann meine Kampfbereitschaft entsprechend reduzieren. Ich verlange gar nicht, daß Du nicht in der Lage sein sollst, mich anzugreifen, sondern nur, daß Du das so lange nicht tun kannst, bis auch ich in der Lage bin, Deinem Angriff entgegenzutreten. Wenn ich dieses Vertrauen nicht habe, muß ich auf meiner ständigen Alarmbereitschaft bestehen, denn das tust Du ja auch."[38]

Das Komische einer solchen Stilisierung täuscht leicht darüber hinweg, daß sich damit das Grundmuster einer Theorie vertrauensbildender Maßnahmen hinreichend gut abbilden läßt. Hier wird versucht, jenes konstitutive Mißtrauen, das bislang die Beziehungen zwischen Ost und West dominiert und sich in der Abschreckungsdoktrin ein legitimierendes Theoriederivat geschaffen hat, schrittweise abzulösen durch einen auf Dauer gestellten Dialog, der gleichwohl einem Nutzenkalkül unterworfen ist, freilich in der Weise, daß er von vornherein den gegenseitigen Nutzen zu steigern versucht. Oder noch anders: Die zirkuläre Struktur des ‚worst case'-Denkens, jenes militärischen Denkens, das immer den schlechtesten aller denkbaren Fälle unterstellt und so in gedankenloser Sorgfalt nur die Realisierung dessen betreibt, was es selbst zu verhindern trachtet, nämlich das Versagen der Abschreckung: dieses Denken allmählich durch ein Konzept zu substituieren, das zwar auch den ‚V-Fall' (= Verteidigungsfall, Kriegsfall) nicht ganz eliminieren kann,

38 Alford, a. a. O. (Anm. 35), S. 18 f.

diese ultima ratio aber durch ein Ritual zu balancieren trachtet: durch ein permanentes Verhandlungsritual, das das auch von der Abschrekkungsdoktrin unterstellte und für sie sogar theoriebildende Interesse an Kriegsvermeidung in Regeln überführt, die dieses Interesse bis zum erklärten Erweis gegenteiliger Intentionen primär politisch und nicht mehr bloß oder ausschließlich militärstrategisch artikulierbar macht.

4.3. Elemente einer Konzeption

Von dem, was unter dem Titel ‚Vertrauensbildende Maßnahmen' im Bereich von ‚arms control' neuerdings diskutiert wird, haben Aussicht auf Erfolg, wenn überhaupt, jedoch nur die Vorschläge, die Lehren aus der Krise von ‚arms control' ziehen, sich zugleich aber nicht zu weit von eingespielten Verhandlungsmustern entfernen.

Zu den Vorbedingungen für einen qualitativen Durchbruch wird man daher rechnen müssen, daß entsprechende Verhandlungsangebote zum einen nicht sogleich die jeweiligen strategischen ‚postures'[39] als Ganze obsolet machen sollen, aber geeignet sein müssen, deren Kriegsführungsoptionen wirksam einzuschränken beziehungsweise zu erschweren. In einem künftigen Dialog lassen sich unter diesem Aspekt vor allem Sicherheitsinteressen der WTO artikulieren. Zum anderen müssen künftige Verträge zumindest Möglichkeiten für die Verifikation solcher Vereinbarungen enthalten; denn hier liegt zweifellos der harte Kern des westlichen Sicherheitsinteresses.

Wie unter diesen Prämissen ein solches Konzept aussehen könnte, das hat Christopher Bertram in einem bereits 1978 erschienenen Papier[40] beschrieben. Bertram macht dort[41] darauf aufmerksam, daß es unter den zwischen Ost und West geltenden ‚arms control'-Abkommen einen Vertrag gibt, der seiner Struktur nach anders angelegt ist als etwa die SALT-Verträge. Es handelt sich um den 1972 zwischen USA und UdSSR abgeschlossenen, in der Öffentlichkeit aber kaum beachteten ABM-Vertrag (Treaty on Anti-Ballistic-Missile-Systems)[41]. Dieser Vertrag besitzt drei Eigenschaften, die ihn von anderen ‚arms control'-Abkommen unterscheiden:

1. Der Vertrag enthält das Verbot für die Anwendung einer bestimmten militärischen Option: den Aufbau einer effektiven Raketenabwehr. Die eingebauten quantitativen Beschränkungen dienen der Imple-

39 Als ‚postures' bezeichnet man die Gesamtheit von Militärstrategie und Waffenpotential.

40 Bertram, a. a. O. (Anm. 29).

41 Ebda., S. 17 ff. Der Vertragstext findet sich in: H. Siegler (ed), Dokumentation zur Abrüstung und Sicherheit, Bd. 10: 1972, Bonn/Wien/Zürich 1973, S. 108-111.

mentierung des Vertrags; sie sind nicht der eigentliche Vertragsgegenstand selbst; denn die zugelassene Anzahl von Systemen ist so niedrig gewählt, daß sich damit eine effektive Raketenabwehr nicht durchführen läßt.

2. Der Vertrag verbietet nicht nur die damals existierende Technologie (Art. II, 1) sondern auch alle künftigen technologischen Alternativen dazu (agreed interpretations, paragr. (e)). Anders als die SALT-Verträge ist er also weitgehend immun gegen technologische Innovationen, die alle bisherigen ‚arms control'-Vereinbarungen meist schon technisch obsolet gemacht hatten, noch bevor die Tinte der Paraphierung trocken war.
3. Der Vertrag ist auf unbestimmte Dauer (Art. XV) abgeschlossen, enthält aber neben der Rücktrittsklausel auch eine Revisionsklausel zur Anpassung an veränderte Umstände.

Von Interesse ist nun, wie beide Seiten dieses Abkommen bisher ausgelegt haben; denn obwohl der Vertrag die Modernisierung der zugelassenen je 200 Systeme in zwei Stellungen ausdrücklich zuläßt, sind die beiden Vertragsparteien bereits 1974 übereingekommen, den qualitativen Rahmen noch einmal auf je 100 Systeme in einer Stellung zu reduzieren, wobei die USA diese Option nicht einmal ausgenutzt haben. Daraus kann man den paradoxen Schluß ziehen: Wenn quantitative Reduktionen nicht der primäre Zweck eines Vertrages sind, erleichtert das offenbar signifikante quantitative Rüstungsbeschränkungen mit meßbaren ökonomischen Effekten.

Die Tatsache, daß es möglich war, Verträge dieses Typs auszuhandeln – auch der Vertrag über das Verbot biologischer Waffen hat ja eine ähnliche Struktur – : diese Tatsache hat die Bemühungen stimuliert, nach Möglichkeiten zu suchen, wie die Grundstruktur von solchen Verträgen zum allgemeinen Gesetz für ‚arms control'-Vereinbarungen werden könnte. Dabei ging es beim Design eines solchen neuen Ansatzes vor allem um die oben erwähnte Prämisse, daß sich mit Rücksicht auf die konservativen Trägheitsmomente sowohl in der bereits bestehenden Vertragsmaschinerie als auch in den Führungsgremien und Bürokratien der beiden Verhandlungspartner der neue Denkstil nicht zu weit von der bisherigen ‚arms control'-Praxis entfernen sollte. Nun ist ein Konzept, das weniger auf quantitative Beschränkung von Waffensystemen konzentriert ist als vielmehr auf die Verhinderung oder Einschränkung des Gebrauchs, den man von ihnen machen kann, nicht so revolutionär, wie es auf den ersten Blick scheint. Sowohl im Zwischenabkommen von Wladivostok als auch in einigen Vorschlägen für die Truppenreduzierungsverhandlungen (MBFR) in Wien stecken implizit Ansätze, die auf die Verhinderungen bestimmter militärischer Optionen zielen. (Verhinderungen eines nuklearen Präventivschlags im Wladivostok-Abkommen und Verhinderung eines Überraschungsangriffs bei MBFR)[42]. In einem neuen Ansatz kommt daher alles darauf an, diese impliziten Elemente nicht mehr bloß zu interpretieren, sondern den Verhandlungs- und Vertragsrahmen explizit daraufhin zu verändern.

Das ist das eine. Das andere Problem, das in engem Kontakt zur bisherigen ‚arms control'-Praxis gehalten werden muß, ist die Implementierung des ausgehandelten Vertrages. In der bisherigen Ära quantitativer Begrenzungsvereinbarungen konnte ein Vertrag stets nur in streng identischer Weise implementiert werden: Sprengkopf gegen Sprengkopf; Trägersystem gegen Trägersystem; Mann gegen Mann. Die vorgeschlagene Einführung militärischer Optionen als primären Verhandlungsgegenstand erlaubt dagegen durchaus unterschiedliche, aber ebenfalls vertraglich vereinbarte Implementationen, die auf die asymmetrischen strategischen ‚postures' beider Seiten Rücksicht nehmen. Ist es das Ziel eines künftigen ‚arms control'-Abkommens zum Beispiel, daß keine Seite die Fähigkeit zum nuklearen Präventivschlag haben soll, lassen sich verschiedene Formen der Implementierung denken[43]: die eine Seite etwa durch Verringerung ihrer treffgenauen Trägersysteme, die andere durch Verringerung des Wurfgewichts ihrer Sprengköpfe. Ähnliches gilt für die Verhinderung der Fähigkeit zu einem Überraschungsangriff in Europa.

Im Rahmen solcher Verträge ließen sich zudem auch Fortschritte zur Eindämmung der Eigendynamik technologischer Innovationen erzielen. Verträge über militärische Optionen geben ohnehin, wie der ABM-Vertrag lehrt, weniger Anreize für eine Forcierung von Forschung und Entwicklung.

Sicher nicht völlig eindämmen, aber wirksamer kontrollieren ließe sich deren naturwüchsige Expansion durch die Aufnahme einer Vertragsregel, daß zwar jede der Vertragsparteien den Katalog ihrer Implementationsmaßnahmen ändern kann, daß aber jede solche Änderung und insbesondere die Einführung einer neuen Waffentechnologie vorher gemeinsam daraufhin überprüft werden muß, ob sie Geist und Buchstaben des Vertrags widerspricht[44]. Auch das klingt zunächst utopischer und radikaler als es ist. Bei den bisherigen SALT-Verträgen verletzt bereits jede über die vereinbarte Obergrenze hinaus produzierte Rakete Geist wie Buchstaben des Vertrags. Bei der Struktur des ABM-Vertrags

42 Vgl. Bertram, a. a. O. (Anm. 29), S. 19 f.
43 Ebda., S. 20 f.
44 In dieser "Justification by challenge", der Regelung der Beweislast, liegt das Innovative von Christoph Bertrams Vorschlag (ebda. S. 21), das freilich bereits im Art. XIII des ABM im Grunde schon vorhanden ist.

aber verletzt selbst eine Verdoppelung der Anzahl der Systeme wohl den Buchstaben, nicht aber den Geist des Vertrages, und es stellt sich heraus, daß dadurch auch die Versuchung wegfällt, sich auf diese Weise einen Vorteil zu verschaffen: Das Nutzenkalkül spricht dagegen, und genau das hat wohl auch dazu geführt, daß der ABM-Vertrag ein solches hier nur grob skizziertes Verfahren der Prüfung auf Vertragskonformität bei Veränderung des Implementationskataloges vereinbart hat (Art. XIII).

Ein letztes schließlich noch in diesem Zusammenhang: das leidige Problem der Verifikation und der Sanktionen bei Vertragsbruch[45]. Was die Verifikation angeht, so kann es sich, wie wiederum der AMB-Vertrag lehrt, ein auf die Verhinderung von militärischen Optionen gerichtetes ‚arms control'-Konzept leisten, auf präzise und ins Detail gehende Inspektionsverfahren weitgehend zu verzichten. Bei geeigneten Implementationsmaßnahmen sind größere und dadurch auch ohne aufwendige Inspektion jederzeit entdeckbare Verschiebungen notwendig, um den Vertragszweck zu unterlaufen. Die oben angesprochene Vertragsregel der Beweislast wirkt dem im übrigen hemmend entgegen. Manöveranmeldung und Manöverbeobachtung, wie sie die KSZE-Schlußakte empfiehlt, sind ein erster Schritt in dieser Richtung.

Bleibt das Problem der Sanktionen bei Vertragsbruch. Auch hier wäre die Situation weniger gespannt als bei den bisherigen SALT-Verträgen. Dort ist die buchstäbliche Verletzung zugleich auch eine volle Verletzung der Vertragsintention. Als Sanktion bei Vertragsverletzung durch die eine Seite bleibt nur die Aufkündigung des gesamten Vertrages durch die andere Seite[46]. Tertium non datur, wenn ein solcher Vertrag überhaupt seinen Sinn behalten soll. Bei ‚arms control'-Abkommen der hier vorgeschlagenen Struktur könnten Sanktionen sehr viel leichter nach dem Muster von ‚flexible response' ausfallen. Der als Vertragsbestandteil vorgesehene permanente Kommunikationsprozeß in der schon für SALT eingeführten ‚Standing Consultative Commission' über die eigentliche Verhandlungsphase hinaus erlaubt einen breiten Fächer von Sanktionsandrohungen[47], ohne die ultima ratio der SALT-Vereinbarungen, nämlich Vertragskündigung, auszuschließen. Und schließlich: anders als bei SALT würde die Androhung von spezifischen Sanktionen gegen die Entwicklung, Produktion und Einführung eines Waffensystems nur dann zu einem neuen Wettrüsten führen, wenn beide Seiten nicht nachgeben. Im Rahmen des hier referierten neuen Ansatzes könn-

45 Vgl. zu den grundsätzlichen Problemen bei SALT: M. Lodal, Verifying SALT, in: Foreign Policy, 176, 24, S. 40-64.

46 Vgl. Bertram, a. a. O. (Anm. 29), S. 23.

47 Ebda., S. 24.

te es durchaus möglich werden, daß beide Seiten nach einem solchen Prozeß, der zur Androhung spezifischer und kalkulierbarer Sanktionen führt, sich dann darauf verständigen, auf Waffenprogramme ganz zu verzichten, deren Auswirkungen auf den Vertragszweck zweifelhaft sind. Das Problem der sogenannten Mittelstreckenraketen (präziser: taktischer Nuklearwaffen mit großer Reichweite) ist exakt von dieser Art.

5. Ausblick

Unter den gegenwärtigen politischen Umständen freilich sind solche Perspektiven noch Utopie, und es gehört in leichter Abwandlung des Titels des erwähnten Buches von Georg Picht[48] Mut dazu, sie zu artikulieren.

Lange Jahre hat die Friedensforschung auf der These beharrt, Frieden müsse mehr sein als die Abwesenheit von Krieg.

Tempi passati: Ohne dieses emphatische Verständnis von Frieden preisgeben zu wollen oder zu können, nötigt die explosive Entwicklung des Verhältnisses von militärischer Sicherheit und Frieden zu einer drastischen Verschiebung der Forschungsprioritäten in diesem Bereich. Wer Bedingungen für einen Zustand schaffen will, der mehr ist als die Abwesenheit von Krieg, muß sich zunächst einmal viel bescheidener auf den Versuch konzentrieren, Krieg zu verhindern. Daß das schwer, aber nicht aussichtslos ist, war, wenn nicht zu beweisen, so doch plausibel zu machen.

48 G. Picht, Mut zur Utopie, München 1969.

Michael Brzoska

Bundesdeutsche Rüstungsexporte in die Dritte Welt: Daten – Verfahren – Zusammenhänge

1. Einleitung: Rüstungstransfers und „Neue Weltmilitärordnung“

Die „Militarisierung der Welt” in den 70er Jahren hat ihren Niederschlag in einer Zunahme der militärischen Konflikte, in einer sich expandierenden Rüstung und in einer wachsenden Zahl von Menschenrechtsverletzungen gefunden. Die materiellen Aufwendungen für Rüstung und die Unterhaltung militärischer Potentiale zehren zunehmend an den vorhandenen Ressourcen. Die Zahl der Regime, die ihre Herrschaft auf die Verfügung über moderne Waffen und Repressionstechniken stützen, steigt.

Der Wandel, der in den 70er Jahren manifest wurde, veranlaßt eine Reihe von Autoren, in Anlehnung an die „Neue Internationale Weltwirtschaftsordnung” von einer „Neuen Weltmilitärordnung”[1] zu sprechen. Sie wird gekennzeichnet durch:

– den Anstieg der Militärausgaben weltweit, insbesondere aber in der Dritten Welt
– die zunehmende Ausbreitung moderner konventioneller Waffensysteme
– den Aufbau von Rüstungsproduktionskapazitäten in vielen Teilen der Welt
– die Eingliederung von Waffensystemen, über die vorher nur die Großmächte verfügten, in regionale Militärsysteme
– die Zunahme militärischer Interventionen, offener und verdeckter Art
– die Verflechtung von Hegemonialinteressen mit lokalen Konflikten.

Die „Ordnung” innerhalb des Begriffes der „Neuen Weltmilitärordnung” verweist auf die hierarchische Struktur der weltweiten Militarisierung. Das Zentrum bleibt die Polarität der westlichen und östlichen Großmacht, mit der ihr eigenen Rüstungsdynamik und deren ideologischen Absicherung. Die hier entstehenden oder vorhandenen Konflikte strah-

1 Der Begriff stammt von J. Øberg. Vgl. J. Øberg, The New International Military Order – The Real Threat to Human Security, Lund University 1978 (= Chair of Conflict and Peace Research, Papers No. 65).

len in die übrige Welt aus, verstärken dort vorhandene Gegensätze oder überlagern sie durch ihr Gewicht. Ein wesentliches Element der „Weltmilitärordnung" ist der internationale Transfer von Teilen des „Kriegssystems"[2]. Dazu gehören Ideologien, die die Verhältnisse Gesellschaft–Militär und Gesellschaft–Konfliktlösungsstrategien abbilden ebenso wie militärische Doktrinen und Waffensysteme. Der Transfer von Waffensystemen ist der am leichtesten wahrnehmbare Vorgang und steht deshalb im Mittelpunkt der Diskussion.

Verschiedene internationale Institutionen und Foren haben in ihrer Sorge um den Frieden gerade auf die Bedeutung des internationalen Rüstungshandels hingewiesen. Dies gilt für Konferenzen von Staaten (vor allem im Rahmen der Vereinten Nationen) ebenso wie für Treffen von Experten für die Auswirkungen der Naturwissenschaften (Pugwash-Konferenz) oder für Entwicklungspolitik (Nord-Süd-Kommission unter dem Vorsitz Willy Brandts)[3].

Auch in der Arbeit kirchlicher Zusammenschlüsse hat das Bewußtsein des hohen internationalen Stellenwertes des Rüstungstransfers zunehmend Beachtung gefunden:

- Die 5. Vollversammlung des ökumenischen Rates, die 1975 in Nairobi tagte, gab den Anstoß zu einem Programm für Abrüstung und gegen Militarismus und Wettrüstung, das ausdrücklich den internationalen Rüstungshandel thematisiert[4].
- Eine Reihe von Kirchen haben Studien über die Verwicklung ihrer Heimatländer in das internationale Geschäft mit Waffen und Kriegsmaterial vorgelegt und zur Diskussion gestellt[5].
- In der Bundesrepublik haben sowohl die Gemeinsame Konferenz der Kirchen für Entwicklungsfragen (GKKE) als auch Vertreter der verschiedenen Konfessionen an die Bundesregierung appelliert, ihre Zurückhaltung bei der Billigung von Rüstungsexporten aufrechtzuerhalten[6].

2 J. Galtung, Das Kriegssystem, in: K. J. Gantzel (ed), Herrschaft und Befreiung in der Weltwirtschaft, Frankfurt/New York 1975, S. 68-114.

3 Vereinte Nationen, Schlußdokument der 10. Sondersitzung der Generalversammlung über Abrüstung vom 30. 6. 1978, in: Europa Archiv 19, 1978, D 520-542;
Pugwash Conferences on Science and World Affairs. Newsletters 14, 1977, 3; 15, 1978, 3; 16, 1979, 4;
Nord-Süd-Kommission, Das Überleben sichern. Gemeinsame Interessen der Industrie- und Entwicklungsländer, Köln 1980.

4 Vgl. den Beitrag von B. Moltmann in diesem Band.

5 Des églises d'occident face aux exportations d'armes (1973-1978). Textes de Commissions nationales Justice et Paix et de Conseils nationaux d'Eglises (France, Grande-Bretagne et Etats-Unis), Paris 1979;
Interkerkerlijk Vredesberaad (ikv), Militaire produktie in Nederland door Sami Faltas, Den Haag 1977 (=Cahier voor vredesvraagstukken nr. 19).

6 Zusammenstellung in: Die Zeit vom 30. 1. 1981.

Auch auf nationaler politischer Ebene verstärkte sich in den 70er Jahren die Diskussion um Waffentransfers. In den USA trat Jimmy Carter im Wahlkampf 1976 mit scharfer Kritik an der US-amerikanischen Rüstungsexportpolitik an. Während seiner Präsidentschaft wurde ein zunächst entworfenes Programm restriktiver Rüstungsexportpolitik jedoch nicht verwirklicht[7]. Die Situation in der Bundesrepublik ist nicht unähnlich: Sozialliberale Politiker betonten übereinstimmend die Notwendigkeit, den Rüstungstransfer in die Dritte Welt einzudämmen. Tatsächlich aber stieg, wie unten (siehe 2.2) zu zeigen sein wird, das Volumen bundesdeutscher Rüstungstransfers in den 70er Jahren stetig an.

Rüstungstransfers sind Bestandteile der „Weltmilitärordnung". Gleichzeitig stehen sie in unmittelbarem Zusammenhang mit den politischen, wirtschaftlichen und gesellschaftlichen Gegebenheiten der Empfänger- und Lieferländer. Innen- und außenpolitische Gesichtspunkte fließen in jede Diskussion über Pro und Contra ein. Infolgedessen erstickt die Debatte entweder an der Komplexität der Sachverhalte oder aber bleibt auf Teile des Zusammenhanges beschränkt. Wer, um ein Beispiel zu nennen, betont, daß Waffen zum Töten hergestellt und exportiert werden, wird den, der sich um seinen Arbeitsplatz in der Rüstungsindustrie sorgt, nur schwer verstehen. Wer darauf hinweist, daß „wenn wir nicht liefern, es die anderen tun", kann die Entrüstung gerade über die Rüstungsexporte aus unserem Land nicht begreifen.

Der vorliegende Beitrag bemüht sich, angesichts der Vielfalt des Gegenstandes[8] zunächst den Zugang zu den Fakten zu eröffnen. Wenn abschließend doch ein Vorschlag gemacht wird, wie auf Seiten der Lieferländer einem wirtschaftlich begründeten Trend zum Rüstungsexport begegnet werden kann, so geschieht das nicht, weil der Verfasser glaubt, daß sich dieser Vorschlag kurzfristig politisch umsetzen ließe. Es soll vielmehr gezeigt werden, daß die Probleme technisch lösbar scheinen. Entscheidend für eine Änderung der augenblicklichen Rüstungstransferpolitik ist – trotz der unübersehbaren ökonomischen Probleme – der politische Wille in den Rüstungsexportländern und bei den Waffenempfängern.

1.2. Ansätze zur inhaltlichen Abgrenzung

Zur inhaltlichen Bestimmung dessen, was aus der Gesamtmenge der grenzüberschreitenden Güter und Übertragungen nun zum 'Rüstungstransfer' gezählt werden soll, gibt es verschiedene Vorschläge:

7 N. Ball/M. Leitenberg, US Policy of Conventional Arms Transfers, in: Bulletin of Atomic Scientists, 35, 1979, 2, S. 31-36.

8 Eine dokumentierte Sammlung weiterführender Literatur bei: G. Maaß, Rüstungstransfers und Dritte Welt, Militärpolitik Dokumentation, 3, 1979, 14/15.

a) Wählt man einen institutionsbezogenen Ansatz, so gehören zum Rüstungstransfer alle Güter und Leistungen, alle Transfers, deren Empfänger Einrichtungen des Militärs oder anderer bewaffneter Kräfte, wie der Polizei oder paramilitärischer Verbände sind. Damit bezieht man nicht nur Waffen und Gerät, sondern auch Verpflegung oder Material für militärische Bauten etc. ein. Problematisch an einem solchen Abgrenzungsversuch ist die Tatsache, daß hier Güter und Leistungen aufgenommen werden, deren Eigenschaften und Nutzungsmöglichkeiten nicht spezifisch „militärisch" sind.

b) Der funktionale Ansatz geht von den militärbezogenen Eigenschaften der transferierten Güter und Dienstleistungen aus. Die Literatur kennt eine Reihe von Versuchen, den „Rüstungs-" oder „militärischen" Charakter einer Ware oder Dienstleistung zu bestimmen[9]. Ausgangspunkt ist dabei die Bestimmung der „Letalität", der Tötungs- und Vernichtungsfähigkeit einer Waffe oder eines Waffensystems. Ein solcher Zugang erfaßt jedoch nicht die Tatsache, daß ein einzelnes Produkt zwar eine geringe „Letalität" aufweisen kann, in der Kombination mit anderen aber eine gewaltige Steigerung seiner Kapazitäten erfährt: ein gepanzertes Fahrzeug hat an sich eine geringe Zerstörungskraft; erst die montierte Kanone oder das mitgeführte Maschinengewehr machen es zu einer wirkungsvollen Waffe. Hinter dem Konzept der „Letalität" steht die Suche nach einem Bewertungskriterium, denn auch die Bauten von Kasernen, die Verpflegung von Soldaten oder die Maschinen zur Waffenproduktion erhöhen langfristig die „Schlagkraft", das heißt die tötende Wirkung einer Armee.

c) In der Praxis zeigt sich, daß sich 'Rüstungswaren' weder institutionsbezogen noch funktional eindeutig bestimmen lassen. Deshalb werden in der Regel beide Gesichtspunkte kombiniert. Das Ergebnis sind unter pragmatischen Gesichtspunkten aufgestellte Listen von Waren und Dienstleistungen, die im grenzüberschreitenden Verkehr als 'Rüstungstransfer' bezeichnet werden. So gibt es[10] z.B.:

9 A. C. Leiss, International Transfer of Armaments: Can Social Scientists Deal with Qualitative Issues, in: U. Ra'anan/R. L. Pfalzgraff/G. Kemp (edd), Arms Transfer to the Third World: The Military Build up in Less Industrial Countries, Boulder 1978, S. 107-117, S. 113 f.

10 Für die Bundesrepublik: T. Mammitzsch, Rechtliche Grenzen von Rüstungsproduktion und Rüstungshandel, Militärpolitik Dokumentation, 4, 1980, 18, S. 15-31;
Für die USA: ACDA (US Arms Control and Disarmament Agency), World Military Expenditures and Arms Transfers, Washington: Government Printing Offices, 1978, 323.

– für die Bundesrepublik:
  „Kriegswaffenliste". Anlage zum Gesetz über die Kontrolle von Kriegswaffen vom 20. 4. 1961;
  Außenwirtschaftsgesetz vom 26. 4. 1961 und Außenwirtschaftsverordnung: Rüstungswaren.
– für die USA:
  US-Munitionslist (Federal Register, vol. 31, no. 233) im Rahmen des Mutual Security Act, Section 414, 1954;
  Foreign Assistance Act, 1961 und Foreign Military Sales Act, 1968.

Vergleicht man die bundesdeutschen mit den US-amerikanischen Listen, so zeigt sich, daß die deutschen stärker am funktionalen Konzept, die amerikanischen stärker am institutionsbezogenen Konzept orientiert sind. In die bundesdeutschen Verzeichnisse sind nur Waren und Dienstleistungen aufgenommen, deren ausschließliche militärische Verwendung sicher ist. Insofern sind die Grenzen sehr eng gezogen. Geräte und Einrichtungen wie Großraumflugzeuge, geländegängige Fahrzeuge, elektronische Anlagen, aber auch Produktionsanlagen, die zur Waffenherstellung genutzt werden können, sowie Gerätkomponenten, wie Antriebsaggregate, werden nicht erfaßt. Ebensowenig sind Beratungsaufträge aufgenommen, die zwischen verschiedenen Regierungsstellen oder zwischen Firmen der Waffenherstellung abgeschlossen werden. Die Frage, was nun als „Rüstungstransfer" gelten soll, ließe sich auch nicht klarer beantworten, wenn entsprechende Listen anderer Länder hinzugezogen würden, soweit sie überhaupt verfügbar sind, denn auch hier sind die Abgrenzungen willkürlich nach funktionalen oder institutionellen Kriterien vorgenommen worden. Insofern muß jeder internationale Vergleich des „Rüstungstransfers" bereits von seinem Gegenstand her gewisse Unsicherheiten in Kauf nehmen.

1.3. Herkunft von verfügbaren Daten

Nur wenige Länder weisen Rüstungstransfers in ihren Außenhandelsstatistiken aus, obwohl die weltweit üblichen Außenhandelsklassifizierungen Untergruppen für Rüstungswaren vorsehen. Eine Ausnahme bilden die USA, die bei dem Nachweis allerdings darauf verzichten, Lieferanten und Empfänger noch einmal gesondert aufzuschlüsseln. In der bundesdeutschen Außenhandelsstatistik gehen die Importe von Rüstungswaren in die Sammelkategorie „Regierungsimporte" ein, die Ausfuhren fallen unter die Rubrik „Sonstige Exporte". Auch internationale Außenhandelsstatistiken erweisen sich als wenig ergiebig, da sie auf jeweils einzelstaatlichen Quellen beruhen. Dagegen finden sich in Einzelfällen jedoch Informationen über den Transfer von Rüstungswaren in der Presse, vor allem in den militärischen und rüstungswirtschaftlichen Fachorganen. So kann als Faustregel gelten: Der Transfer von größerem Gerät läßt sich nicht verheimlichen. Anders sieht es mit Aus- und Einfuhr kleinerer Waffen aus. Sie sind nur in seltenen Fällen Gegenstand der Berichterstattung. Allein die Reklame, die sich in entsprechenden Journalen findet, erlaubt, auf erwartete und tatsächlich getätigte Transaktionen zu schließen.

Für die Bundesrepublik wurde im Jahr 1978 zum ersten Mal eine Zahl für die gesamten bundesdeutschen Waffenexporte veröffentlicht[11]. Im Frühjahr 1979 stellte das Wochenmagazin „Der Spiegel" eine Reihe von Zahlen und Informationen zusammen[12], die einem internen Text der Bundesregierung („Zusammenfassender Überblick über die Entwicklung der Ausfuhr von Kriegswaffen und sonstigen Rüstungsgütern") entstammten. Diese Veröffentlichung machte auch bekannt, daß erst seit 1976 die Ausfuhren von Rüstungswaren, die keine Kriegswaffen sind (Schaubild 1), systematisch erfaßt werden. Deshalb verlangte die ‚ad hoc Gruppe Rüstungsexport' der SPD-Bundestagsfraktion von der Bundesregierung, regelmäßig Auskunft über den bundesdeutschen Rüstungstransfer zu geben[13].

Angesichts der Schwierigkeit, genaue Angaben über den internationalen Rüstungstransfer zu erhalten, gewinnen die Analysen spezialisierter Beobachter erhebliche Bedeutung, die, wie das Stockholmer Friedensforschungsinstitut (SIPRI) oder die US Arms Control and Disarmament Agency (ACDA), versuchen, Umfang und Richtung der Transfers zu ermitteln. Die Unterschiede der von ihnen vorgelegten Materialien beruhen auf voneinander abweichenden Quellen und Verfahren, um die Daten zu erfassen:

- SIPRI registriert nur den Transfer von Großwaffensystemen. Dazu gehören aus den im Schaubild 1 genannten Waren die unter 1. (Großwaffensysteme) mit Ausnahme von 1.5., aufgeführten Waffen sowie Flugzeuge. Das Institut stützt sich nur auf öffentlich zugängliche Quellen und geht davon aus, daß ein Transfer stattgefunden hat, wenn mehrere, voneinander unabhängige Quellen darüber berichtet haben[14].

11 Staatsminister im Bundeskanzleramt H.-J. Wischnewski vor der SPD-Bundestagsfraktion: Zwischenbericht der AG "Waffenexport" der SPD-Bundestagsfraktion, Bonn 1978, zitiert bei K. D. Voigt, Arbeitsplätze durch Rüstungsexporte?, in: Frankfurter Hefte, 34, 1979, 2, S. 24-28, S. 27.

12 Der Spiegel (1979), 14, zitiert in: Maaß, a. a. O. (Anm. 8), 30.

13 Wehrdienst (1980), 737, S. 3 f.

14 SIPRI (Stockholm International Peace Research Institute), The Arms Trade with the Third World, Harmondsworth: 1975, S. 13 und die laufenden Jahrbücher.

Schaubild 1

Definitionsabgrenzungen konventioneller Rüstungstransfers

I. *Waren*	Kriegswaffen nach Kriegswaffenliste	Rüstungswaren nach Anlage zur Außenwirtschaftsverordnung	Rüstungstransfers nach US-Definition
1. Großwaffensysteme 1.1. Kriegsschiffe 1.2. Kampfflugzeuge 1.3. Panzer, gepanzerte Fahrzeuge 1.4. Lenkwaffen 1.5. Artillerie, große Maschinenwaffen	+	+	+
2. Kleinwaffen, Munition 2.1. Handfeuerwaffen (Pistolen etc.) 2.2. Kleinere Maschinenwaffen (MP, MG etc.) 2.3. Infanterieartillerie (Mörser etc.) 2.4. Munition, Bomben, Granaten etc.	2.1.: – 2.2.–2.4.: +	+	+
3. Unterstützendes Gerät 3.1. Transportschiffe 3.2. Transport-, Trainingsflugzeuge 3.3. Gepanzerte Transportfahrzeuge 3.4. Lastkraftwagen 3.5. Personenkraftwagen, Motorräder etc. 3.6. Elektronisches Unterstützungsgerät (Kommunikation, Kontrolle)	–	0	0
4. Produktionsanlagen zur 4.1. Herstellung von Waffen (Positionen 1. u. 2.) 4.2. von unterstützendem Gerät	–	0	0
5. Ersatzteile und Komponenten 5.1. für Waffen (1. und 2.) 5.2. Unterstützendes Gerät und Herstellungsanlagen (3. und 4.)	0	0	0
6. Sonstige Waren, z. B. Zement für militärische Bauten, Sanitätsmaterial, Verpflegung	–	0	0
II. *Dienstleistungen* Training, Technische Hilfe, „Blaupausenexport"	–	–	0

\+ = eingeschlossen
– = nicht eingeschlossen
0 = bei eindeutig militärischem Charakter eingeschlossen, bei Lieferung an Militär eingeschlossen.

– Die ACDA[15] erhält ihre Informationen von der „Defense Intelligence Agency", dem Geheimdienst der US-amerikanischen Streitkräfte. Die DIA sammelt alle Informationen über Waffentransfers im Auftrag der US-amerikanischen Administration. Die halbjährlich durch die DIA zusammengefaßten Daten sind jedoch nur regierungsintern verfügbar und als „geheim" eingestuft. ACDA kann lediglich aggregierte Dollarschätzungen für die Transfers in ein Land oder aus einem Land veröffentlichen. Die Definition, die den ACDA-Zahlen zu Grunde liegt, umfaßt die in Schaubild 1 aufgenommenen Transfers mit Ausnahme von 1.6. und II.

Ein Vergleich der Ergebnisse, die SIPRI und ACDA vorlegen, deckt unter anderem folgende Eigenheiten und Unterschiede auf[16]:

a) Aufgrund des Erhebungsverfahrens und des Interesses, das zunächst auf die Bedürfnisse der US-Administration zugeschnitten ist, ist anzunehmen, daß die eigenen sowie die sowjetischen Rüstungsausfuhren nahezu vollständig erfaßt werden, während die Exporte anderer Staaten, wie z. B. Großbritanniens, Frankreichs, Italiens oder von Ländern der Dritten Welt wahrscheinlich unterschätzt werden.
b) Die Schwäche der SIPRI-Daten liegt darin, daß man sich darauf beschränkt, Direktlieferant und Direktempfänger einer Rüstungsware zu benennen, damit aber darauf verzichtet, die bei komplexen Waffensystemen immer wichtiger werdenden Zulieferer zu erfassen. Versuche, diesen Mangel durch die Ermittlung der Weltrüstungsproduktion auszugleichen, blieben bislang in ihren Resultaten unbefriedigend, weil es aufgrund fehlender Informationen nicht möglich ist, eine „Vorleistungsverflechtungsmatrix" für Rüstungstransfer zu erstellen.
c) Da für die meisten Rüstungstransfers, insbesondere aus den Staatshandelsländern, keine oder keine vergleichbaren Preise angegeben werden, stehen beide Einrichtungen vor der Schwierigkeit, wie sie zu einer Bewertung der Transfers kommen sollen. SIPRI hat einen eigenen, auf Vergleichen militärischer Gebrauchswerte beruhenden Preisvektor entwickelt. Die ACDA versucht dagegen, sich an den Produktionskosten zu orientieren, allerdings mit der Schwierigkeit, daß sich die Kosten der auf kleine Serien angelegten, kapitalintensiven US-amerikanischen Produktion kaum mit der arbeitsintensiven Großserienfertigung sowjetischer Rüstungswaren vergleichen lassen.

Jede Beschäftigung mit dem internationalen Rüstungstransfer, die zu qualitativen und quantitativen Aussagen gelangen will, sieht sich dem

15 ACDA, a. a. O. (Anm. 10), laufend seit 1972.
16 M. Brzoska/P. Lock/M. Reichel/H. Wulf, An Assessment of Sources and Statistics on Arms Transfer and Military Expenditure Data, mimeo, Hamburg 1980.

Problem gegenüber, auf welche Daten sie sich beziehen oder welchen Weg zu deren Erhebung sie einschlagen will. In jedem Fall ist unabdingbar, daß ausgewiesen wird, für welchen Weg man sich jeweils entschieden hat, um falschen Schlüssen vorzubeugen.

2. Der Rüstungsexport der Bundesrepublik

2.1. Verfahren

Die Regierung der Bundesrepublik Deutschland geht davon aus, daß der Transfer von Waffen und Kriegsmaterial grundsätzlich das Konfliktpotential fördert und den Frieden gefährdet[17]. Daraus wird eine restriktive Haltung zum Rüstungsexport abgeleitet, auch wenn ihr eine zunehmende Kooperation im Rahmen der NATO und ein wachsendes Interesse an bundesdeutschen Rüstungswaren in der übrigen Welt entgegenstehen. Die Regierung kann sich auf eine doppelte gesetzliche Grundlage stützen: Der Vertrieb von Kriegswaffen und Rüstungswaren über die Landesgrenzen hinweg wird durch das Kriegswaffenkontrollgesetz (KWKG) als dem Ausführungsgesetz zu Art. 26, Abs. 2 GG (Verbot der Vorbereitung eines Angriffskrieges)[18] und durch das Außenwirtschaftsgesetz (AWG) sowie die Ausführungsverordnungen dazu, die ‚Außenwirtschaftsverordnung' (AWV) geregelt. Die Ausfuhr von Rüstungsgütern in sozialistische Länder unterliegt zudem der Zustimmung der COCOM-Mitglieder[19].

Im § 7 Abs. 1 des AWG heißt es:

Rechtsgeschäfte und Handlungen können beschränkt werden, um

1. die Sicherheit der Bundesrepublik Deutschland zu gewährleisten,
2. eine Störung des friedlichen Zusammenlebens der Völker zu verhüten oder
3. zu verhüten, daß die auswärtigen Beziehungen der Bundesrepublik Deutschland erheblich gestört werden.

Die AWV macht den Export von Rüstungsgütern ausdrücklich von einer Genehmigung abhängig, ebenso wie das KWKG die Ausfuhr von Kriegswaffen:

17 Weißbuch 1979, Zur Sicherheit der Bundesrepublik Deutschland und zur Entwicklung der Bundeswehr, herausgegeben vom Bundesminister der Verteidigung, Bonn 1979, S. 38.

18 Vgl. Mammitzsch, a. a. O. (Anm. 10), 15-33.

19 Coordinating Committee for East-West Trade Policy. Dem Ausschuß gehören Japan und die NATO-Mitglieder außer Island an. Er prüft die Ausfuhren in den Bereich der Staatshandelsländer, um gegebenenfalls die Ausfuhr von Waffen, Kriegsgerät und technologisch bedeutsamen Gütern zu unterbinden.

Schaubild 2

Grundlagen für die Genehmigungspraxis für den Export von Rüstungswaren (Bereich der Bundesrepublik)

		„Politische Grundsätze für den Export von Kriegswaffen und sonstigen Rüstungswaren", am 16.6.1971 von der Bundesregierung verabschiedet, bei Lieferung an:			
	Gesetzliche Regelungen	NATO-Mitgliedsstaaten	den NATO-Staaten gleichgestellte*	Spannungsgebiete	sonstige Länder
„Rüstungsgüter" gemäß Anlage zur Außenwirtschaftsverordnung (AWV)	Genehmigungspflicht nach § 5 I AWV i. V. m. § 7 Außenwirtschaftsgesetz; Genehmigungsbehörde: Bundesamt für gewerbliche Wirtschaft	Versagung von Genehmigungen nur in Ausnahmefällen, wenn besondere politische Erwägungen vorliegen	wie NATO-Mitgliedsstaaten	Keine Genehmigungen, wenn Störung des friedlichen Zusammenlebens der Völker oder eine erhebliche Belastung der auswärtigen Beziehungen der Bundesrepublik zu erwarten ist.	Keine Genehmigungen, wenn bundesdeutsche sicherheits- oder außenpolitische Interessen gefährdet werden
„Kriegswaffen" gemäß Anlage zum Kriegswaffenkontrollgesetz (KWKG)	Genehmigungspflicht nach § 3, III i. V. m. I + II KWKG; Genehmigung durch Bundesregierung bzw. von ihr beauftragte Ministerien	keine zusätzlichen Regelungen	keine zusätzlichen Regelungen	Grundsätzlich keine Genehmigung	Genehmigungen nur im Einzelfall aus besonderen politischen Erwägungen

* zur Zeit: Australien, Irland, Japan, Neuseeland, Österreich, Schweden, Schweiz, Spanien.

§ 6 Abs. 2 KWKG:
Die Genehmigung kann insbesondere versagt werden, wenn
1. Grund zu der Annahme besteht, daß eine Erteilung dem Interesse der Bundesrepublik an der Aufrechterhaltung guter Beziehungen zu anderen Ländern zuwiderlaufen würde ...

§ 6 Abs. 3 KWKG:
Die Genehmigung ist zu versagen, wenn
1. die Gefahr besteht, daß die Kriegswaffen bei einer friedensstörenden Handlung, insbesondere bei einem Angriffskrieg, verwendet werden,
2. Grund zu der Annahme besteht, daß die Erteilung der Genehmigung völkerrechtliche Verpflichtungen der Bundesrepublik verletzen oder deren Erfüllung gefährden würde ...

Um die Genehmigungspraxis zu vereinheitlichen, hat die Bundesregierung im Jahr 1971 „Politische Grundsätze für den Export von Kriegswaffen und sonstigen Rüstungswaren" verabschiedet, in denen die Genehmigung weitgehend von dem vorgesehenen Empfänger abhängig gemacht wird. Insbesondere soll eine Genehmigung von Ausfuhren in Spannungsgebiete ausgeschlossen werden, wobei sich die Bundesregierung vorbehält, ein „Spannungsgebiet" zu identifizieren und einzugrenzen.

In der Praxis hat sich bei kommerziellen Rüstungsexporten ein Genehmigungsverfahren entwickelt, das eine Vielzahl von Stellen beteiligt, ohne eindeutig erkennen zu lassen, auf welcher Ebene und von welcher Stelle die endgültige Entscheidung getroffen wird. Nach Schilderungen über den Ablauf von Verfahren haben verschiedne Instanzen zwar Kompetenzen, nehmen sie jedoch im Regelfall nicht wahr[20], so daß letztlich die tatsächliche oder sich später herausstellende politische Brisanz eines zur Genehmigung anstehenden Geschäftes die Entscheidungsebene bestimmt:
- Das Auswärtige Amt entscheidet über die „Spannungsgebietseigenschaft" möglicher Adressaten;
- das Bundesministerium für Verteidigung entscheidet über den Export von Kriegswaffen aus Beständen der Bundeswehr und über die Ausrüstungs- und Verteidigungshilfe im Rahmen der NATO;
- das Bundesministerium für Wirtschaft sowie das ihm nachgeordnete Bundesamt für gewerbliche Wirtschaft entscheidet über die kommerzielle Ausfuhr von Kriegswaffen und sonstigen Rüstungsgütern;
- das Bundesministerium der Finanzen ist für Fragen im Bereich des Zolls zuständig, das Bundesministerium des Inneren für Polizeihilfe;

20 Chr. Loeck, Die Politik des Transfers konventioneller Rüstung – Strukturen und Einflußfaktoren im Entscheidungsprozeß, in: H. Haftendorn/W.-D. Karl/J. Krause/L. Wilker (edd), Verwaltete Außenpolitik. Sicherheits- und entspannungspolitische Entscheidungsprozesse in Bonn, Köln 1978 (=Wissenschaft und Politik, 20), S. 209-224, S. 217 f.

Schaubild 3

Genehmigungsweg für kommerzielle Rüstungsexporte

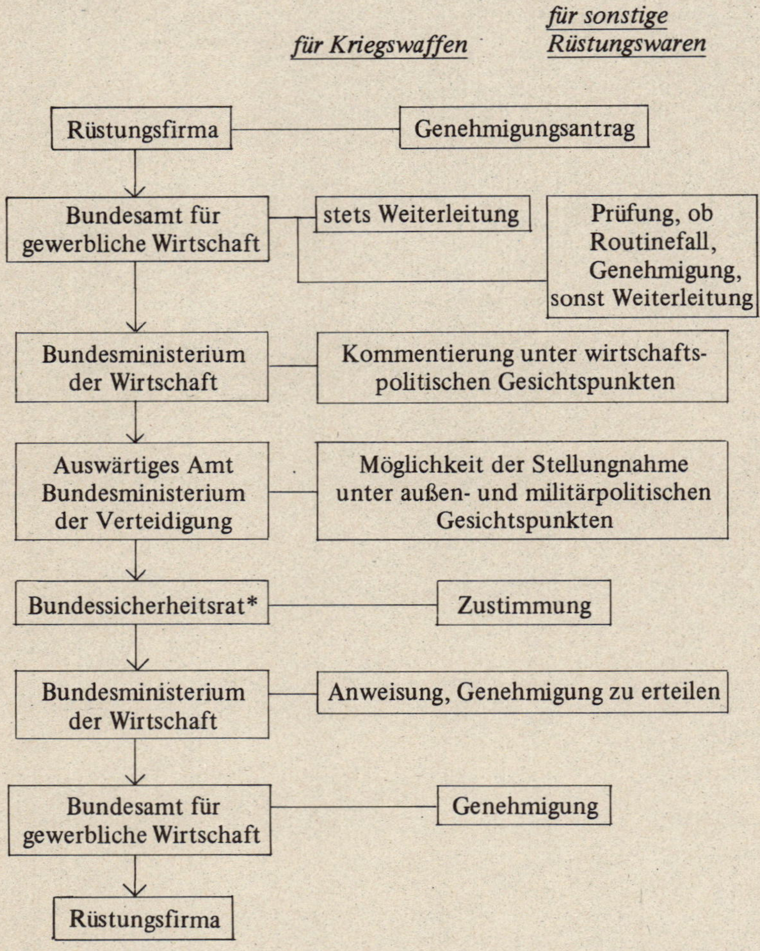

*Ständige Mitglieder: Außen-, Innen-, Finanz-, Wirtschafts-, und Verteidigungsminister, sowie Bundeskanzler als Vorsitzender

– der Bundessicherheitsrat kann über Rüstungsausfuhren beraten und entscheiden, insbesondere, wenn sie zwischen den Ressorts strittig sind.

Die Liste zeigt, daß in der Bundesrepublik nur Organe der Exekutive mit Fragen des Rüstungsexports befaßt sind – im Gegensatz zu den USA[21], wo bei gewichtigen Geschäften, vor allem wenn sie über die Militärhilfe abgewickelt werden, der Kongreß sein Mitwirkungsrecht beansprucht. Er tritt auch mit Untersuchungsausschüssen auf den Plan, wenn Unregelmäßigkeiten oder ein entsprechender Verdacht zutage treten, und überläßt dieses Feld nicht allein der Justiz[22].

Die in der Bundesrepublik entwickelte Praxis, von Regierungsseite mit Problemen des Exports von Rüstungswaren umzugehen, hat gerade angesichts des steigenden Volumens dieser Geschäfte im letzten Jahrzehnt verschiedene Schwachstellen aufgedeckt. Sie sind einerseits durch die in den Rechtsnormen vorgezeichneten Abgrenzungsschwierigkeiten gegeben, andererseits dadurch bedingt, daß Gesetzgeber und Regierung weitgehend darauf verzichten, Lücken zu schließen oder den sich verändernden Gegebenheiten Rechnung zu tragen.

a) Unterscheidung zwischen „Kriegswaffe", „sonstige Rüstungsware", „zivile Ware"

Die Voraussetzung, bei einem anstehenden Rüstungsgeschäft zwischen Warenkategorien unterscheiden zu können, bildet die Grundlage für das einzuschlagende regierungsamtliche Genehmigungsverfahren: Sowohl in den einschlägigen Gesetzen als auch in den „politischen Grundsätzen" werden an die Genehmigung des Exports von „sonstigen Rüstungswaren" geringere Anforderungen gestellt als im Falle der Ausfuhr von „Kriegswaffen". Von der Sache her ist es jedoch schwierig, Waffensysteme und Sachleistungen der einen oder der anderen Gruppe eindeutig zuzuweisen. Das läßt sich an Hand von Beispielen zeigen:

In deutsch-französischer Koproduktion wird der „Alpha-Jet" gebaut. Die Montage dieses Flugzeuges erfolgt teils in Frankreich, teils in der Bundesrepublik. Die französische Luftwaffe erhält eine Trainingsversion, die bundesdeutsche Luftwaffe eine Trainings- und Erdkampfversion mit umfangreicherer Elektronik und möglicher Verwendung als Bombenträger. Nach Marokko,

21 M. T. Smith, US Foreign Military Sales: Its Legal Requirements, Procedures and Problems, in: Ra'anan/Pfalzgraff/Kemp (edd), a. a. O. (Anm. 9), 245-338, 349.

22 Im Falle der Fa. Rheinmetall, die verdächtigt wird, ohne Genehmigung Waffen nach Argentinien, Saudi-Arabien und Südafrika geliefert zu haben, erklärte das zuständige Bundesministerium für Wirtschaft, Ermittlungen, ob und wie die Lieferungen in Länder gingen, die nicht in den Ausfuhranträgen genannt waren, seien Sache der Staatsanwaltschaft. FAZ vom 6. 8. 80.

Togo, der Elfenbeinküste und Ägypten bestellte im Frühjahr 1979 auch Nigeria das Flugzeug. Die Verhandlungen wurden vom bundesdeutschen Kooperationspartner Dornier geführt. Inzwischen wurde bereits mit dem Anlernen nigerianischer Techniker in der Bundesrepublik begonnen[23]. Auf eine Anfrage im Bundestag hin bestätigte der Sprecher der Bundesregierung, daß der Export nach Nigeria genehmigt worden sei und fügte hinzu: „Die Schulversion des „Alpha-Jet" ist keine Kriegswaffe"[24]. Die französische (Schul-) Version des Flugzeuges hat eine 30 mm Flugzeugkanone und verfügt über Vorrichtungen, eine Reihe von Bomben über eine Entfernung von 600 km mitzuführen[25]. Zur Zeit ist nicht bekannt, welche Version tatsächlich geliefert wird.
Vergleichbare Schwierigkeiten ergeben sich bei den bundesdeutschen Lieferungen an Südafrika, die zwar als „zivile Waren" eingestuft wurden, aber für die Streitkräfte der Republik Südafrika bestimmt waren. Dazu zählten: geländegängige Lastwagen, Zugmaschinen für den Straßentransport von Panzern und elektronische Geräte[26].

b) Bestimmung eines Spannungsgebietes

Nach der im Rahmen der Bundesregierung getroffenen Aufgabenverteilung obliegt es dem Auswärtigen Amt, die „Spannungsgebiete" zu bestimmen und zeitlich und räumlich zu begrenzen. Das KWKG nennt als einzigen Grund zur Verweigerung einer Ausfuhrgenehmigung den Fall, daß das Empfängerland einen Angriffskrieg vorbereitet. Im übrigen aber sind die Kriterien, nach denen entschieden wird, unklar: Soll man sich an den Grundlagen der politischen Legitimität der jeweiligen Regime orientieren oder mit den Exporten jene Zonen meiden, in denen die Interessen der Großmächte aufeinanderstoßen? Beispiele aus der Vergangenheit zeigen, wie groß die Schwierigkeiten der Bestimmung sind. In verschiedenen Fällen hat man die Lieferung von Waffen an Staaten zugelassen, die ihre bewaffneten Kräfte im Landesinnern eingesetzt oder den Gebrauch von Waffen nach außen angedroht haben. Insofern wären diese Staaten als „Spannungsgebiete" zu bezeichnen, in die nach den „Politischen Grundsätzen" keine Waffen geliefert werden sollen.

Konflikte im Landesinnern: Argentinien, Bolivien, El Salvador, Indonesien, Iran, Nicaragua, Pakistan, Philipinen, Uruguay, Äthiopien (Eritrea-Problem, Konflikt mit Somalia), VR Kongo (Stammeskämpfe). In einigen Fällen schien die innenpolitische Situation des Landes zum Zeitpunkt der Lieferung „ruhig", während die „inneren" und „äußeren" Spannungen erst später begannen, so daß die Vermutung naheliegt, zwischen Waffenlieferung und Ausbruch innerer

23 Milavnews, 1979, S. 11.
24 Bundestagsprotokolle (1979), S. 11057.
25 nach: Interavia Data. Aircraft Armament (1978).
26 U. Albrecht/U. Bujewski, Die rüstungswirtschaftlichen Beziehungen zwischen der Bundesrepublik Deutschland und der Republik Südafrika, epd-Entwicklungspolitik-Materialien VIII/79.

Unruhen seien Zusammenhänge herzustellen[27].
Zwischenstaatliche Konflikte: Indonesien (Intervention in Timor), Argentinien (Streit mit Chile um den Beagle-Kanal), Libyen (Konflikt mit Ägypten – Beziehungen zur PLO), Peru (Konflikt mit Chile, Bolivien). Die Hauptabnehmer bundesdeutscher Lieferungen innerhalb der NATO sind Griechenland und die Türkei, zwischen denen im Gebiet der Ägäis und Zyperns erhebliche Spannungen herrschen. Dem unvorhergesehenen Gebrauch gelieferter Waffen in zwischenstaatlichen Konflikten sehen sich auch andere Waffenlieferanten, wie jüngst Frankreich im Falle Libyens, gegenüber[28].

c) Kontrolle über den Verbleib von Rüstungsgütern, die mit Komponenten aus der Bundesrepublik gefertigt worden sind.
Gemäß § 7 Abs. 2 AWG kann auch die Ausfuhr von Gegenständen, Konstruktions- oder sonstigen Fertigungsunterlagen, die bei der Entwicklung, Erzeugung oder dem Einsatz von Waffen, Munition und Kriegsgerät nützlich sind, beschränkt oder untersagt werden. Dies gilt nur für den Empfänger dieser Bauteile, Komponenten oder Zeichnungen, nicht jedoch für den Endabnehmer von Waffensystemen, die in bundesdeutscher Lizenz oder mit Teilen bundesdeutscher Herkunft gebaut worden sind. Die Bundesregierung hat teilweise selbst darauf verzichtet, indem sie bei internationalen Kooperationen die Regelung von Exporten der Gesetzgebung des Partners unterwarf – so bei der Lenkwaffenproduktion durch MBB – Aérospatiale (Frankreich) – oder sich anderen Staaten beugte, die einen solchen Anspruch auf Kontrolle als Verletzung ihrer Souveränität auffassen:

„Von besonderen Auflagen hinsichtlich des Endverbleibs der Unterlagen oder mit ihrer Hilfe hergestellten Waren ist bei der Genehmigungserteilung abgesehen worden, weil die Ausführer solche Auflagen kaum durchsetzen könnten. Entsprechende Verpflichtungen müßten im Grunde die Regierungen der Empfängerländer übernehmen. Wie die Erfahrung zeigt, sind aber jedenfalls die NATO-Partner hierzu nicht bereit. Auch dritte Länder nehmen im allgemeinen solche Einschränkungen ihrer Souveränitätsrechte nicht hin[29]".

Unternehmen, die Waffen und Rüstungswaren produzieren, schöpfen zunehmend die gegebenen Möglichkeiten aus, den bundesdeutschen Restriktion für den Rüstungstransfer, die im internationalen Vergleich als streng gelten, zu entkommen und gehen teils innerhalb der NATO, teils außerhalb Kooperationen ein. Die bekanntesten Beispiele:
– MBB - Aérospatiale/Frankreich (Lenkwaffen: Euromissile)

27 I. Kende, Dynamics of Wars, Arms Trade and of Military Expenditure in the Third World, 1945-1976, in: Instant Research on Peace and Violence, 1977, 2, S. 59-67, S. 65.
28 FAZ vom 28. 3. 80.
29 Aus einer Stellungnahme des Bundesministeriums für Wirtschaft, zitiert in: Der Spiegel, 1979, 14, S. 71.

– MBB - Poudre Réunis Belge/Belgien (leichte Panzerfaust „Armbrust")
– Dornier - Dassault/Frankreich (Flugzeug „Alpha-Jet")
– Lührssen Werft - Hong Leong Werft (zu 40 % im Besitz von Lührssen)/Malaysia (Schnellboote)
– Thyssen - Henschel - Fabricaciones Militares Argentinas/Argentinien: (Panzer TAM auf der Basis des „Marder")
– Krauss Maffei - Oto Melara/Italien (Panzer auf der Basis des „Leopard")

d) Lizenzen, Dienstleistungen
Die bisherigen Möglichkeiten, Rüstungstransfer einzuschränken oder zu unterbinden, erfassen zur Zeit nicht die Vergabe von Lizenzen, die Weitergabe von Schutzrechten und Erfindungen oder die Vermittlung von Herstellungsverfahren und -erfahrungen. Angesichts des erheblichen Gewichts, das Forschung und Entwicklung heute auch auf militärischem Gebiet besitzen, ist hier in Zukunft die Entwicklung eines derjenigen Bereiche zu erwarten, der im Zusammenhang mit dem Rüstungstransfer größtes Interesse finden wird. Neben den Wunsch nach dem Produkt, der Waffe selbst, tritt das Verlangen, die damit zusammenhängende Technologie zu übernehmen. Die Vorgänge im Bereich des Transfers ziviler Nukleartechnologie geben dafür ein beredtes Beispiel[30].

2.2. Umfang und Empfänger des bundesdeutschen Rüstungsexports

Je nach Erhebungsverfahren und Quellen schwanken die Angaben über den Umfang und die Empfänger bundesdeutscher Lieferungen, so daß man feststellen muß, es gibt keine eindeutigen Zahlen. Für das Jahr 1977 ist von Seiten der Bundesregierung die Summe von 1,925 Mrd. DM angegeben worden[31]. ACDA-Daten über den Handel mit Großwaffen für das Jahr 1978 und Schätzungen für 1979 belaufen sich auf circa 2 Mrd. DM – ein Höhepunkt der bisherigen Entwicklung, gemessen an den Angaben für die zurückliegenden Jahre. Sowohl nach Zahlen von SIPRI als auch nach Daten der ACDA ist der bundesdeutsche Anteil am weltweiten Rüstungstransfer und speziell mit Staaten der Dritten Welt vom Ende der sechziger Jahre von 1-2% bis zum Ausgang der 70er

30 Zur Rüstungsproduktion: vgl. P. Lock/H. Wulf, Rüstung und Unterentwicklung, in: Aus Politik und Zeitgeschichte, B 18, 5. 5. 1979, S. 1-28;
Zur Nukleartechnologie: C. Eisenbart, Die Verbreitung von Kernwaffen und Kerntechnik, in: diess./G. Picht (edd), Wachstum oder Sicherheit? Beiträge zur Frage der Kernenergie, München 1978, S. 136-146, S. 145.
31 Voigt, a. a. O. (Anm. 11), S. 28.

Jahre auf 2-5% angestiegen, bei gleichzeitiger Verdoppelung der absoluten Zahlen (Schaubild 4). In den umfassenden Zahlenwerken der ACDA sowie bei den bundesdeutschen Aussagen sind noch eine Reihe von Gütern nicht berücksichtigt, die zwar keinen eindeutig militärischen Charakter haben, aber an ausländische Streitkräfte geliefert worden sind (z. B. geländegängige Transportfahrzeuge) oder Vorlieferungen für fremde Rüstungsgüterproduktionen (z. B. Motoren, Getriebe, Werkzeugmaschinen oder Meßgeräte). Nach Schätzungen beläuft sich der Wert solcher Exporte auf mehrere 100 Millionen DM jährlich.

Es ist schwer zu ermitteln, welcher Anteil der in der Bundesrepublik hergestellten Rüstungswaren in Nicht-NATO-Staaten, vor allem in die Dritte Welt (Lateinamerika, Afrika, Asien, mit Ausnahme von Japan) geht. Folgt man den Angaben der Bundesregierung, so waren es von der genannten Summe für das Jahr 1977 13,9% des Wertes[32]. Diese Zahl gilt vermutlich jedoch nur für die direkten Exporte. SIPRI nennt für den Transfer von Großwaffen im Jahr 1978 einen wertmäßigen Anteil von 18%[33]. Die ACDA, die sich bemüht, auch Vorleistungen und Kooperationen ländermäßig zuzuordnen, schätzt den Anteil der Ausfuhren, die in die Dritte Welt gelangen, sehr viel höher ein: für den Zeitraum 1967-76 auf 70%, für den Zeitraum 1973-1977 auf 87%[34]. Die Zahlen der Bundesregierung könnten den Direktexport widerspiegeln, während die ACDA-Zahlen den Endverbleib erfassen dürften. Direktexport und Endverbleib weichen häufig voneinander ab, wie sich an Hand von Beispielen zeigen läßt:

Die Firma Euromissile mit Sitz in Paris ist eine gemeinsame Tochterfirma der bundesdeutschen Messerschmidt-Bölkow-Blohm und der französischen Aérospatiale. 1978 erwirtschaftete sie mit wenigen Beschäftigten einen Umsatz von 1 Mrd. DM. Dies ist möglich, weil Euromissile lediglich ein Handelsunternehmen ist, die Produktion der von Euromissile „hergestellten" Lenkwaffen erfolgt zur Hälfte in der Bundesrepublik, zur Hälfte in Frankreich. In der Bundesrepublik wird der Umfang der Waffenexporte nach Frankreich mit einer halben Mrd. DM angegeben, tatsächlich erreichen die von Euromissile verkauften, zur Hälfte in der Bundesrepublik gefertigten und in Frankreich endmontierten Lenkwaffen eine große Zahl von Ländern. Die Milan, eine leichte Panzerabwehrlenkwaffe, wurde bisher in mindestens 16 Länder geliefert, darunter 11 Nicht-NATO-Länder. Die schwere Panzerabwehrkanone HOT ist in sieben Länder, darunter Kuweit, exportiert worden. Das Boden-Luft-Lenkwaffensystem ..Roland" wird in Brasilien nachgebaut[35].
Argentinien rechnet sich für den mit Hilfe von Thyssen/Henschel auf der Basis des Panzers „Marder" entwickelten Kampfwagen TAM hohe Verkaufsmöglichkeiten

32 Ebda.
33 SIPRI, World Armament and Disarmament. SIPRI Yearbook 1979, London 1979, S. 173-175.
34 ACDA, a. a. O. (Anm. 10), 1979, S. 155.
35 Jane's Infantry Weapons 1979/80, London 1979.

 Schaubild 4

Anteile der wichtigsten Rüstungsexporteure am internationalen Rüstungstransfer (Anteile in %)

	Weltweiter Waffenhandel nach ACDA			Weltweiter Großwaffenhandel nach SIPRI	Waffenhandel mit der III. Welt nach ACDA		Großwaffenhandel mit der III. Welt nach SIPRI	
	1967	1973	1977	1978	1967-76	1973-77	1968-72	1973-77
USA	44	29	39	47	52	41	36	40
UdSSR	38	39	29	27	27	32	37	31
Frankreich	2	6	7	11	5	6	8	11
Großbritannien	2	4	5	4	3	5	10	9
Bundesrep. Deutschl.	1	1	5	2	2	4	1	2
Andere	13	21	15	9	11	12	8	8
Absolute Werte in Mrd. DM (zu Preisen von 1975)	20	40	38	50	280	130	40	76

Quellen: ACDA, World Military Expenditures and Arms Transfers, Washington, Ausgaben 1967-76 und 1968-77.
SIPRI, Yearbook 1979, London 1979.
Eigene DM-Umrechnungen, Wechselkurse nach IMF, International Financial Statistics.

Schaubild 5

Rüstungsexporte aus der Bundesrepublik Deutschland, gleitende Dreijahresdurchschnitte in laufenden Preisen

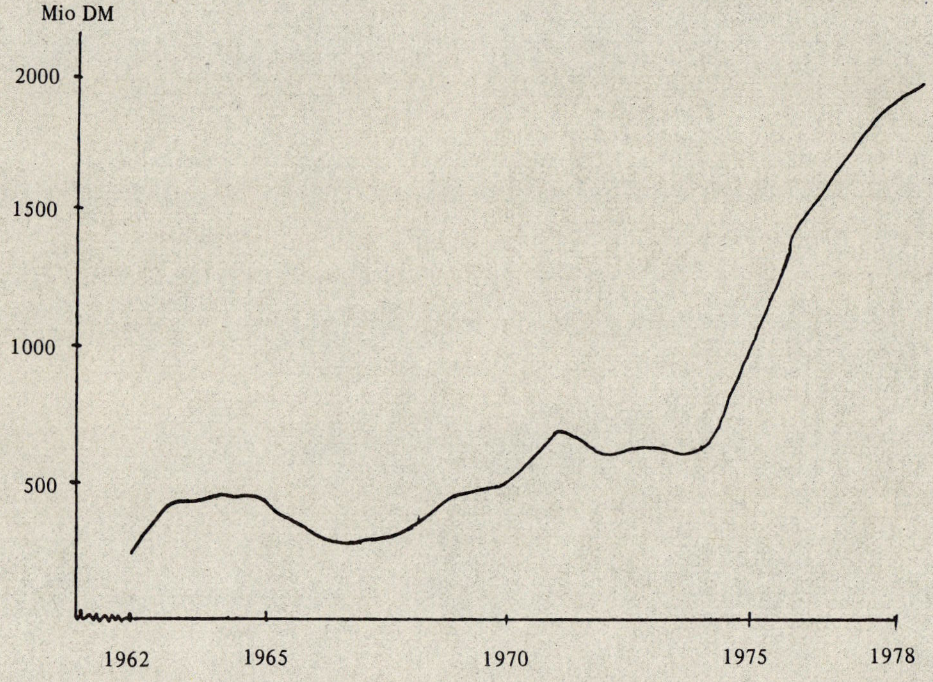

Grunddaten:

1962	200 Mio DM
1963	430 Mio DM
1964	470 Mio DM
1965	460 Mio DM
1966	300 Mio DM
1967	300 Mio DM
1968	340 Mio DM
1969	500 Mio DM
1970	500 Mio DM
1971	730 Mio DM
1972	630 Mio DM
1973	650 Mio DM
1974	620 Mio DM
1975	1050 Mio DM
1976	1520 Mio DM
1977	1860 Mio DM
1978	1980 Mio DM

Quelle:
1961-1977 ACDA
1978, 1979 Schätzung auf 2000 Mio DM

in Drittländer aus. Bisher zeigten sich Pakistan, China und verschiedene lateinamerikanische Staaten an dem Fahrzeug interessiert[36].
Die breite Streuung von Fertigungsstätten, in denen Kleinwaffen nach bundesdeutscher Lizenz gebaut werden, hat dazu geführt, daß Kleinwaffen bundesdeutschen Designs in einer großen Zahl von Ländern der Dritten Welt zu finden sind (vgl. Schaubild 6 für das G3, das NATO-Standardgewehr von Heckler und Koch aus Oberndorf). In der Mehrzahl der Fälle dürfte die Lieferung der Kleinwaffen nicht aus der Bundesrepublik, sondern aus einem Land mit Lizenzfertigung in ein anderes Land der Dritten Welt erfolgt sein. Ein bekanntes Beispiel ist der Transfer von G3-Gewehren aus malaysischer Fertigung an Chile im Jahre 1976.

Auch hinsichtlich der Empfänger bundesdeutscher Lieferungen weichen die verschiedenen Quellen voneinander ab. Die ACDA hat mit ihren für 1967-1976 beziehungsweise für 1973-1977 vorgelegten Listen 21 beziehungsweise 22 Staaten nicht erfaßt, die nach Auskunft der Bundesregierung mit Rüstungswaren beliefert worden sind. Die Bundesregierung wiederum erwähnt 8 Empfängerstaaten nicht, die bei der ACDA auftauchen. Zwischen beiden Quellen bestehen auch gravierende Unterschiede hinsichtlich der Preisangaben der transferierten Güter. Trotz der widersprüchlichen und grundsätzlich unbefriedigenden Daten- und Materiallage läßt sich anhand eines Gesamtüberblickes (Schaubild 7) eine „Rangfolge" der wichtigsten Empfänger bundesdeutscher Rüstungswaren außerhalb der NATO ermitteln:

Iran: Panzerkettenfabrik – Kleinwaffen – Unterlagen und Material für den Bau einer Kleinwaffenfabrik. (Diese wurden durch die Fa. Fritz Werner, eine Tochter der bundeseigenen DIAG, zur Verfügung gestellt, die auf diesem Sektor weltweit führend ist.).

Die Bestellung von 6 U-Booten und mehreren Fregatten wurden nach der Revolution im Jahr 1979 rückgängig gemacht. Dadurch gingen der bundesdeutschen Industrie Aufträge im Wert von circa 2,5 Mrd. DM verloren.

Nigeria: Hubschrauber (Bo 105 von MBB) – Landungsboote – Fregatten – Auftrag für die Lieferung des Alpha-Jet.

Argentinien: Schnellboote – Panzerlenkwaffen – U-Boot – Fertigungsunterlagen für den Bau von U-Booten, Panzern.

Algerien: Kleinwaffenfabrik

Ecuador: U-Boote – Schnellboote

Venezuela: U-Boote – Schnellboote

Ägypten: Lenkwaffen aus deutsch-französischer Koproduktion

Syrien: Lenkwaffen aus deutsch-französischer Koproduktion

Die wenigen Angaben über den Auftragsbestand bei bundesdeutschen Rüstungsfirmen lassen vermuten, daß das Volumen der Rüstungsexporte mittelfristig anwachsen wird. Die Geschäftsberichte wichtiger Rüstungs-

36 Tecnologia Militar 1, 1979, 3, S. 94.

Schaubild 6

Verwendung des G-3 Gewehres von Heckler & Koch (Design) bei Polizei und Militär in Ländern der Dritten Welt

	1976	bis Anfang 1979	Größere gewalttätige Auseinandersetzungen 1979
Lateinamerika	Bolivien Brasilien + Chile Kolumbien Dom. Republik El Salvador Peru	Guayana Haiti	Bolivien M El Salvador B
Afrika, Orient	Ghana Kenia Nigeria Sudan Sambia Tansania Tschad Uganda Abu Dhabi Dubai Iran + Jordanien Pakistan + Qatar Saudi Arabien + Sharja	Elfenbeinküste Malawi Marokko Niger Senegal Togo Obervolta	Ghana M Sambia G Tansania G Tschad B Uganda GB Iran B Marokko G
Asien (ohne Orient)	Burma Indonesien Malaysia + Philippinen Thailand	Bangladesh Brunei	Indonesien B Thailand G Philippinen B

Quellen: JANE'S Infantry Weapons 1976 und 1979/80
Zeichenerklärung: + = Lizenzproduktion
G = Grenzkrieg
B = Bürgerkrieg
M = Militärputsch

Schaubild 7

Empfängerländer bundesdeutscher Rüstungstransfers – Nicht-NATO-Staaten

Land	Lieferungen laut ACDA 1967-76 (1) in Mio DM	Lieferungen laut ACDA 1973-77 (2) in Mio DM	Lieferungen laut „Zusammenfassender Überblick ...“ von (3): Kriegswaffen in Mio DM, 1974-78	Sonst. Rüstungsgüter, in Mio DM 1976-78	Waffen	Teilen von Waffen	Fertigungsunterlagen	Fabrikationsanlagen
Ägypten	345	350						x
Äthiopien	15	10						x
Afghanistan	–	–			x			
Algerien	395	530				x		
Angola	–	25			– – – – – – – – –			
Argentinien	150	75	120	434	x	x	x	x
Bangladesh	–	–			x	x		x
Bolivien	–	–			x	x		x
Brasilien	100	75			x	x		x
Brunei	–	–			x	x		
Burma	15	25			x	x		x
Burundi	15	10			– – – – – – – – –			
Chile	5	–			x			
Ecuador	65	200	321		x	x		x
El Salvador	5	–			x	x		
Ghana	115	25				x		
Guatemala	–	–				x		
Guayana	–	–			x			
Hongkong	–	–			x	x		
Indien	30	25				x		x
Indonesien	15	10			x	x		x
Irak	115	150				x		
Iran	900	1000	120	960	x	x	x	x
Israel	15	–			x	x		x
Kamerun	15	–			– – – – – – – – –			
Katar	–	–						x
Kenia	5	10			x	x		
Kolumbien	135	100			x	x		x
VR Kongo	5	–			– – – – – – – – –			
Kuwait	65	50			– – – – – – – – –			
Libyen	50	200						x
Malaysia	5	10			x	x		x
Marokko	35	100			– – – – – – – – –			
Mauritius	–	–			x			
Mexiko	–	–			x			

Land	Lieferungen laut ACDA 1967-76 (1) in Mio DM	1973-77 (2) in Mio DM	Lieferungen laut „Zusammenfassender Überblick ..." von (3)					
			Kriegswaffen in Mio DM, 1974-78	Sonst. Rüstungsgüter, in Mio DM 1976-78	Waffen	Teilen von Waffen	Fertigungsunterlagen	Fabrikationsanlagen
Nepal	–	–			x			x
Nicaragua	–	–			x	x		
Niger	5	10						x
Nigeria	65	25	435	56	x	x	x	x
Nordkorea	–	25			– – –	– – –	– – –	– – –
Oman	–	–				x		
Pakistan	15	25			x	x		x
Paraguay	–	–			x	x		x
Peru	295	150			x	x		x
Philippinen	5	25			x			x
Sambia	15	10			– – –	– – –	– – –	– – –
Saudi-Arabien	35	10		57		x		
Singapur	30	25			x	x	x	x
Somalia	15	25			– – –	– – –	– – –	– – –
Sudan	5	–			x	x		x
Südkorea	–	50				x		
Syrien	115	10						x
Taiwan	–	–				x		
Thailand	15	25	16		x	x		x
Trinidad	–	–			x			
Tunesien	15	25				x		
Uruguay	–	–			x	x		
Venezuela	135	300	164		x	x		x
Vereinigte Arab. Emirate	–	225				x		x
Zaire	50	50			– – –	– – –	– – –	– – –

Quellen: (1) ACDA, World Military Expenditures and Arms Transfers, 1967-76, Washington 1979.

(2) ACDA, World Military Expenditures and Arms Transfers, 1968-77, Washingten 1979.

(3) nach: Der Spiegel 14/79; soweit nicht anders angegeben, umfassen die Angaben den Zeitraum 1969-1979.

exportfirmen wie Howaldtswerke/Deutsche Werft AG (U-Boote), Blohm und Voß (Kriegsschiffe) oder Messerschmidt-Bölkow-Blohm (Lenkwaffen, Hubschrauber) sind Indizien dafür. Ein Bericht des Auswärtigen Ausschusses des US-amerikanischen Senates deutet ebenfalls darauf hin[37]. Nach diesen Angaben, die mit großer Sicherheit aus US Geheimdienstquellen stammen (siehe 1.3.), wurden zwischen 1974 und 1979 Rüstungsgüter im Wert von 5 Mrd. DM aus der Bundesrepublik in die Dritte Welt geliefert. Im gleichen Zeitraum konnten Aufträge im Gesamtwert von 12 Mrd. DM von bundesdeutschen Rüstungsfirmen vom gleichen Abnehmerkreis verbucht werden. Aus diesen Angaben errechnet sich für Anfang 1980 ein Rückstau von 7 Mrd. DM. Inzwischen sind weitere Aufträge aus der Dritten Welt in die Bundesrepublik gegeben worden, so daß das Ausfuhrniveau über die Werte für 1978 und 1979 steigen muß, sollen die Aufträge in den nächsten Jahren erfüllt werden.

Einen besonderen Exporterfolg hat die bundesdeutsche Waffenproduktion in der Vergangenheit vor allem mit Schnell- und U-Booten erreicht. So sind 19 der 30 U-Boote, die bis 1977 in Ländern der Dritten Welt als Neubauten in Dienst gestellt wurden, auf deutschen Werften vom Stapel gelaufen[38]. Insgesamt wurden von der Bundesrepublik bis 1977 an andere Staaten, einschließlich der Lizenznachbauten

19 größere Schiffseinheiten,
293 Schnell- und Patrouillenboote,
62 U-Boote,
24 andere Kleinkampfschiffe geliefert[39].

Die Lenkwaffen aus deutsch-französischer Fertigung werden zu einem weiteren Erfolgsschlager. Auch bei Flugzeugen (Alpha-Jet, Transall, Do 28, Bo 105) und Produktionsanlagen zur Waffenherstellung können bundesdeutsche Rüstungsfirmen Großaufträge verzeichnen.

Der größte Teil der bundesdeutschen Rüstungsgüter wird von den Herstellern in hartem Wettbewerb auf dem Weltmarkt verkauft. Im Vergleich zu den Regierungen der USA, Großbritanniens oder Frankreichs unterstützt die Bundesregierung die deutschen Anbieter nur in geringem Umfang.

– Seit 1978 wird an die Militärattachés an den Botschaften der Bundesrepublik im Ausland ein Informationsdienst über Rüstungsneuheiten

37 Committee on Foreign Relations, United States Senate, U.S. Conventional Arms Transfer Policy, A Report to the Senate, Washington: Government Printing Office, 1980.

38 U. Albrecht/P. Lock/H. Wulf, Arbeitsplätze durch Rüstung? Warnung vor falschen Hoffnungen, Reinbek 1978 (=RoRoRo-aktuell 4266), S. 155.

39 Albrecht /Lock/Wulf, a. a. O. (Anm. 38).

verteilt[40].

- Mit besonderen Bundesbürgschaften, die über den Rahmen üblicher Exportkredite hinausgehen, wurden kürzlich die beiden umfangreichen Rüstungsgeschäfte mit Argentinien und Indonesien abgesichert.
- In einem Fall ist bekannt geworden, daß sich ein hoher Politiker unmittelbar an Verhandlungen über Rüstungsgeschäfte beteiligt hat[41].
- Stützende Maßnahmen für Werbung und Verkaufsförderung wie Rüstungsmessen, die in den führenden Rüstungsexportnationen im Westen üblich sind[42], werden in der Bundesrepublik von privater Seite getragen. So fand die größte Militärelektronikmesse im Herbst 1980 auf private Initiative hin in Wiesbaden statt, zwar ohne offizielle Förderung, aber auch ohne Behinderung von staatlicher Seite.

Als mittelbare Unterstützung des Exportes von Rüstungswaren ließe sich die Ausbildung ausländischer Offiziere in Einrichtungen der Bundeswehr bewerten. Zwischen 1962 und 1978 machten 200 Offiziere aus Staaten der Dritten Welt von entsprechenden Möglichkeiten Gebrauch. Es kamen unter anderem[43]:

32 Offiziere aus Südkorea	26 Offiziere aus Brasilien
22 Offiziere aus Indonesien	13 Offiziere aus Taiwan
11 Offiziere aus Argentinien	10 Offiziere aus Nepal
10 Offiziere aus Thailand	1 Offizier aus Südafrika

Eine ähnlich mittelbare Wirkung auf die Chancen bundesdeutscher Rüstungswaren auf dem Weltmarkt mag von jener begrenzten „Militär- und Polizeihilfe" ausgehen[44], die, teils über das Bundesministerium der Verteidigung, teils über das Bundesministerium des Innern abgewickelt, Ländern der Dritten Welt gewährt wird. Im Sprachgebrauch der Bundesregierung bezieht sich „Militärhilfe" nur darauf, NATO-Partnern, vor allem Portugal, Griechenland und der Türkei Waffen und Gerät zur Verfügung zu stellen, Mannschaften und Offiziere daran auszubilden oder andere militärische Unterstützungsleistungen zu gewähren. Diese, als „militärische Ausrüstungshilfe" deklarierte Unterstützung umfaßt auch die Lieferung „rüstungsnaher Güter" an Militär und Polizei, die in manchen Fällen Ankäufe weiterer Güter nach sich gezogen haben (Schaubild 8). Mögliche Auswirkungen bundesdeutscher Lieferungen auf innenpolitische Auseinandersetzungen in Empfängerländern – Zunahme der

40 epd-Entwicklungspolitik, 1978, 13, 5.

41 Der damalige Staatssekretär im Bundesministerium für Wirtschaft, D. Rohwedder, im Iran, nach: Wehrtechnik, 1978, 6, S. 22.

42 M. Brzoska, Staatliche Rüstungsexportförderung im Vergleich, in: Forum E, 1979, 1, 25-27.

43 nach: Wehrwissenschaftliche Rundschau, 1978, 3, S. 104.

44 Wehrdienst, 1978, 682 vom 13. 11. 78.

Schaubild 8

Militärische Ausrüstungshilfe, Bewilligungen für 1979-1981

Land	Betrag in Mio DM	zugesagte Lieferungen
Indonesien	0,8	Beratung und Ausbildung von Fachkräften zur Bedienung der zuvor exportierten U-Boote
Iran	(3,9)	Restbeträge alter Zusagen zum Aufbau militärischer Infrastruktur
AR Jemen	5	Militär-LKW
Kamerun	5	Versorgungsfahrzeuge
VR Kongo	0,6	Medizinisches Gerät f. Militärhospital
Lesotho	3	keine Angaben
Malawi	3	Technische Ausrüstung eines Flugplatzes, Kraftfahrzeuge
Malaysia	0,5	Hafenbau- und Werftberatung, Ausbildung
Mali	8	Straßenbaugerät, LKW-Reparaturgerät und Ausbildung
Malta	3	Fernmeldegerät, Kraftfahrzeuge
Marokko	9	Intendanturmaterial (Feldbäckereien, Feldküchen, Kühlwagen), Sanitätsmaterial
Mauretanien	2	Kraftfahrzeuge
Niger	11	DO-Skyservant-Transportflugzeuge, Straßenbaumaterial, Ausbildung
Obervolta	5	Straßenbaumaterial
Ruanda	6	Fernmeldematerial, Kraftfahrzeuge
Somalia	10,5	Fernmeldematerial, Kraftfahrzeuge, 2 Do Skyservant-Transportflugzeuge
Sudan	11	Druckereiprojekt, Sanitätsprojekt
Togo	4	Transportmaterial, Straßenbaumaterial
Tonga/West Samoa	k.A.	Unterstützung beim Aufbau zweier Seefahrtsschulen
Tschad	2,5	Kraftfahrzeuge, Kraftfahrzeugersatzteile
Tunesien	12	Intendantur- und Sanitätsmaterial
Zaire	3	Fernmeldesystem zur Grenzsicherung

Quelle: Wehrdienst 682/78 vom 13.11.1978

Repression – sind noch nicht in einer Weise untersucht worden, die mit Studien über Folgen US-amerikanischer Exporte vergleichbar wäre[45].

2.3. Wirtschaftliche Zusammenhänge

Die Frage des internationalen Transfers von Waffen und militärischem Gerät erhält ihre Brisanz durch die Implikationen, die ein solches Geschäft für Politik, Wirtschaft und Gesellschaft, auf seiten des Herstellers ebenso wie auf seiten des Empfängers, mit sich bringt. Bei der Diskussion über Waffen und Militär überdecken die daran geknüpften Wünsche, Erwartungen und Interessen die Vorstellungen von dem Leiden, das ein möglicher Einsatz dieser Mittel mit sich bringt. So stellen sich die Zusammenhänge aus der Sicht eines Herstellers von Rüstungswaren in folgender Weise dar:

> „Wir hoffen, daß Regierung und Gesetzgeber die notwendigen Maßnahmen treffen werden, um der deutschen wehrtechnischen Industrie einen angemessenen Lebensraum zu erhalten, im Interesse der militärischen Verteidigungsfähigkeit, der sozialen Verantwortung und der wehrtechnischen Unabhängigkeit unseres Landes."[46].

Die an der Produktion von Rüstungsgütern beteiligte Industrie strebt danach, ihre Fertigungskapazitäten gleichmäßig auszulasten und für einen, von einzelnen großen Aufträgen von seiten einer Regierung weniger abhängigen Auftragseingang zu sorgen. Dazu sollen die Öffnung der Märkte und der Abbau restriktiver Vorschriften im Genehmigungsverfahren von Rüstungsausfuhren ebenso beitragen wie die Anwendung der üblichen Geschäftsgebräuche (z. B. Diskretion, Finanzierung) auf diesem Wirtschaftszweig. Den immer wieder vorgetragenen Hinweisen auf unerwünschte politische und soziale Folgen einer forcierten Ausfuhr von Waffen und militärischem Gerät wird mit dem Argument begegnet, nur auf diese Weise seien die einmal geschaffenen Arbeitsplätze zu sichern.

Während der wirtschaftlichen Rezession in der zweiten Hälfte der 70er Jahre, die mit wachsender Arbeitslosigkeit einherging, konnte der Export von Rüstungswaren auch deshalb so stark gesteigert werden, weil im Rahmen des Genehmigungsverfahrens auf die Bedeutung der Aufträge für den Erhalt der Arbeitsplätze verwiesen wurde. Das Arbeitsplatzargument ist dann besonders zugkräftig, wenn kurzfristig der Be-

45 M. T. Klare, The International Repression Trade, in: The Bulletin of the Atomic Scientists, 35, 1979, 5, S. 22-27, S. 27 nennt eine Reihe bundesdeutscher Unternehmungen mit Weltgeltung auf dem Sektor der "inneren Sicherheit".

46 So ein führender Vertreter der Firma Rheinmetall bei der Übergabe der Feldhaubitze 155-1 an die Streitkräfte im Herbst 1978, zitiert in: Wehrtechnik 1978, 12, S. 42.

stand eines einzelnen Unternehmens oder die Fortführung eines Produktionsszweiges auf dem Spiel stehen. So hatten sich im Jahr 1976 eine Reihe von Betriebsratsvorsitzenden aus Unternehmungen, die Rüstungsgüter produzieren, zu einem „Arbeitskreis Arbeitnehmer wehrtechnischer Unternehmen" (AAwU) zusammengeschlossen und sich ausdrücklich dafür eingesetzt, die Kontrollbestimmungen für den Rüstungsexport zu lockern[47]. Der AAwU setzte sich damit in Widerspruch zu Erklärungen internationaler gewerkschaftlicher Zusammenschlüsse sowie zu Stellungnahmen der Industriegewerkschaft Metall, der die Mitglieder des Kreises alle angehörten[48]. Die IG Metall initiierte daraufhin einen eigenen Arbeitskreis für Betriebsräte aus Rüstungsbetrieben. Der AAwU hat sich inzwischen aufgelöst.

Es lassen sich eine Reihe von Gründen anführen, warum das Argument, mit dem Export von Rüstungsgütern ließen sich Arbeitsplätze sichern, in langfristiger Perspektive kaum stichhaltig ist[49]:

a) Das Ausmaß, in dem in der Bundesrepublik Arbeitsplätze durch die Fertigung von Rüstungsgütern gebunden werden, wird vielfach überschätzt. Insgesamt sind 200 000 bis 250 000 Menschen direkt und indirekt mit der Rüstungsproduktion beschäftigt[50]. Das sind circa 2,5% der Beschäftigten in der Verarbeitenden Industrie. Der Anteil der Waffenproduktion an der Wertschöpfung der Verarbeitenden Industrie beträgt ebenfalls circa 2,5%. Die Rüstungswaren werden vielfach von Unternehmen mit einem diversifizierten Produktangebot hergestellt. Eine Ausnahme stellt die Flugzeugindustrie dar, die bis zu 60% von militärbestimmten Aufträgen abhängt. Den Möglichkeiten, die Rüstungsproduktion durch Fertigung anderer Güter zu ersetzen („Konversion"), wird vielfach nicht nachgegangen, geschweige denn Priorität bei der Entwicklungs- und Investitionsplanung eingeräumt[51].
b) Die Aufrechterhaltung von Rüstungskapazitäten zieht, wie die Beispiele anderer westeuropäischer Staaten zeigen, einen erheblichen

47 Stellungnahme, in: Albrecht/Lock/Wulf, a. a. O. (Anm. 38), S. 181 ff.

48 So der IG-Metall-Vorsitzende Eugen Loderer, in: Wirtschaftswoche vom 6.2.1981.

49 N. Gansel, Das Arbeitsplatzargument in der Rüstungsdiskussion. Überlegungen zur Konversion, in: Der Überblick 15, 1979, 4, S. 65-67.

50 Angaben nach Weißbuch 1979, a. a. O. (Anm. 17), S. 36.

51 M. Brzoska/P. Lock/H. Wulf, Rüstungsproduktion in Westeuropa. Eine empirische Untersuchung über die Bedeutung der Rüstungsindustrie mit einer Fallstudie zur Bundesrepublik Deutschland, Hamburg: Institut für Friedensforschung und Sicherheitspolitik an der Universität Hamburg, 1979 (= IFSH-Forschungsberichte, 15), S. 68-77.

und ständig wachsenden Bedarf an staatlichen Subventionen nach sich, so daß sich mögliche kurzfristige Erfolge langfristig als Belastung auswirken.

c) Im Bereich der Wirtschaftswissenschaften wird bezweifelt, daß die Rüstungsproduktion langfristig zur Sicherung von Arbeitsplätzen beiträgt. Dies gilt auch für den Exportsektor, wie der österreichische Ökonom K. Rothschild gezeigt hat[52]. Durch die Produktion von Rüstungswaren werden Facharbeiter und Kapital gebunden, die gerade angesichts des Entwicklungsgefälles zwischen Industrieländern und Staaten der Dritten Welt sowie des daraus abgeleiteten Bedarfs an andersartigen hochwertigen Gütern benötigt werden, diese herzustellen.

d) Die Technisierung bei der Fertigung von Rüstungsgütern hat bereits einen Grad erreicht, daß der Prozeß der Rationalisierung die Arbeitsplätze sehr viel stärker gefährdet.

Beim Ankauf von Rüstungswaren stellt sich für den Empfänger das Problem, daß der Rüstungstransfer mit erheblichen finanziellen Belastungen verbunden ist, die den zunächst vereinbarten Kaufpreis in die Höhe treiben:

- Der tatsächlich zu zahlende Preis kann beim Abschluß des Geschäftes kaum exakt angegeben werden, da sich in vielen Fällen die Lieferung über Jahre hinweg erstreckt. Es kommen inflationsbedingte Aufschläge hinzu. Während der Lieferzeit werden häufig noch technische Änderungen vorgenommen, die sich in der Kostenrechnung belastend niederschlagen, da sie in der Regel auf eine Verbesserung des Gerätes zielen.
- Mit dem Ankauf einer Waffe oder eines Waffensystems ist in der Regel noch nicht deren optimale Verwendung gesichert. Um die volle Wirksamkeit auszuschöpfen, müssen Zubehör und ergänzendes Gerät angeschafft werden.
- Militärisches Gerät kann seine Wirkung erst bei angemessenem Einsatz und sachgemäßer Bedienung entfalten. Es ist nötig, die militärischen Planungen auf die neuen Waffen umzustellen und das Bedienungspersonal gezielt auszubilden.
- Wartung und Instandhaltung fordern Sachkenntnis beim Personal und den Aufbau eines logistischen Systems.
- Die Steigerung der Feuerkraft bei modernen Waffen erhöht den Verbrauch an Übungsmunition und scharfer Munition und verlangt eine umfangreiche Lagerhaltung.
- Der gestiegene Grad der Mechanisierung hebt den Bedarf an Kraftstoffen an, der nötig ist, um die Waffen zum Einsatz zu bringen.
- Die Infrastrukturmaßnahmen wie Häfen, Straßen, Flughäfen, die für den Einsatz der Waffen unabdingbare Voraussetzung sind, werden nur selten im Militärbudget ausgewiesen.

Wie bereits diese kursorische Aufgliederung der finanziellen Lasten und der Folgekosten zeigt, bringt der Ankauf von Waffen und militärischem

52 K.W. Rothschild, Military Expenditure, Exports and Growth, in: Kyklos, 1973, 3, S. 804-814.

Gerät im Ausland die Empfängerländer, vor allem die Dritte Welt, auf weiteren Sektoren in Abhängigkeit von wirtschaftlich und technologisch führenden Industriestaaten. Einige Staaten, die Rüstungswaren importieren, versuchen, die Abhängigkeit zu verringern, indem sie diese Waren von mehreren Produzenten beziehen. Sie nehmen dabei das Risiko in Kauf, über eine Reihe von Waffensystemen zu verfügen, die weder in ihren Einsatzmöglichkeiten, ihrer Bedienung, Wartung und Versorgung aufeinander abgestimmt, noch miteinander kombiniert werden können. Andere Staaten, unter ihnen so gewichtige Abnehmer von Waffen wie Israel, Argentinien, Brasilien oder der vorrevolutionäre Iran gehen dazu über, selbst Waffen zu produzieren und sie an dritte Staaten zu verkaufen[53]. Hier hat sich die Abhängigkeit von den hochindustrialisierten Ländern auf die Vorprodukte oder das rüstungstechnische 'know how' verlagert. Nach den bisher vorliegenden Ergebnissen ist die Rüstungsproduktion in Ländern der Dritten Welt wegen der kleinen Serien und der hohen Lernkosten angesichts der spezialisierten Technologie häufig teurer als der direkte Import von Rüstungswaren[54].

Die Kosten für die Einfuhr von Rüstungsgütern belasten die Entwicklungsländer in ihrer meist angespannten Finanzsituation. Die Käufe und daran anschließende Schuldentilgung bei gewährten Krediten zehren an den ohnehin kaum vorhandenen Devisenreserven, die sonst für die Finanzierung von Ölimporten oder von Investitionsprogrammen benötigt würden. Vergleicht man die Mittel, die in Entwicklungsländern für den Unterhalt sowie den Ausbau militärischer Potentiale aufgewandt werden, mit den finanziellen Ressourcen, die für die Bewältigung entwicklungsorientierter Aufgaben zur Verfügung stehen, wird die Diskrepanz offensichtlich[55]. Sie ist immer wieder Anlaß, eine unmittelbare Verlagerung der Ausgabenschwerpunkte zu verlangen.

Eine Ausnahme im Blick auf die finanzielle Belastung durch Rüstungskäufe bilden die erdölproduzierenden Staaten im Nahen und Mittleren Osten, die Hauptabnehmer von Waffen in der Dritten Welt sind. Seit der Ölkrise zu Beginn der 70er Jahre fließen auf dem Weg der Rüstungskäufe und der anschließenden Bezahlung jene Finanzmittel wieder den Industriestaaten zu, die jene für die gestiegenen Ölkosten aufgewandt

53 Lock/Wulf, a. a. O. (Anm. 30), S. 16-19.

54 U. Albrecht/D. Ernst/P. Lock/H. Wulf, Rüstung und Unterentwicklung. Iran, Indien, Griechenland/Türkei: Die verschärfte Militarisierung, Reinbek 1976 (=RoRoRo-aktuell 4004), S. 196.

55 D. K. Whynes, The Economics of Third World Military Expenditure, London, 1979, S. 151.

haben[56]. Was sich finanziell noch als Ausgleich, wenn auch unter geänderten Vorzeichen, darstellen mag, schafft politisch gesehen jedoch angesichts der regionalen Konfliktkonstellationen und der Interessengegensätze der Großmächte in diesem Gebiet erhebliche Sprengkraft.

3. Chancen, dem internationalen Rüstungshandel zu begegnen

Die Entwicklung im Nahen wie Mittleren Osten führt schlagartig die Brisanz des internationalen Waffentransfers vor Augen. Dort sind die Vorgänge besonders ausgeprägt, Ausbau und Modernisierung der Militärapparate und die entscheidende Rolle des konventionellen Rüstungstransfers sind jedoch nicht auf diese Region beschränkt.

Die Ausbreitung der Waffen in der Welt hat die Möglichkeiten für zahlreiche militärische Auseinandersetzungen geschaffen, denen seit 1945 über 25 Millionen Menschen zum Opfer gefallen sind. Die Ausweitung des internationalen Waffenhandels ist historisch ohne Beispiel. Dies bezieht sich auf das Volumen des Waffenhandels, die Zahl der importierenden Länder, den Wandel zu hochkomplexen Waffensystemen und den Transfer von militärischem know how zur eigenständigen Waffenproduktion. Versuche, der wachsenden Intensität des internationalen Waffenhandels zu begegnen, haben sich bislang weitgehend in Appellen erschöpft, aber faktisch noch keine Wirkung gehabt. Die Entwicklung der Weltrüstungssituation deutet darauf hin, daß nur eine Anbieterbeschränkung hier einen Wandel schaffen könnte, denn es scheint illusorisch, von den Abnehmern eine Beschränkung zu fordern, solange Waffen angeboten werden und sich das Rüsten weltweit fortsetzt. Einen wenig beachteten Versuch, die Rüstung zugunsten der sozialen und wirtschaftlichen Entwicklung einzuschränken, unternahmen am 9.12.1974 mit der "Erklärung von Ayacucho" Vertreter von acht Staaten Lateinamerikas (Argentinien, Bolivien, Chile, Ecuador, Kolumbien, Panama, Peru, Venezuela). Sie erklärten ausdrücklich, auf den Erwerb offensiver Waffen verzichten zu wollen[57]. Diese Verpflichtung verhinderte jedoch nicht, daß traditionelle zwischenstaatliche Konflikte zwischen ihnen (Argentinien – Chile; Chile – Peru; Bolivien – Chile) bis hin zur Androhung,

56 E. Ehrenberg, Rüstung und Wirtschaft am Golf. Iran und seine Nachbarn (1965-1978), Hamburg 1978 (=Mitteilungen des Deutschen Orient-Instituts, 11), 42.

57 H. Rattinger, Rüstungskontrolle in der Dritten Welt, in: Aus Politik und Zeitgeschichte, 1980, 32, S. 33-45.

militärische Mittel einzusetzen, eskaliert wurden. Außerdem stieg der Militäretat in allen Ländern weiter. Die Waffenarsenale wurden laufend modernisiert.

Die von den beiden Großmächten, den USA und der Sowjetunion, zwischen 1977 und 1978 betriebenen Gespräche über eine Begrenzung des Transfers konventioneller Waffen scheiterten daran, daß sie die Bedingungen des heutigen Waffenmarktes nicht ausreichend in ihre Überlegungen einbezogen[58]. Es ist nicht möglich, Interessengebiete voneinander abzugrenzen, oder sich darauf zu einigen, Regionen von der Belieferung von Waffen vollständig auszunehmen. Außerdem ist die Zahl der Anbieter von Waffen und militärischer Güter bereits so groß, daß Bestrebungen, die Waffenproliferation zu vermeiden, in jedem Fall unterlaufen werden könnten, nicht zuletzt durch das wachsende Interesse von Staaten der Dritten Welt, sich selbst am Waffenexport zu beteiligen.

Das Argument "wenn wir nicht liefern, tun es die anderen" gilt sowohl für die politische Opportunität von Waffengeschäften als auch vielfach angesichts wirtschaftlicher Erwartungen, die mit dem Export von Rüstungswaren verknüpft werden. Eine Reihe westeuropäischer Staaten versprechen sich von der Ausfuhr von Rüstungsgütern eine positive Auswirkung auf ihre Zahlungsbilanz und auf die interne Beschäftigungslage. In unterschiedlichem Umfang fließen die Erzeugnisse der Rüstungsgüterindustrie verschiedener Industriestaaten bereits in den Export[59]:

Italien	ca. 50%	Großbritannien	ca. 25%
Frankreich	ca. 33%	Bundesrepublik	ca. 20%
USA	ca. 16%	Sowjetunion	ca. 11%

Während in der Bundesrepublik die Zahl der Arbeitsplätze, die vom Export von Rüstungsgütern abhängig sind, auf 39 000 Arbeitsplätze geschätzt wird (= 0,4% aller Beschäftigten im verarbeitenden Gewerbe), lauten die Zahlen für[60]:

Großbritannien	168000 Arbeitsplätze	(= 2,3% der Beschäftigten im verarbeitenden Gewerbe)
Frankreich	151000 Arbeitsplätze	(= 2,7% der Beschäftigten im verarbeitenden Gewerbe)
Italien	76000 Arbeitsplätze	(= 1,3% der Beschäftigten im verarbeitenden Gewerbe)

58 J. Krause, Amerikanisch-sowjetische Gespräche über die Begrenzung und Kontrolle des internationalen Rüstungstransfers, in: Europa Archiv, 20, 1979, 15, 473-482, S. 479.
59 Brzoska/Lock/Wulf, a. a. O. (Anm. 51), S. 33.
60 Ebda.

Diese Daten zeigen die unterschiedliche Bedeutung, die der Export von Rüstungsgütern für die verschiedenen Staaten und Volkswirtschaften, allein in Westeuropa, hat.

Auf das offensichtliche "Gefälle", das gerade unter den westeuropäischen Staaten im Blick auf ihre tatsächliche oder vermeintliche Abhängigkeit vom Rüstungsexport besteht, stützt sich ein Vorschlag[61], wie dem Handel mit Rüstungsgütern entgegengewirkt werden könnte. Er möchte daraus die "Energie" schöpfen, um Produktionsstrukturen zu verändern und damit den Stellenwert des Rüstungsexports für die Volkswirtschaften zu reduzieren. Die Daten verweisen darauf, daß die Ausfuhr von Rüstungsgütern für die Staaten wichtig ist, bei denen Rüstungsexporte einen erheblichen Anteil der Ausfuhren technologisch hochwertiger Güter ausmachen und zum Ausgleich oder Stärkung der internationalen Zahlungsbilanz beitragen. Mit dem Wandel der Produktionsbedingungen und damit der Ausfuhrmöglichkeiten soll der Anreiz entfallen, als Anbieter von Rüstungsgütern auf dem Weltmarkt aufzutreten. Die Staaten, die weniger als andere von der Erzeugung und dem Verkauf von Rüstungsgütern abhängig sind, hätten die Aufgabe, die Konversionsbemühungen anderer Staaten zu stützen. Auf Grund der gesamtwirtschaftlichen Situation der Bundesrepublik wäre diese eher als andere Staaten Westeuropas in der Lage, die kurzfristigen Folgen aufzufangen, die aus der Umstellung der Rüstungsproduktion entstehen können. Gleichzeitig wären hier am ehesten Möglichkeiten gegeben, um anderen Volkswirtschaften die Umstellung zu erleichtern. Die Option, den internationalen Waffenhandel dadurch zu begrenzen, daß auf der Seite der Anbieter das Interesse daran gesenkt wird, ist nur realisierbar, wenn die Politik die Voraussetzungen für einen solchen Wandel schafft.

Auch der Vorschlag der Nord-Süd-Kommission, die Ausfuhr von Rüstungswaren mit zusätzlichen Abgaben zu belegen[62], bedarf stärkerer Einsicht in die Gefahren und Nachteile des Rüstungshandels als momentan verbreitet ist, um politisch durchsetzbar zu werden. Die Nord-Süd-Kommission versucht ihren Vorschlag dadurch interessanter zu machen, daß vorgeschlagen wird, die Abgaben in einem Fonds zu sammeln und der Dritten Welt zugänglich zu machen. Vorschläge zur Eindämmung des Rüstungshandels werden um so notwendiger, je stärker sich der Handel ausweitet. Im gleichen Maße allerdings werden sie auch weniger durchsetzbar, weil Rüstungstransfers als Teil der Weltmilitärordnung zunehmendes Konfliktpotential anzeigen. Konkreter: Obwohl in den 80er Jahren die Kontrolle des Waffenhandels notwendiger sein wird als in

61 A. a. O., S. 64.
62 Nord-Süd-Kommission, a. a. O. (Anm. 3), S. 156.

den 70er Jahren, wird sie auch weit schwerer auszuhandeln sein. Sollen die 80er Jahre eine Chance haben, zum "Jahrzehnt der Abrüstung" zu werden, müssen Vorschläge zur Rüstungstransferpolitik diskutiert werden. Kleine Schritte, wie z.B. die für jeden Kontrollmechanismus notwendige Veröffentlichung der Rüstungstransfers z.B. durch die Bundesregierung, können helfen, das Klima für Verhandlungen zu verbessern.

Bernhard Moltmann

Militarismus: Ein Problem und seine Bezeichnung

1. Die Faszination des Begriffes „Militarismus"

Der Begriff „Militarismus" kann in seiner vielseitigen und häufigen Verwendung mit jenem roten Tuch verglichen werden, das einerseits Schrecken verbreitet, andererseits dazu verlockt, auf die Hörner genommen zu werden. In jedem Fall ist „Militarismus" ein rotes Tuch, das Aufmerksamkeit erregt, gleichgültig, wer dahintersteht, was es zudeckt, oder wer es sieht und darauf reagiert. Entsprechend einer solchen Vielseitigkeit findet man die Verwendung des Begriffes an verschiedenen Orten zu verschiedenen Zeiten, wenn auch mit wechselnder Intensität. Mit der scheinbar unbegrenzten Breite von Anwendungsmöglichkeiten verbindet sich jedoch gleichzeitig die Frage, was es nun substantiell mit dem Begriff[1] des „Militarismus" auf sich habe, und worin seine Attraktivität denn liege. Die meisten Beiträge, die sich dieser Fragestellung annehmen, setzen mit der Klage ein, daß „Militarismus" ein Begriffsungetüm sei, und man sich deshalb mit ihm kaum nach den Regeln der Kunst auseinandersetzen könne. Dieses ritualähnliche Lamentieren hat eine doppelte Funktion: Einerseits beugt es innerhalb eines recht diffusen Erwartungsbildes zu großen Hoffnungen vor, hier werde nun die langerwartete, endgültige Klärung herbeigeführt, andererseits aber liefert es die Grundlage dafür, das Interesse an dem Thema zu begründen und das weitere Engagement auf diesem Felde einsichtig zu machen. Jeder neue Anlauf, den Begriff des „Militarismus" und die damit zusammenhängenden Phänomene zu identifizieren, greift auf die vorhandenen Versuche in irgendeiner Weise zurück und fügt sich deshalb in bestimmte Formen des Umgangs ein, die sich inzwischen herausgebildet haben. Insofern weist die Diskussion über den Begriff, die mit seinem Aufkommen in der zweiten Hälfte des 19. Jahrhunderts ebenfalls einsetzt, trotz der unterschiedlichen Standpunkte und Ansichten der verschiedenen Teilnehmer ein hohes Maß an Kontinuität auf.

1 Im weiteren Verlauf wird die Bezeichnung "Begriff" unprätentiös gebraucht. Als Äquivalente tauchen auch auf: Terminus, Ausdruck. Gleichwohl zeigt sich mehr und mehr, daß die "Militarismus"-Diskussion nicht an den grundsätzlichen Bedingungen der Begriffsbildung vorbeigehen kann. Anregungen dazu werden unten angegeben (siehe 4. 1.).

Auch die nachfolgenden Reflexionen zum Begriff „Militarismus" entziehen sich nicht den Argumentationszusammenhängen, wenn sie versuchen, den Stand der Diskussion zu bezeichnen und daraus Schlußfolgerungen für den Umgang mit dem Begriff „Militarismus" zu ziehen. Gerade die Breite des Ausdruckes, bezogen auf die Verwendungsformen, aber auch auf die Inhalte, lassen es angezeigt erscheinen, einmal einzuhalten und den Weg zu beleuchten, den man dabei zurückgelegt hat. Insofern ordnet sich der Beitrag so oder so in den Gang der „Militarismus"-Diskussion ein, versteht sich aber gleichzeitig als Versuch, der weiteren Erörterung einige richtungsweisende Argumentationen an die Hand zu geben.

Die Anziehungskraft des Begriffes liegt ohne Zweifel in den vielfältigen Bezugspunkten und Zuordnungsmöglichkeiten. Sie verlocken mit der daraus abgeleiteten Frage, ob der Begriff als solcher überhaupt haltbar sei oder nicht, schon wieder dazu, sich mit ihm zu beschäftigen und auf die Diskussion einzulassen. Das Gefühl, angezogen und wieder abgestoßen zu werden, hat auch deren Verlauf bestimmt, der von Höhepunkten intensiver Arbeit, längeren Pausen und dann wieder einsetzender Aktivität gekennzeichnet ist. Zur Zeit befinden wir uns in einer Phase intensiver Arbeit mit dem Begriff, abzulesen an der Fülle dazu jüngst vorgelegter Publikationen, der wachsenden Zahl an Diskussionsforen und der Breite der vertretenen Meinungen. Die Rezeption des Begriffes und der von ihm bezeichneten Probleme durch ein Forum wie dem Ökumenischen Rat der Kirchen bestätigt die reflexive Bewegung des Diskussionsablaufes, denn sie hat ihrerseits weitere wissenschaftliche Beschäftigungen mit dem Thema angeregt[2].

Die Wirksamkeit des Begriffes „Militarismus" in der öffentlichen Diskussion, Politik und Publizistik beginnt in den 60-er Jahren des 19. Jahrhunderts, als er an verschiedenen Stellen nahezu gleichzeitig auftauchte, ohne daß seine Wurzeln eindeutig identifiziert oder lokalisiert werden könnten: Der Begriff „Militarismus" war da! Seine bei P. J. Proudhon anzutreffende Verwendung enthält bereits die Elemente und Assoziationen, die den Begriff seitdem begleitet haben und in unterschiedlichen Schattierungen hervorgehoben worden sind. Proudhon bezeichnet mit „Militarismus" den Zusammenhang zwischen einem sich etablierenden Heerwesen, einer erstarkenden zentralen staatlichen Gewalt und den damit verbundenen, wachsenden finanziellen Belastungen für

2 Vgl. den Beitrag von B. Moltmann zur ökumenischen Diskussion in diesem Band.

die Bevölkerung in dem Einflußbereich von Armee und Staatsgewalt[3]. Der Ausdruck „Militarismus" entfaltete seine Wirkung als „Schlagwort", dem „sowohl eine prägnante Form wie auch ein gesteigerter Gefühlswert eigentümlich ist, insofern er nämlich entweder einen bestimmten Standpunkt für oder wider ein Streben, eine Einrichtung, ein Geschehnis nachdrücklich betont oder doch wenigstens gewisse Untertöne des Scherzes, der Satire, des Hohnes oder dergleichen deutlich erklingen läßt"[4]. Im Rahmen dieser Gattung von Worten oder Wendungen hat der Begriff „Militarismus" eine erstaunlich lange Lebensdauer entwickelt. Heutige Kontroversen tragen noch ähnliche Züge wie diejenigen, die vor 100 Jahren mit Hilfe dieses Ausdruckes und um die von ihm bezeichneten Dinge geführt worden sind.

Mit der Angabe der Problemzusammenhänge, in die der Begriff „Militarismus" ursprünglich hineingestellt worden war, und der Klassifizierung als „politisches Schlagwort" sind bereits weitgehend Inhalte und Stil der Diskussionen bezeichnet, die sich des Terminus bedient haben. Den vielfältigen Beziehungen zwischen Militär, Politik, Wirtschaft und Gesellschaft entsprechend, sind dabei unterschiedliche Akzente gesetzt worden:

- Die einen verstehen das „Militär" als Exponenten des „Militarismus" und nutzen den Ausdruck im Sinne der Militär-Kritik. Die anderen suchen nach dem politischen, sozio-ökonomischen und geistigen Hintergrund dessen, was zum „Militarismus" gezählt wird, und nutzen den Ausdruck zur Identifikation von Phänomenen.
- Den einen dient der Gebrauch des Ausdruckes dazu, einen Gegner zu etikettieren, die anderen verwenden den Terminus, um die ihnen vorgeworfenen Dinge zu entkräften und die Sachverhalte in anderem Lichte darzustellen.

In jedem Falle bewegt sich die Reflexion über den Begriff „Militarismus" in einem Netz von offensiven und defensiven Positionen, von Bezugnahmen auf das „Militär", was immer auch damit assoziiert wird, und auf damit in ursächlichen Zusammenhang gebrachte Phänomene in Politik, Wirtschaft und Gesellschaft.

3 E. Assmus, Die politische Diskussion um den Militarismus unter besonderer Berücksichtigung der Geschichte des Begriffes in Deutschland und seine Beziehung zu den politischen Ideen zwischen 1850 und 1950, Phil. Diss., Erlangen 1951, S. 9 ff.

4 O. Ladendorf, Historisches Schlagwörterbuch. Ein Versuch, Straßburg/Berlin 1906, S. VII.

2. Bedeutungsvarianten des Begriffes „Militarismus"

Die Vieldeutigkeit des Ausdruckes, die ihn seit seinem Aufkommen begleitet, hängt damit zusammen, daß der Begriff erst in den verschiedenen Kontexten sein Profil entwickelt hat und nun in diesen Zusammenhängen gedeutet werden kann. So sind im Verlauf der „Militarismus"-Diskussion immer wieder Versuche gescheitert, den Begriff gleichsam neutral abzuwägen, weil damit zusammenhängende Konflikte eine zu starke Anziehungskraft entwickelt haben, als daß demgegenüber sich eine distanzierte, sich als „wissenschaftlich" gerierende Position hätte halten lassen. Gleichzeitig haben vielfach verschiedene Versionen des „Militarismus"-Begriffes nebeneinander bestanden, bedingt durch die unterschiedlichen, oft kontroversen Positionen ihrer Verfechter, ohne daß dies den Gebrauch des Terminus als solchen behindert hätte. Es lassen sich jedoch verschiedene Varianten ermitteln, die im Verlauf der Geschichte des Begriffes ein erhebliches Maß an Beständigkeit entwickelt und allen Versuchen widerstanden haben, sie in Form einer Synthese zusammenzufügen oder ihre Vielzahl durch eine allgemeine Form der Bestimmung abzulösen. Die drei, im folgenden dargestellten Varianten decken die Breite des Begriffes nahezu ab. Bezogen auf den Zusammenhang zwischen ihren Konturen und konkreter historischer Situation liefert die Diskussion, wie sie in Deutschland unter dem Stichwort „Militarismus" geführt worden ist, typische Beispiele.

a) Militärkritik

Die mit „Militärkritik" bezeichnete Variante des Begriffes „Militarismus" verwendet den Terminus dazu, eine Entwicklung zu charakterisieren und zu kritisieren, in deren Verlauf das Militär mehr und mehr in zivile Bereiche, vor allem die Politik, vordringt. Dem liegt die Vorstellung zugrunde, Staat und Gesellschaft sowie Militär und Politik seien voneinander abgehobene Bereiche. Das Militär habe in den Kasernen zu bleiben, und die öffentlich relevanten Entscheidungen seien von zivilen Politikern zu treffen. Politik gilt als Sphäre, wo sich die bürgerlichen Freiheiten entfalten, während das Militär mit Hierarchie und Disziplin identifiziert wird. Politik wird als Stätte begriffen, wo offen und gleichberechtigt um die optimale Lösung anstehender Probleme gerungen wird, während das Militär Gewalt und Autorität des Staates repräsentiert. Hinter dem Aufbau solcher Konfrontationen stand die Überlegung, daß die wirtschaftliche Entwicklung des industriellen Zeitalters erst durch die konstitutionell festgelegte Gewaltenzuordnung innerhalb des bürgerlichen Staates ermöglicht worden sei und dann auch gesichert werde. Die Staaten, in denen das Militär dominiere, hätten dagegen autoritär-absolutistische Verfassungen, denen eher feudal-agrarische Wirtschafts- und Sozialstrukturen entsprächen – Erklärungsmuster, die sich bis zu jüngeren Interpretationen der Differenz zwischen den „westlichen Demokratien" und Staaten mit autoritärer Herrschaft erhalten haben.

Das Verhältnis zwischen Militär und Politik in Deutschland zu Zeiten Bismarcks und in der Wilhelminischen Ära[5] bot zahlreiche Anlässe, entsprechend gedeutete Vorgänge von der Warte eines liberalen Politik- und Staatsverständnisses her zu geißeln und hat eine breite Literatur unterschiedlichen Genres hervorgebracht[6]. Sie griff die starke gesellschaftliche Position des Offizierskorps an und begründete ihre Furcht vor Angriffen des Militärs auf die bürgerlichen Freiheiten und die konstitutionelle Ordnung mit Vorgängen wie den Verfassungskonflikt um die Heeresreform in den sechziger Jahren, wie der Zabern-Affäre im Spätherbst des Jahres 1913, oder wie den Streit um die Militärstrafgerichtsordnung. Die Kritik an der Rolle des Militärs aus dem liberalen Lager erhielt teilweise Unterstützung von seiten katholischer Politiker und Publizisten, die in der Phase des Kulturkampfes sich mit dem Anspruch des Staates auseinanderzusetzen hatten, in die von kirchlicher Autorität kontrollierten Bereiche gesellschaftlichen Lebens vorzudringen. Für diese Position ist das Militär Ausdruck eines Staatswesens, das sich und die Exponenten seiner Macht, die Streitkräfte, vergöttert und von seinen Untertanen nur Gehorsam und Disziplin erwartet, ohne das Individuum zu respektieren, seine Rechte anzuerkennen und Gewissensfreiheit zu gewähren. Das Militär und die in ihm versammelten Eigenschaften erscheinen als Symbol staatlicher Autorität, das zugleich als unmittelbar wirksames Instrument der Repression erfahrbar ist. In der politischen Situation, die der Reichseinigung unter preußischem Primat folgte, ließ sich dieser neue deutsche Staat mit dem Vorwurf attackieren, er gleiche nach innen einer Kaserne und sei nach außen auf seine militärischen Erfolge angewiesen[7].

Für den Gehalt des Begriffes „Militarismus" verdient festgehalten zu werden, daß diese Variante das Übergreifen des Militärs auf andere, von

5 Einen Überblick gibt M. Messerschmidt, Militär und Politik in der Bismarckzeit und im Wilhelminischen Deutschland, Darmstadt 1975 (=Erträge der Forschung, 45).

6 Exemplarisch: L. Quidde, Der Militarismus im heutigen Deutschen Reich. Eine Anklageschrift (1893), in: ders., Caligula. Schriften über Militarismus und Pazifismus, herausgegeben und eingeleitet von H.-U. Wehler, Frankfurt 1977, S. 81-130.

7 Belege bei: W. Conze/M. Stumpf, Militarismus. Stichwort in: O. Brunner/W. Conze/R. Koselleck (edd), Geschichtliche Grundbegriffe. Historisches Lexikon zur politisch-sozialen Sprache in Deutschland, Bd. 4, Stuttgart 1978, S. 1-47, S. 29.

ihm abgegrenzte Bereiche in Politik, Wirtschaft und Gesellschaft thematisiert. Sie identifiziert Staat, Bürokratie und Militär miteinander und kritisiert die Ausstrahlung sogenannter militärischer Ideale in der Öffentlichkeit. Auch der über das Vorhandensein eines militärischen Potentials herzustellende Zusammenhang von innen- und außenpolitischen Zielsetzungen gerät bereits in den Bereich der Aufmerksamkeit. Die Ursachen der beobachteten, erlittenen und negativ bewerteten Umstände werden jedoch kaum benannt. Möglicherweise zeigt sich an dieser Stelle, wie begrenzt der „Militarismus"-Begriff sein kann, da seine flächige Identifikation der Probleme einer tiefergehenden Analyse wieder im Wege steht.

b) Gesellschaftskritik

Die Verwendung des Ausdrucks „Militarismus", die durch Autoren aus dem Lager sozialistischer Parteien – zu nennen sind Karl Liebknecht, Rosa Luxemburg, W. I. Lenin – geprägt worden ist, geht auf ähnliche Erfahrungen zurück, wie sie der ersten Variante zugrunde lagen, hat aber eine andere, möglicherweise unter aktuellen Bedingungen weiterführende Ausrichtung erfahren. Nach der hier als „gesellschaftskritisch" bezeichneten Interpretation korrespondiert „Militarismus" nicht mit einer prä-industriellen sozio-ökonomischen und politischen Verfassung, sondern ist ein Kennzeichen des entwickelten Kapitalismus und der ihn tragenden industriellen Produktionsweise. Die Entwicklung des "Militarismus" gilt dem Kapital als Voraussetzung und Garantie für eine sichere und profitable Anlage der Mittel und erweist sich zudem innenpolitisch als Stützte der Klassengesellschaft. Das Vorhandensein des „Militarismus" in den verschiedenen kapitalistischen Staaten ist ebenso Ausdruck für die Gegensätze, die zwischen ihnen bestehen, wie eine Festlegung auf bestimmte Mittel, mit denen die Konflikte ausgetragen werden. Die Kriege wirken wieder als innenpolitische Disziplinierungsinstrumente, um zu verhindern, daß anstehende soziale, ökonomische und politische Gegensätze offen ausgetragen werden. Der „Militarismus" gehe zwar vom Heerwesen aus, finde aber seinen Niederschlag ebenso in gesellschaftlichen, politischen wie geistigen Bereichen[8]. Den Interpretationen sozialistischer Herkunft ist insgesamt gemeinsam, daß sie die Analyse

8 Die Diskussion in diesem Sinne zusammengefaßt findet sich bei K. Liebknecht, Militarismus und Antimilitarismus unter besonderer Betücksichtigung der internationalen Jugendbewegung (1907), in: ders., Gesammelte Reden und Schriften, Bd. 1, Berlin 1958, S. 247-456, S. 254-320; aus heutiger Sicht: E. Jahn, Die Rolle des Rüstungskomplexes in der Sowjetgesellschaft, in: D. S. Lutz (ed), Die Rüstung der Sowjetunion. Rüstungsdynamik und bürokratische Strukturen, Baden-Baden 1979, S. 163-188.

der mit „Militarismus" bezeichneten Probleme mit aktionsorientierten Überlegungen verbinden, sei es, daß die Analyse das Ergebnis unmittelbarer tagespolitischer Bedürfnisse war und ihre Resultate in Handeln oder intellektuelle Kontroversen einflossen. Im Blick auf die Einschätzung des Begriffes „Militarismus" überhaupt wird an dieser Stelle deutlich, wie stark er mit dem Drang nach Aktion verbunden ist: Dem „Militarismus" entspricht ein ebenso vehementer „Antimilitarismus", wie schon Sprache und Intensität der Auseinandersetzung nachweisen.

Der unterstellte Nutzen der „Militarismus"-Interpretation sozialistischer Provenienz liegt darin, daß sie nach der Funktion des militärischen Sektors für andere relevante Sektoren des öffentlichen Lebens fragt und dabei einen besonderen Akzent auf den Zusammenhang zwischen Militär und wirtschaftlicher Entwicklung setzt. Dazu boten die Vorgänge in den Jahrzehnten um die Jahrhundertwende drastisches Anschauungsmaterial: Der internationale Waffenhandel erlebte in den Jahren vor dem 1. Weltkrieg einen erheblichen Aufschwung – die Rüstung, durch technologische Innovation und wirtschaftliche Interessen angeregt, stieg gewaltig[9]. Insofern bot bereits die damalige Situation Anlaß, über Fragen nachzudenken, die heute unter den Stichworten „Weltmilitärordnung" oder „militärisch-industriell-administrative... Komplexe" erörtert werden[10]. Sie basieren weitgehend auf Thesen, die auf jene Variante des „Militarismus"-Verständnisses und der hier zugrundegelegten Annahmen zurückgehen, sprengen aber den Rahmen der Variante, die sich darauf beschränkte, das Militär zu kritisieren. Die als gesellschaftskritische Variante des „Militarismus"-Begriffes bezeichnete Interpretation sucht nach den sozialen und ökonomischen Ursachen der konstatierten Entgrenzung der beim Staate liegenden Gewalt, die nicht einmal an den Grenzen der Nationalstaaten haltmachen.

c) Nationalistische Kritik und Abwehr

Bei den bisher genannten Versionen des „Militarismus"-Begriffes wurde der Gegner, gegen den sich in irgendeiner Form der Terminus richtete, innerhalb der nationalstaatlichen Grenzen gesucht und seine Verfolgung in Angriff genommen. Das gleiche Muster, einen Gegner mit einem Etikett zu versehen und unter diesem Vorzeichen eine Auseinandersetzung mit ihm zu beginnen, hat auch im zwischenstaatlichen Kontext Anwendung gefunden und die „Militarismus"-Diskussion mit Beiträgen unter-

9 G. W. F. Hallgarten, Das Wettrüsten. Seine Geschichte bis zur Gegenwart, Frankfurt 1976, S. 20-74.

10 Das starke Gewicht der traditionellen Argumentation bei aktuellen Analysen belegt jüngst A. Migolatyev, Militarism – a Threat to International Security, in: International Affairs (Moskau), 1979, 4, S. 20-29, besonders S. 22 ff.

schiedlichen Niveaus bereichert. Im Blick auf den Begriff selbst zeigte sich, in welch hohem Maße er geeignet ist, Propagandaargumente zu transportieren. Diese Variante wird als „nationalistische Kritik" bezeichnet, um anzudeuten, wie im internationalen Zusammenhang der Begriff „Militarismus" in vielen Fällen mit der Absicht eingeführt worden ist, einen Widersacher zu klassifizieren, ohne die an ihm explizierten Kriterien, z. B. für den Fall des „Militarismus", auch mit der gleichen Sorgfalt auf andere Fälle, ja die eigene Geschichte, anzuwenden. Im Zuge eines derartigen Verständnisses von „Militarismus" sind zwar eine Reihe wissenschaftlich fruchtbarer Ergebnisse zutage gefördert worden, sie stehen aber, rückblickend bewertet, stark unter dem Einfluß der für sie konstitutiven Polarität. Die daraus abgeleiteten Maßnahmen, wie sie zum Beispiel die Alliierten nach dem 2. Weltkrieg zur Überwindung des deutschen „Militarismus" ergriffen, haben letztlich zu Resultaten geführt, die die dahinter stehende Absicht in ihr Gegenteil verwandelt und zugleich die zugrundeliegende Konzeption in Frage gestellt haben[11]. Der theoretische wie praktische Umgang mit dem Begriff „Militarismus" in diesem Sinne deckt allerdings eine grundsätzliche Schwierigkeit im Umgang mit dem Terminus auf, denn es erweist sich nahezu als unmöglich, Verursacher und Exponenten des „Militarismus" zu benennen und dingfest zu machen sowie damit dem beabsichtigten Vorgehen im Sinne einer Überwindung des „Militarismus" eine reelle Grundlage zu geben. Der „Militarismus" ist zwar auf individueller Ebene ebenso spürbar wie im Bereich von Politik und Gesellschaft, er wird aber vor allem als kollektives Phänomen rezipiert und begründet. Insofern haben wissenschaftlich anspruchsvolle Arbeiten in diesem Zusammenhang versucht, zu historischen und strukturbezogenen Analysen der Ursachen und Erscheinungsformen des „Militarismus" vorzudringen und Interpretationen der vorhandenen totalitären oder autoritären Staaten mit ihren ausgeprägt kriegerischen Verhaltensweisen zu liefern[12]. Die Resultate derartiger

11 Im Potsdamer Abkommen heißt es: "Der deutsche Militarismus und Nazismus werden ausgerottet, ... damit Deutschland niemals mehr seine Nachbarn oder die Erhaltung des Friedens in der ganzen Welt bedrohen kann."
Das Kontrollratsgesetz Nr. 46 vom 25. 2. 1947 verkündet: "Der Staat Preußen, der seit jeher Träger des Militarismus und der Reaktion in Deutschland gewesen ist, hat in Wirklichkeit zu bestehen aufgehört", zitiert bei: K. Böhme, Der preußische Militarismus in der Histographie der Bundesrepublik und der DDR, in: Mitteilungen der Gesellschaft der Freunde der Universität Mannheim, 23, 1974, 2, S. 32-47, S. 35.

12 H. Lasswell, The Garrison State (1941), in: L. Bramson/G. W.Goethals (edd), War. Studies from Psychology, Sociology, Anthropology, [2]London/New York 1968, S. 317-327, entwickelt das Konzept vom Kasernenstaat, das er im Jahr 1962 noch einmal aufnimmt.

wissenschaftlicher Bemühungen haben wichtige Voraussetzungen für die weitere wissenschaftliche Beschäftigung mit dem Verhältnis zwischen Militär und politischer, gesellschaftlicher sowie wirtschaftlicher Entwicklung geschaffen, jetzt jedoch unter Berücksichtigung der dominierenden Ost-West-Konfrontation und des sich verschärfenden Nord-Süd-Gegensatzes.

Als weitere, allerdings auf das Gegenteil zielende Beiträge zur „Militarismus"-Diskussion können jene Erwiderungen eingestuft werden, die plakativ oder mit wissenschaftlicher Gründlichkeit den Vorwurf des „Militarismus" zurückweisen. Sie betrachten die als solche bezeichneten Vorgänge und Phänomene als einmalige Ereignisse in der Geschichte, aus denen keine ständige Verpflichtung oder Verantwortung abgeleitet werden kann. Unter diesem Aspekt lassen sie sich ebenfalls dieser Variante zuordnen, weil sie sich bemühen, die Sachverhalte so darzustellen, daß jener Vorwurf nicht zutrifft. Mit dem Werk von Gerhard Ritter „Staatskunst und Kriegshandwerk. Das Problem des Militarismus in Deutschland" wurde der Versuch unternommen, die Haltung des preussisch-deutschen Soldaten gegenüber Politik und Krieg angesichts der „historisch-einzigartige(n) Situation, daß es die Soldaten sind, die sich gegen den blinden Militarismus der zivilen Staatsführung zu wehren haben"[13], wie sie zwischen 1933 und 1945 gegeben war, zu interpretieren.

Obwohl in ihrer Materialaufbereitung bis zur Zeit des Endes der Monarchie beschränkt, fiel die Publikation in eine Phase der geistigen Auseinandersetzung in Deutschland, in der es um die Ursachen des Zusammenbruches von 1945 ging, in der dem „Militarismus" gewollt oder ungewollt ein erheblicher Umfang an Schuld dafür zugeschrieben wurde und der Imperativ künftiger Politik auf deutschem Boden im Blick auf Militär, Rüstung, Krieg mit den Worten „Nie wieder!" formuliert wurde. In dieser Situation wurden die Thesen Ritters zum Ausgangspunkt heftiger Kontroversen, während derer der „Militarismus" als Vorwurf der Schuld, als Selbstanklage oder als Rechtfertigung zwischen den verschiedenen politischen, militärisch oder geistig Verantwortlichen bzw. den Interpreten ihrer jeweiligen Rolle hin- oder hergeschoben wurde[14]. Trotz der Intensität der anhand des deutschen Beispiels geführten Debatte wird – aus der Distanz der dazwischenliegenden Jahre gesehen – eine für das Maß der persönlichen Betroffenheit der Beteiligten charakteristische Reduktion des Problemes „Militarismus" vorgenommen. „Militarismus" wird vornehmlich als unkontrollierte und illegitime Anwen-

13 G. Ritter, Staatskunst und Kriegshandwerk. Das Problem des "Militarismus" in Deutschland, 4 Bde., München 1954-1968, Bd. 2, S. 7.

14 Einen Überblick gibt Messerschmidt, a. a. O. (Anm. 5), S. 130-146.

dung von Gewalt gegen einen äußeren Feind interpretiert, der sich keine innergesellschaftlichen Kräfte entgegenstellen.

Die hier als dritte Bedeutungsvariante des Begriffes „Militarismus" vorgestellte Version reflektiert ebenso wie die beiden anderen einen spezifischen Kontext, der hier mit dem zeitlich parallel dazu verlaufenden Vorgang der Wiederbewaffnung der beiden Staaten auf deutschem Boden gegeben ist. Militär und Anspruch oder Hoffnung auf nationale Souveränitäten rücken in den Mittelpunkt öffentlicher Diskussion und verlocken in dem Maße, in dem ihre Zweckmäßigkeit und Legitimität umstritten sind, zur Polemik, aber auch zum Rückgriff auf historische Diskussionszusammenhänge. Für beides scheint der Begriff „Militarismus" gut geeignet.

3. Die Renaissance des Begriffes „Militarismus"

Nach der nunmehr mehr als zwanzig Jahre zurückliegenden Diskussion über „Militarismus" hat der Begriff in jüngerer Zeit eine Wiederbelebung erfahren, deren Resultate sich auf verschiedenen Ebenen der Wissenschaft, Publizistik und Politik niedergeschlagen haben. Dabei sind dem Ausdruck selbst kaum neue Qualitäten abgewonnen worden, jedoch hat er erneut seine erhebliche Anziehungs- und Integrationskraft sowie Flexibilität bewiesen, als es darum ging, neuartige politische, sozio-ökonomische oder/und kulturelle Entwicklungen zu identifizieren und zu benennen. Angesichts der Renaissance des Begriffes „Militarismus" stellt sich die Frage nach der Endlichkeit sprachlicher Ausdrucksformen für sich wandelnde Wirklichkeiten. Obwohl an vielen Stellen, besonders aber im Bereich der Sicherheits- und Militärpolitik, konstatiert wird, die Situation der Gegenwart sei mit keiner früheren zu vergleichen, werden alte, traditionelle Begriffe stets wieder neu entdeckt, teilweise ihres historischen Ballasts entladen, teilweise aber ungefragt übernommen und einschließlich der mit ihnen verbundenen Implikationen wieder verwendet. Insofern – das zeigt die Geschichte des Begriffes „Militarismus" exemplarisch – ist es unmöglich, eine Definition von „Militarismus" im Sinne einer eindeutigen Entscheidung oder Unterscheidung zu liefern[15]. Er teilt dieses Schicksal mit vielen anderen sozialwissenschaflich ge-

15 H. M. Kepplinger, Probleme der Begriffsbildung in den Sozialwissenschaften. Begriff und Gegenstand Öffentliche Meinung, in: Kölner Zeitschrift für Soziologie und Sozialpsychologie, 29, 1977, 2, S. 233-260, S. 243.

bräuchlichen Begriffen, denen es nur schwer gelingt, Gegenstände der Alltagserfahrung in einem Maße zu abstrahieren, daß sie mit Definitionen und Theorien abgedeckt werden können, die dem Anspruch gerecht werden, mehr als nur Stücke derselben zu sein.

3.1. Die Fundierung des Begriffes

Nach der umfangreichen Monographie Alfred Vagts'[16], deren Grundzüge bereits vor dem 2. Weltkrieg entwickelt und vorgelegt wurden, ist – soweit zu sehen – kein umfangreicheres Buch mehr erschienen, das sich ausschließlich dem Begriff „Militarismus" und seiner Geschichte gewidmet hätte. Auch die Studie von Vagts selbst betrachtet die Entwicklung der modernen Streitkräfte, des Verhältnisses zwischen ihnen und ihrem jeweiligen sozialen und politischen Hintergrund sowie der Beziehung zwischen den militärischen Führern und den nicht-militärischen, den zivilen Machthabern. Insofern knüpft das inhaltliche Verständnis von „Militarismus" an jene Problemstellungen an, die der Variante liberaler Provenienz zugeordnet worden waren. Auch der Versuch Volker Berghahns[17], in Form einer gezielten Zusammenstellung von einschlägigen Texten die Entwicklung und Breite des Begriffes darzustellen, sah sich in ersten Reaktionen dem berechtigten Vorwurf ausgesetzt, wesentliche, neue Aspekte, vor allem in Bezug zu Vorgängen in der Dritten Welt, unberücksichtigt gelassen zu haben[18]. Gleichwohl ermöglicht die Textsammlung noch einmal den Zugriff zu sonst verstreuten Materialien, die der Eigenschaft des Begriffes entsprechend unter Gesichtspunkten der Opportunität und der Wirksamkeit entstanden und plaziert worden sind.

Allerdings kann sich heute jeder Umgang mit dem Begriff „Militarismus" auf eine Reihe sorgfältig bearbeiteter Artikel in einschlägigen Handbüchern und Lexika beziehen, in denen die Geschichte und Wirkung des Terminus ausführlich dargestellt worden sind. Sie versuchen in unterschiedlichem Maße den Rahmen, in dem sich der Begriff im Verlaufe seiner Geschichte jeweils bewegt hat, einzubeziehen und geraten auf diese Weise zu mehr oder minder ausführlichen Darstellungen des Verhältnisses zwischen Militär und Politik und der hier konstitutiven Faktoren. Trotz des unbezweifelbaren Strebens der einzelnen Beiträge,

16 A. Vagts, A History of Militarism, [2]London 1959.

17 V. Berghahn (ed), Militarismus, Köln 1975 (Neue Wissenschaftliche Bibliothek, 83).

18 W. v. Bredow, Zur Militarismus-Diskussion, in: Politische Vierteljahresschrift, 17, 1976, 3, S. 379-381, S. 380.

den Begriff und das Problem des „Militarismus" in gebotener wissenschaftlicher Neutralität abzuhandeln, entzieht sich der Gegenstand immer wieder dieser Absicht und läßt im Verlauf der Darstellungen Bestandteile der genannten Bedeutungsvarianten mit unterschiedlicher Intensität zum Vorschein kommen. Die Aspekte der gegenwärtigen Militarismus-Diskussion lassen sich exemplarisch an drei verschiedenen Beiträgen aufzeigen.

a) „Militarismus" und Modernisierung

Ein Artikel, der im Jahr 1968 in einem englischsprachigen Lexikon erschien[19], nahm in seiner Präsentation jenen Strang der angelsächsischen Diskussion auf, der die Geschichte des Begriffes eng mit der Auseinandersetzung um den Weg zu Demokratie oder Diktatur im Zuge der Industrialisierung verknüpft. Japan und Deutschland gelten in diesem Kontext als klassische Exponenten eines „Militarismus", der sich in Politik, Führerpersönlichkeiten und dominierenden Geisteshaltungen dieser Staaten dingfest machen ließ. Jedoch erfolgt die Skizzierung unter dem Gesichtspunkt, hier Kriterien für die Beurteilung von Vorgängen zu finden, die auch unter anderen sozio-ökonomischen, politischen oder geistigen Bedingungen bei dem Übergang von einer feudal ausgerichteten Agrargesellschaft zu einer Industriegesellschaft stattfinden. Der Begriff „Militarismus" wird auf seine Fruchtbarkeit im Blick auf die Analyse der Beziehung zwischen Militär und Politik in der Dritten Welt befragt, ohne daß hier den Sozialwissenschaften, die seit den sechziger Jahren in einer Fülle von Erklärungsmodellen schwammen, klärende Antworten gegeben würden. Sie sahen sich der Situation gegenüber, daß in zahlreichen Entwicklungsländern Militärs an die Macht kamen. Die neuen Regime versprachen, traditionelle, politische und sozio-ökonomische Strukturen zu überwinden und den wirtschaftlichen sowie gesellschaftlichen Fortschritt zu realisieren. Diese Versprechen blieben in der Mehrzahl der Fälle jedoch unerfüllt, allerdings um den Preis, daß zu der Zerrüttung der wirtschaftlichen und gesellschaftlichen Verhältnisse noch das politische System „militarisiert" wurde. Im Gebrauch des Begriffes „Militarismus" flossen die Hoffnungen auf die Innovationskapazität des Militärs und die Einsicht in die Faktizität autoritärer Herrschaft zusammen.

Der Wert des damit unternommenen Versuches liegt darin, bestimmte, schon bekannte Termini zur Reflexion neuer Probleme heranzuziehen – eine Absicht, die zugleich wieder die Gefahr in sich birgt, mit einem vorherbestimmten Begriffssystem die angetroffene Realität zu erdrücken.

19 L. I. Radway, Militarism. Stichwort in: D. L. Shills (ed), International Encyclopedia of the Social Science, Bd. 10, New York 1968, S. 300-305.

20 Der Vorgang wird ausführlicher unter 4. 2. geschildert.

b) „Militarismus" im Ost-West-Vergleich

Der Beitrag unter dem Stichwort „Militarismus" in der Enzyklopädie „Sowjetsystem und demokratische Gesellschaft"[21] schöpft seine Anregungen aus dem zugrundeliegenden komparativen Ansatz, indem die aus der Variante sozialistischer Herkunft heraus entstandene „Militarismus"-Diskussion mit anderen Aspekten der Geschichte des Begriffes und der von ihr berührten Probleme verglichen wird. Entsprechend dem hohen Stellenwert, den der „Militarismus" in Denken und Praxis marxistisch-leninistischer Prägung einnimmt, wird auch die vergleichende Darstellung breit angelegt. Der Akzent liegt dabei auf dem „zivilen Militarismus" – jenen Erscheinungsformen des „Militarismus", deren Träger nicht die Streitkräfte selbst sind. Von ihnen geht vielmehr eine Ausstrahlungskraft aus, die die Begeisterung der Nicht-Militärs für militärische Ziele fördert. Eine solche inhaltliche Assimilation des nicht-militärischen Sektors von Gesellschaft und Politik an militärisch orientierte Vorstellungen vollzieht sich parallel zur Entwicklung auf dem militärischen Sektor: Die Vorbereitung und Durchführung militärischer Aktionen ist gegenwärtig ebensowenig von den Streitkräften allein zu leisten, wie die Folgen solcher Aktivitäten sich nur auf diese beziehen. Im Gegenteil, die Praxis bewaffneter Konflikte hat heute jede Unterscheidung zwischen militärischem und nicht-militärischem Bereich unnötig werden lassen. Die Darstellung der Enzyklopädie konzentriert sich jedoch auf das Beispiel der deutschen Geschichte und schildert erst in einem knapp gehaltenen Ausblick, wie sich nach 1945 der „Militarismus" als ursprünglich „kontinentales Problem"[22] in anderen Staaten, vor allem in den USA manifestiert hat. Insofern finden sich kaum Anregungen zu einer aktualitätsbezogenen Verwendung des Ausdruckes, im Gegenteil, ein solches Unterfangen wird im Zusammenhang mit der Schilderung, wie der Begriff in der DDR-Historiographie aufgenommen worden ist, als Versuch verworfen, unangemessene Kontinuitäten herzustellen[23]. Ein Nachteil des komparativen Ansatzes zeigt sich in der Bewertung, die dem Faktor: Wirtschaft für das Entstehen eines „Militarismus" zuteil wird, sei es in Deutschland, sei es in anderen Kontexten. Da vor allem die „sozialistische" Tradition diesen Zusammenhang thematisiert hat, fehlt er in den damit kontrastierenden Abschnitten nahezu vollständig,

21 J. Erickson/H. Mommsen, Militarismus. Stichwort in: C. D. Kernig (ed), Sowjetsystem und Demokratische Gesellschaft. Eine vergleichende Enzyklopädie, Bd. 4, Freiburg/Basel/Wien 1971, Sp. 528-568.

22 A. a. O., Sp. 548.

23 A. a. O. (Anm. 10), in einem solchen Sinne würden auch Untersuchungen abgelehnt werden, wie sie z. B. Migolatyev unternommen hat, nämlich aktuelle militärische Probleme unter dem Stichwort "Militarismus" abzuhandeln.

was auf ein Defizit des dann vermittelten Bildes hinausläuft, gleichzeitig aber ein Schlaglicht auf die Polarisierung wirft, die ein Begriff wie „Militarismus" selbst noch in einer als „wissenschaftlich" deklarierten Darreichungsform hervorruft.

c) „Militarismus" und Begriffsgeschichte

Die jüngste und zugleich anspruchvollste Darstellung der Geschichte des Begriffes „Militarismus" findet sich in einem historischen begriffsgeschichtlichen Wörterbuch[24]. Die Tatsache, daß in einer Sammlung „Geschichtliche Grundbegriffe" ein Abschnitt mit dem Stichwort „Militarismus" aufgenommen wurde, verweist auf die dem Terminus zugeschriebene Relevanz, die Art und Weise, wie dessen Wirkungsgeschichte beschrieben wird, offenbart jedoch die Skepsis und die Restriktionen, die man im Umgang mit dem Ausdruck angewandt wissen will. Mit einer Reduktion auf den Wortstamm des Wortes „Militarismus", der im Adjektiv „militaire" zu suchen ist[25], und der Darstellung, wie sich in Europa, vor allem in Frankreich und in Deutschland, verschiedene Organisationsformen militärischer Gewalt herausgebildet haben, läuft die Analyse auf die als zentral angenommene Fragestellung zu, wie das Militär in die gesellschaftliche und politische Ordnung eines Staatswesens eingegliedert sei. „Militarismus" erscheint in diesem Zusammenhang als ein Ausdruck, der seine Lebenskraft aus den verschiedenen Zweigen der Kritik am Militär und dem mit ihm identifizierten Gedankengut, an Krieg und an Rüstung, schöpft, sich aber zugleich darin erschöpft. Gleichzeitig wird ihm eine beschränkte Lebensdauer zugeschrieben, die ihr Ende mit der deutschen Niederlage im 2. Weltkrieg gefunden und damit das Problem des „Militarismus" gleichsam begraben habe. Daß das Verhältnis zwischen Militär, Politik, Wirtschaft und Gesellschaft noch einmal, gar unter Umständen bundesdeutscher Wirklichkeit, zu einem Problem werden könnte, das sich mit dem Wort „Militarismus" identifizieren lasse, wird mit einem Hinweis auf das Konzept des „Staatsbürgers in Uniform" ausgeschlossen. Inzwischen hat jedoch die bereits über zwanzigjährige Geschichte der Streitkräfte in der Bundesrepublik gezeigt, daß die Integration des Militärs bei weitem noch nicht erreicht ist[26].

24 W. Conze/M. Geyer/R. Stumpf, Militarismus, in: O. Brunner/W. Conze/R. Kosellek (edd), Geschichtliche Grundbegriffe. Historisches Lexikon zur politisch-sozialen Sprache in Deutschland, Bd. 4, Stuttgart 1978, S. 1-47.

25 In romanischen Sprachen wie dem Französichen oder Portugiesischen ist das Adjektiv auch substantivisch zu verwenden und bezieht sich auf den Soldaten, inbesondere den Landsoldaten.

26 Vgl. als Reaktion auf die jüngste Diskussion die Beiträge in: Das Parlament vom 29. 11. 1980. Themenausgabe Bundeswehr.

Entsprechend der Absicht des Artikels erfährt man über Begriffsgeschichte, vor allem in Bezug auf die deutsche Geschichte, viel, wird jedoch in Bezug auf die Wirkung und Bewertung des Begriffes für die Zeit nach 1918, auch im Blick auf Vorgänge außerhalb des deutschsprachigen Horizontes im Stich gelassen.

3.2. Neue Forschungsansätze

Obwohl manche Beobachter der politischen wie wissenschaftlichen Szene müde werden, sich mit dem Begriff „Militarismus" auseinanderzusetzen und ihn lieber von der Tagesordnung wissenschaftlicher Debatten gelöscht sehen wollen[27], hat der Terminus seit der Mitte der sechziger Jahre erneut seinen Reiz entfaltet, komplexe Probleme auf einen Nenner zu bringen. Im einzelnen lassen sich gegenwärtig folgende Bereiche ausmachen, in denen der Begriff des „Militarismus" verwandt wird:

a) Militär und Politik in der deutschen Geschichte

Der Streit um das Verhältnis zwischen Militär und Politik in der deutschen Geschichte ist, angeregt durch neue Forschungsansätze und methodische Überlegungen, wieder in den Vordergrund der Diskussion gerückt. Damit werden Anregungen aufgenommen, die sich aus den hitzigen Debatten um die Interpretation der deutschen Kriegsziele im 1. Weltkrieg ergeben hatten und in einen Zusammenhang mit der Entwicklung gebracht, die zum 2. Weltkrieg und dem Zusammenbruch des Deutschen Reiches führte[28]. Ausgehend von der Analyse des außer-konstitutionellen Einflusses militärischer Kräfte in der Politik und der Dominanz militärischer Werthaltungen in Politik und Gesellschaft drang man weiter vor zur Frage nach dem Verhältnis von Krieg und industrieller Gesellschaft, zur Frage nach den Formen und der Rolle organisierter Gewalt in politischen und gesellschaftlichen Zusammenhängen oder zur Frage nach außen- und innenpolitischen Zielvorstellungen und ihren Wechselwirkungen[29]. Die thematische Arbeit steht an dieser Stelle in einer produktiven Konkurrenz zu Anstrengungen, die im Bereich der DDR-Geschichtsschreibung auf diesem Gebiet unternommen werden und Teile

27 G. Mann, Militarismus im Wandel, in: Süddeutsche Zeitung vom 22. 7. 1972.

28 Anregungen dazu gab bereits W. Sauer, Die politische Geschichte der deutschen Armee und das Problem des Militarismus, in: Politische Vierteljahresschrift, 6, 1965, 3, S. 340-353, S. 347 und 353.

29 M. Geyer, Die Geschichte des deutschen Militärs von 1860 bis 1945. Ein Bericht über die Forschungslage, in: H.-U. Wehler (ed), Die moderne deutsche Geschichte in der internationalen Forschung 1945-1975, Göttingen/Zürich 1978 (=Geschichte und Gesellschaft, Sonderheft 4).

der gesellschaftskritischen Tradition des Militarismus-Begriffes fortführen[30]. Der Begriff „Militarismus" bewährt sich in der Beschreibung von Zusammenhängen zwischen scheinbar disparaten Problemen, wenngleich seine Verwendung bei den beteiligten Wissenschaftlern auch immer wieder Skrupel weckt, ob der Begriff hinreichend tragfähig und mit den Absichten von Analyse und Schlußfolgerungen noch vereinbar sei.

b) „Militärisch-industrieller- ... Komplex"

Losgelöst von der deutschen Geschichte haben Entwicklungen auf dem Gebiet des strategischen Denkens, der Waffenentwicklung mit ihren wirtschaftlichen und technischen Implikationen nach dem 2. Weltkrieg dazu geführt, den Begriff „Militarismus" erneut aufzunehmen und ihn auf diese Verhältnisse insgesamt anzuwenden, insbesondere aber auf die in Ost und West weithin anzutreffende Bereitschaft in Politik und Öffentlichkeit, diese Entwicklungen hinzunehmen oder zu stützen[31]. Der Ausdruck „Militarismus" konkurriert hier mit den Versuchen, die Zusammenhänge in Gestalt von Komplexen zu erfassen, deren Vorhandensein man unterstellt und die dann die Gestalt von Ungetümen annehmen. wie „politisch-ideologisch-militärisch-wissenschaftlich-technologisch-industriell-administrativer Komplex"[32]. In der Zusammenschau von Politik, Militärstrategie, Rüstungstechnologie und wirtschaftlicher Entwicklung knüpft der Gebrauch des Begriffes „Militarismus" wieder an ursprüngliche Konnotationen an, wenn auch inzwischen die Gefahren für das menschliche Überleben bis ins Unvorstellbare gewachsen sind. Die steigenden Kosten für das weltweite Rüsten, der Bedeutungszuwachs der Militärmacht allerorten sowie die Bindung von Menschen und von materiellen Ressourcen an militärische Aufgaben wecken insgesamt das Bedürfnis, einer solchen Entwicklung entgegenzutreten. Das setzt eine profunde Analyse der Zusammenhänge voraus, die dazu beiträgt, Entscheidungsziele, -träger und -mechanismen ausfindig zu machen und nach Alternativen zu suchen. Im Verlauf einer solchen Interpretation und Verwendung des Begriffes „Militarismus" taucht ein traditionelles Element der ursprünglichen Praxis wieder auf, aus der Analyse unmittelbar aktionsbezogene Schritte abzuleiten und damit den appellativen Gehalt des Terminus auszunutzen.

30 H. Giertz/W. Küttler, Zur Inhaltsbestimmung und historischen Dimension des Militarismusbegriffes, in: Militärgeschichte, 15, 1976, 4, S. 407-417.

31 D. Senghaas, Rüstung und Militarismus, Frankfurt 1972 (=edition surkamp 498).

32 U. Albrecht, Theoreme vom "militärisch-industriellen Komplex"–eine kritische Bestandaufnahme, in: W. v. Bredow/G. Kade (edd), Abrüstung. Politische Voraussetzungen, sozio-ökonomische Folgen, Aufgaben der Wissenschaftler, Köln 1978 (kleine Bibliothek, 118), S. 75-94.

c) „Neue Weltmilitärordnung"

So wie in der ursprünglichen Diskussion über Militarismus" der Vorgang der Übertragung militärischer Ziele und Denkweisen auf andere Bereiche im Mittelpunkt des Interesses gestanden hatte, so ist unter dem Eindruck der zunehmenden Aufrüstung in den Entwicklungsländern dieses Moment der Übertragung erneut in den Vordergrund gerückt. Allerdings wird jetzt nicht mehr zwischen militärischem und nicht-militärischem Sektor innerhalb eines politischen Systems, in der Regel eines Nationalstaates, unterschieden, sondern es geht um die Implementierung jener militärischen Strategien, Techniken und Instrumentarien in Teilen der Welt, die ursprünglich von der Rüstungsdynamik und ihren ökonomischen, sozialen und politischen Begleiterscheinungen weitgehend ausgespart blieben. Die hier verfügbaren Mittel reichten bis in die sechziger Jahre nur zum Ankauf veralteter technischer Systeme oder von Einzelstücken aus, das Militär war weitgehend von anderen Aufgaben absorbiert, und die Staaten waren entweder Bestandteil fest umrissener Interessengebiete einzelner Hegemonialmächte oder lagen am Rande des weltpolitischen Geschehens. Die Entwicklung in den sechziger und siebziger Jahren hat jedoch diesen Zustand in einem Maße verändert, daß es angezeigt ist, parallel zur „Neuen Weltwirtschaftsordnung" auch von einer „Neuen Weltmilitärordnung" zu sprechen[33]. Im einzelnen haben u. a. folgende Faktoren dazu geführt:

- Aufrüstung in Form von angeschwollenen Rüstungsexporten in Entwicklungsländer und in Gestalt einer sich ausbreitenden Produktion von Waffen in den Entwicklungsländern selbst;
- Bedeutungszuwachs des Militärs in nationalen und internationalen Zusammenhängen in Gestalt der größer werdenden Zahl autoritärer, sich auf die Streitkräfte stützender Regime und in Form von ausformulierten umgreifenden Doktrinen und Strategiekonzepten;
- Globalisierung militärischer Spannungen und Konflikte: Lokale oder regionale Gegensätze werden zu Teilen von Auseinandersetzungen zwischen den beiden militärischen Großmächten. Politische und wirtschaftliche Abhängigkeitsverhältnisse zwischen Industrie- und Entwicklungsländern werden unter Aufbietung militärischer Mittel aufrecht erhalten.

Die Komplexität der Zusammenhänge, denen gleichwohl insgesamt die manifeste Präsenz von Gewalt, organisiert in Form von Militär, eigen ist, hat dazu geführt, den Begriff „Militarismus" erneut anzuwen-

33 Vgl. dazu den Beitrag von M. Brzoska in diesem Band.

den[34], ihn jedoch um den Begriff „Militarisierung" zu erweitern, um die Dynamik von Entwicklungen zu erfassen. Gleichzeitig wurde der Begriff „Militarismus" ein Bestandteil jener umfangreichen Diskussion über die Ursachen des Entwicklungsgefälles und der weltweiten Abhängigkeiten der Entwicklungsländer von den Industriestaaten.

d) Erweiterungen des Begriffes „Militarismus"
Der im Zuge der Begriffsgeschichte immer wieder aufgetretene Effekt, daß eine Vielzahl von Phänomenen in der politischen und gesellschaftlichen Wirklichkeit mit dem Ausdruck „Militarismus" belegt worden ist oder dazu auffordert, hat den Begriff um verschiedene Interpretationen erweitert, die weit über den ursprünglichen Rahmen der Verwendung hinausreichen:

- Man versucht, den Begriff „Militarismus" dadurch schärfer zu fassen, daß man ihn mit einem Präfix versieht und dadurch angibt, worauf man ihn bezogen wissen will. Auf diese Weise sind im Lauf der Zeit neue Begriffe entstanden, wie „Rüstungsmilitarismus", „Paramilitarismus", „Gesinnungsmilitarismus" oder „industrieller Militarismus"[35]. In der Regel handelt es sich bei derartig bezeichneten Problemen um solche, bei denen in einem bestimmten Bereich nach den Einwirkungen und Verbindungen des Militärischen – bezogen auf die Streitkräfte oder vergleichbare Organisationen – gefragt wird.
- Der Begriff „Militarismus" regt dazu an, korrespondierende Probleme zu erforschen, die teilweise auch im „Militarismus" zum Ausdruck kommen. So hat E. W. Russell auf Grund seiner Untersuchungen zum Verhältnis zwischen Christentum und Militarismus auf die Bedeutung des psychologisch wirksamen autoritär-punitiven Komplexes aufmerksam gemacht. Er sieht in der individuellen wie gesellschaftlichen Einstellung zur Autorität ein wichtiges Kriterium, ob sich militärische Verhaltensweisen durchsetzen oder nicht[36].
- Schließlich hat die Einsicht in die Schwäche zahlreicher Definitionen von „Militarismus", gepaart mit der dazu kontrastierenden Feststel-

34 Aus den Arbeiten der Pugwash-Konferenz über Militarismus und Nationale Sicherheit und der Studiengruppe über Militarismus der International Peace Research Association (IPRA) ist hervorgegangen das Buch: A. Eide/M. Thee (edd), Problems of Contemporary Militarism, London 1980.

35 Vgl. Beiträge zum Wissenschaftlichen Kolloquium "Militarismus-Forschung" des Arbeitskreises "Militär und Sozialwissenschaften" in Gummersbach (23.-25. März 1979).

36 E. W. Russell, Christentum und Militarismus, in: W. Huber /G. Liedke (edd), Christentum und Militarismus, Stuttgart 1973 (=Studien zur Friedensforschung, 13), S. 21-109, S. 25.

lung, daß der „Militarismus" gegenwärtig weltweit eine Realität ist, dazu geführt, den Terminus in den Rang eines analytischen Instrumentes zu erheben[37]. Zu diesem Zweck wird er durch den Ausdruck „Militarisierung" ergänzt, um dem Prozeßcharakter von Entwicklungen besser gerecht zu werden. Ausgehend von der These, „Militarisierung" und „Militarismus" erreichten in diesem Jahrzehnt gerade in den Entwicklungsländern ihren Höhepunkt, wird unterschieden zwischen der beschreibenden Funktion des Begriffes, den Indikatoren des Phänomens und den Faktoren, die zum „Militarismus" oder der „Militarisierung" beitragen. Mit einer derartigen Differenzierung ist der Begriff über weite Strecken hinweg wissenschaftlich hoffähig geworden.

4. Neue Akzente in der Diskussion

4.1. Begriffsannäherungen statt Definition

In der Literatur gipfeln zahlreiche Auseinandersetzungen mit dem „Militarismus"-Begriff und den von ihm bezeichneten Problemen in dem Versuch des jeweiligen Autors, aus der Kritik bereits vorhandener Definitionsansätze heraus diesen noch eine eigene, neue, mehr oder minder originelle Version hinzuzufügen. Solche Unternehmungen basieren entweder auf einer Kombination bereits genannter Elemente von Definitionen oder auf situationsbezogenen Zuspitzungen, wobei andere mögliche Komponenten wieder ausgeblendet werden. Die Bemühungen, angesichts der unklaren begrifflichen Grundlagen hier erst einmal ein solides Fundament zu schaffen, führen in nicht wenigen Fällen dazu, daß letztlich Leerformeln produziert werden, die den Definitionsgegenstand aus sich selbst heraus zu erklären suchen, ohne Vergleichsmaßstäbe oder Bezugspunkte anzugeben. So lautet beispielsweise eine Definition von „Militarismus", die aus einem umfassenden Arbeitszusammenhang hervorgegangen ist[38]:

> "*Militarisierung* wird hier definiert als die Übertragung militärischer Leitbilder auf den politischen, sozialen und ökonomischen Bereich sowie auf die auswärtigen Beziehungen eines Staates. Als militarisiert bezeichnen wir eine Gesellschaft bzw. eine Regierung, deren Struktur, Ideologie und Verhalten sich an diesen Leitbildern orientiert. *Militarismus* wird hier definiert als das noch weitaus beunruhigendere Resultat dieses Übertragungsprozesses."

37 U. Albrecht, Militarismus und Unterentwicklung, in: epd-Entwicklungspolitik 22/1978, S. e-j, S. e.
38 In: Glion I. Militarismus-Konsultation des Weltkirchenrates, 1977, epd-Dokumentation, 1978, 22-23, S. 3-4.

Sie erklärt zwar, wie verschiedene Sektoren des öffentlichen Lebens aufeinander einwirken, bleibt aber in ihrer Aussage unbefriedigend, wenn die Inhalte des Vermittlungsvorganges interpretiert werden sollen, wobei sie sich auf die Verbindung von „Militarismus" und Militär zurückzieht. Angesichts der Schwierigkeiten, zu einer Definition des Begriffes „Militarismus" zu gelangen, stellt sich die Frage, ob die Art und Weise, in der der Ausdruck „Militarismus" verwandt wird, überhaupt zuläßt, ihn im strengen Sinne einer wissenschaftlichen Begriffsbildung zu unterwerfen, denn einerseits beschreibt er nur Phänomene unter einem vorgegebenen Gesichtspunkt, andererseits konzentriert er sich darauf, Strukturen zu erfassen. Es bleibt offen, was die Einheit des Begriffes schafft: Sind es letztlich nur das negative Moment oder die Gegnerschaft gegenüber Entwicklungen oder Zuständen, die dem Terminus seine Tapferkeit verleihen?

So sehr es auch angezeigt sein mag, sich nicht auf einen eindeutigen Begriff von „Militarismus" festzulegen und lieber im Bereich der umgangssprachlichen Mehrdeutigkeit zu verbleiben, so lassen sich aus den Varianten, die sich im Verlauf der Diskussion entwickelt haben, doch Gesichtspunkte herausfiltern, die überall anzutreffen sind. Im folgenden seien diese Gemeinsamkeiten inhaltlicher Art genannt, verbunden mit Hinweisen auf die formale Gestalt des Terminus „Militarismus". Eine Zusammenstellung unter inhaltlichen und formbezogenen Aspekten ist angesichts der dargestellten Vielfalt von Inhalten und Anwendungsmöglichkeiten sinnvoll und soll den Mangel an einer zureichenden Definition letztlich abdecken. Der Terminus hat diese Schwierigkeit überlebt, und er wird, allen entsprechenden Versuchen zum Trotz, sich auch nicht aus der wissenschaftlich-politischen Reflexion und Publizistik eliminieren lassen. Insofern wird man seiner vermutlich am ehesten durch verschiedene Anläufe der Annäherung Herr, hat man sich überhaupt einmal dafür entschieden, den begriffsorientierten Zugang zu wählen. Von seiner Form her weist der Begriff „Militarismus" verschiedene Eigenschaften auf, die ihn einerseits interessant machen, andererseits aber den Umgang mit ihm erschweren:

a) Der Begriff des „Militarismus" entwickelt seine Anziehungskraft, wenn Probleme zur Sprache kommen, deren Aktualität in den Bereich politischen Handelns hineinreicht, aber auch das wissenschaftliche Interesse auf sich zieht. Die Auseinandersetzung mit ihnen ist in der Regel von einem beträchtlichen Maß an Sensibilität bei den Betroffenen für die damit aufgegriffenen Fragen verbunden. Insofern schwingen im Umgang mit dem Terminus auch Emotionen mit.

b) Der Begriff „Militarismus" zeugt von einem Maß an Mehrdeutigkeit, das geeignet ist, den Eindruck von Eindeutigkeit zu erwecken und gleichzeitig zuzulassen, dem Begriff eine ganze Reihe von Phänomenen ohne weitere Verknüpfung zuzuordnen. Wird eine Verbindung zwischen ihnen hergestellt, so geschieht dies erst auf der Ebene der zusammenfassenden Etikettierung. Das Ausmaß an immanenter Unbestimmtheit macht einen erheblichen Teil der Attraktivität des Begriffes aus.

c) Der Begriff „Militarismus" entfaltet an jenen Stellen das größte Maß an Transparenz, an denen er sich auf die Übertragung oder Vermittlung bezieht, gleichgültig, ob es sich um militärische Werte, Waffen oder Formen von Abhängigkeiten handelt. Insofern erweist er sich als gleichermaßen sinnvoll für die Beschreibung von Strukturen wie von Phänomenen. Gleichzeitig bemüht man sich, den Charakter eines Prozesses herauszustellen, wie es in der Hinzufügung des Wortes „Militarisierung" zum Ausdruck kommt.

d) Dem Begriff „Militarismus" ist seit seinen Ursprüngen ein Unterton der Polemik eigen. Der aggressive Charakter des Begriffes richtet sich, je nach Kontext, gezielt gegen Personen, Institutionen oder Entwicklungen. Der Begriff wurde jeweils ins Spiel gebracht, um publizistisch wirksam einen Gegner zu attackieren. Selbst in Fällen, in denen der Ausdruck nicht in dieser Absicht verwandt worden ist, ist er immer wieder von anderen, die sich in solchem Sinne angegriffen fühlten, so aufgefaßt worden. Der Begriff „Militarismus" fördert die Polarisierung.

e) Der Begriff „Militarismus" hat eine ausgeprägt appellative Eigenschaft, d.h. er dient weniger dazu, Erklärungen zu liefern, als vielmehr dazu, Zusammenhänge zu konstatieren, die nach Aktionen verlangen. Das mag den wissenschaftlichen Ertrag bei dem Umgang vermindern, fördert aber seine Attraktivität und Wirkung in der Öffentlichkeit.

Befragt man die vorliegenden Begriffsbestimmungen von „Militarismus" auf die ihnen zugrundeliegenden Annahmen, so lassen sich folgende Gesichtspunkte festhalten:

f) Das Moment der Unterscheidung zwischen einem militärischen Sektor und nicht-militärischen Sektoren des öffentlichen Lebens, das für die Begriffsbildung konstitutiv war, hat sich in irgendeiner Form bei jeder Version des Begriffes „Militarismus" erhalten. Der mit „Militär" klassifizierte Sektor braucht nicht immer mit dem Wirkungsfeld der Streitkräfte insgesamt identisch zu sein. In der Regel bezieht er sich auf Ausschnitte, so z.B. das Offizierskorps, deren Grenzen jedoch nicht immer eindeutig ausgewiesen sind. Der als „militärisch" apostrophierte Bereich wird in vielen Fällen negativ beurteilt.

g) Die verschiedenen Definitionen versuchen nun, die Struktur des Verhältnisses zwischen dem vermeintlichen eindeutig bestimmbaren „militärischen" Bereich und den übrigen, scheinbar diffus strukturierten Sektoren zu erfassen. Dabei unterstellen sie, daß sich der „militärische" der anderen bemächtigt und sich diese unter seinem Einfluß verändern.

h) Der Vorgang der Bemächtigung, beginnend mit der Übertragung von vereinzelten Elementen des „militärischen" Bereiches auf andere, gerät für die hier verantwortlichen Instanzen außer Kontrolle und strebt einem Kulminationspunkt zu, an dem sich der militärische Bereich durchgesetzt hat und schließlich Strukturen und Verhalten der übrigen bestimmt.

i) Der faktische oder angenommene Bedeutungszuwachs des „militärischen" Bereiches ist in der Regel als Folge oder im Zusammenhang mit Entwicklungen zu sehen, die sich in Bereichen von Politik, Wirtschaft, Gesellschaft oder Kultur vollziehen oder vollzogen haben. Insofern legt der Gebrauch des Begriffes „Militarismus" nahe, nach weiteren Interdependenzen zu fragen.

Die Kontinuität des Umgangs mit dem Begriff „Militarismus" liegt darin, weiterhin den Unterschied zwischen verschiedenen Sektoren des öffentlichen Lebens anzunehmen und dabei dem „militärischen" Bereich besondere Aufmerksamkeit zu schenken, obwohl sich seit der Herausbildung des Begriffes die Stellung des Militärs in der politischen Struktur der Staaten, aber auch das Staatensystem insgesamt verändert haben, und es gleichzeitig immer schwieriger wird, den „militärischen" Bereich noch in dieser Schärfe und Eindeutigkeit zu definieren, da faktisch die Übergänge fließend geworden sind, und das Militär in zahlreichen Fällen in ein Netz von wirtschaftlichen, technologischen und ideologischen Interessen eingebunden ist. Diese Zusammenhänge gelten aber ihrerseits schon wieder als Phänomene, die dem „Militarismus" zugerechnet werden.

4.2. „Militarismus" und „Militär"

Die von der Begriffsgeschichte verdeutlichte Tatsache, daß in der zweiten Hälfte des 19. Jahrhunderts an verschiedenen Stellen West- und Mitteleuropas der Begriff „Militarismus" in der öffentlichen Diskussion auftauchte, läßt zumindest zweierlei Schlüsse zu. Einerseits waren die Bedingungen, unter denen die Diskussion sich jeweils entfaltete, in der Regel dieselben oder wenigstens ähnlich, andererseits hatte offensichtlich der Bezugspunkt der Diskussion – das „Militär" – ein erhebliches Maß an Vergleichbarkeit aufzuweisen. Beide Umstände begünstigten die Entfaltung des Terminus „Militarismus", der seinen Ursprung in einer Militär-Kritik hat und aus dieser Zielsetzung her zu seinen Inhalten gefunden hat. Das 19. Jahrhundert ist in West- und Mitteleuropa durch die Verfestigung von Staatswesen bestimmt, die sich als Wirtschafts- und Gesellschaftseinheiten etablieren und sich in zunehmendem Maße des Nationalismus als tragender Ideologie bedienen. Die Streitkräfte dienten dazu, das von den Nationalstaaten beanspruchte Gewaltmonopol nach außen abzusichern und galten als äußerlich sichtbares Attribut der erstarkenden Staatsmacht. An der Konstituierung dieser Staaten waren militärische Verbände ganz unterschiedlicher Herkunft beteiligt gewesen: Söldner, stehende Heere, Heerscharen[39]. Die Identität zwischen Nation, Staat und Herkunft seiner Soldaten stellte sich erst im 19. Jahrhundert ein. Die Konkurrenz zwischen dem Element der Wehrpflichtigenarmeen, dem Element der revolutionären Freiwilligenheere und dem Element der Berufssoldaten, die zu Beginn des 19. Jahrhunderts für die Struktur der militärischen Organisation in Europa charakteristisch war, löste sich im Zuge der Restauration zugunsten der traditionellen militärischen Organisationsformen auf, die die nationalrevolutionären Verbände aufsogen und die anderen mittels Diskriminierung verdrängten[40]. An dem Bruch zwischen nationaler Emphase, Hoffnung auf politische Partizipation und den teils unter Anwendung militärischer Gewalt geschaffenen Realitäten entzündeten sich die Auseinandersetzungen, in deren Verlauf der Begriff „Militarismus" geprägt wurde. Gleichzeitig boten die Streitkräfte in ihrer technologischen Entwicklung ein als negativ bewertetes Beispiel dafür, wohin Industrialisierung und Fortschritt, sind sie fehlgeleitet, führen können: Krieg, Tod, Zerstörung. Die „Militarismus"-Diskussion verstand sich als Kritik an dieser Art von politischer und wirtschaftlicher Entwicklung. Sie ist gleichzeitig der Reflex einer widersprüchlichen Situation, in die die Bürger der erstarkenden Nationalstaaten hineingeraten waren: Das zunehmende Bedürfnis nach Schutz hatte dazu geführt, dem Staat das Gewaltmonopol zu übertragen, das dieser mittels zweier Instrumente, der Polizei und des Militärs, verwaltete. Gleichzeitig wuchs aber auch die Furcht, die normativen und institutionellen Schranken würden nicht ausreichen, um wiederum das Gewaltpotential zu bändigen und davor Schutz zu gewähren. Das Auf-

39 Th. Schieder, Typologie und Erscheinungsformen des Nationalstaates in Europa, in: Historische Zeitschrift, 202, 1966, S. 58-81, S. 79.
40 Für das deutsche Beispiel: M. A. Kitchen, A Military History of Germany from the Eighteenth Century to the Present Day, London 1975, S. 61.

tauchen des Begriffes „Militarismus“ drückt das Unbehagen des Bürgers angesichts der Machtfülle von Militär bzw. Polizei aus, das nicht abgebaut werden kann. Die Bindung des Terminus „Militarismus” an das Zeitalter der Nationalstaaten setzt sich im Bereich der internationalen Politik fort: Solange „Macht” im Umgang von Nationalstaaten miteinander die dominierende Größe war, wurde „Macht” mehr oder minder gleichgesetzt mit militärischer Stärke. Militärische Stärke war das Monopol der Nationalstaaten in einem internationalen System, in dem es ansonsten an Autoritäten und Schranken fehlte. Die Konsequenzen der kriegerischen Konflikte, die ein so geartetes System internationaler Beziehungen hervorgebracht hat, waren schrecklicher, als es je zuvor erlebt worden ist und bestätigen nachträglich die Furcht des Bürgertums vor der Anwendung entgrenzter militärischer Gewalt[41].

Die Zusammenhänge zwischen der Entwicklung der bürgerlichen Gesellschaft, des Nationalstaates und der militärischen Apparate wurden im Kontext der deutschen Geschichte jedoch durch die Erfolge der Streitkräfte bei der Konstituierung des Reiches nach 1870 überdeckt. Insofern stand hier der Umgang mit dem Begriff „Militarismus” stets unter der Belastung, damit einen der tragenden Pfeiler der Reichsgründung – so die Selbstwahrnehmung – ins Visier zu nehmen und so sehr viel mehr in Frage zu stellen als nur die Streitkräfte und ihre Exponenten selbst. Der Vorwurf gegenüber dem Gebrauch des Terminus, damit Dinge zu berühren, die besser unangetastet blieben, will man Ressentiments oder Tabus nicht wecken bzw. angreifen, ist bis zur Gegenwart lebendig geblieben und haftet dem Ausdruck noch heute an.

Bei der beobachteten und skizzierten „Militarismus”-Diskussion und ihren Varianten hat sich herausgestellt, in welch erheblichem Umfang sich Topoi und Konfliktmuster im Umgang mit dem Begriff konserviert haben. Es stellt sich der Verdacht ein, daß unter dem Stichwort „Militarismus” aktualitätsbezogene Diskussionen mit veralteten Voraussetzungen geführt werden, wie es gerade am Bezugspunkt: „Militär” deutlich wird. Die Streitkräfte entsprechen in ihrer Ausstattung, Stärke, Bewaffnung und in ihrem Auftrag kaum noch denjenigen Armeen, auf die sie selbst ihre Traditionen zurückführen wollen. Ihre eigenen Schwierigkeiten, hier Kontinuitäten nachzuweisen, sind die gleichen, die auftauchen, wenn man unter gegenwärtigen Bedingungen den Begriff „Militarismus” allein auf die Streitkräfte anwenden würde: Der Terminus würde einen erheblichen Teil seiner Verwendungsbreite aufgeben. Die Aspekte der Militär-Kritik, die die Wurzel der Bedeutungsinhalte von „Militarismus” bilden,

41 G. Bouthoul/R. Carrère, Le Défi de la Guerre (1740-1974). Deux siècles de guerres et de révolutions, Paris 1976 (l'histoire, 26), S. 100.

erweisen sich als Teile einer Inhaltsbestimmung von „Militarismus", die zwar von dem Militär in einer bestimmten, gegebenen Situation ausgeht, sich dann aber löst und diese Punkte verallgemeinert. So wird in dem angenommenen Konfliktfeld zwischen „militärischem" Bereich und nichtmilitärischen Bereichen die Auseinandersetzung mit einem Bild des „Militärs" verknüpft, das im wesentlichen folgende Gesichtszüge trägt:

- In seiner sozialen Zusammensetzung spiegelt das Militär nicht die gesellschaftliche Wirklichkeit wider, sondern hat enge Bindungen an die Elite oder bildet seine eigene Elite heraus.
- Das Militär ist eine Stätte, wo sich viele Traditionen ohne jeden Bezug zur Wirklichkeit erhalten und zu reaktionär wirkenden Faktoren werden.
- Das Militär ist hierarchisch organisiert und steht unter dem Gebot des Autoritätsprinzipes. Der Primat der Einheit unterdrückt die Pluralität.
- Im Denken des Militärs dominiert das Freund-Feind-Muster. Die fehlenden Differenzierungen führen dazu, Konflikte zuzuspitzen (Kriegstreiber).
- Das Militär konzentriert in seinen Händen ein erhebliches Gewaltpotential, dessen Anwendungsmöglichkeiten nicht kontrollier- und beschränkbar sind und das sich sowohl gegen äußere als auch innere Gegner richten kann.
- Das Militär bindet mit seinen personellen und materiellen Anforderungen erhebliche soziale und wirtschaftliche Kräfte, ohne zur Reproduktion letztlich beizutragen. Der hier erreichte technische Fortschritt zieht keinen Nutzen für die Bevölkerung nach sich.
- Das Militär strebt danach, seine finanziellen Ansprüche immer höher zu schrauben, um des Versprechens willen, noch besser für die gesetzten Ziele eintreten zu können.
- Das Militär beansprucht innerhalb der politischen Institutionen eine Sonderrolle mit besonderen Machtbefugnissen und Legitimationen.

Solche, dem „Militär" zugeschriebenen Eigenschaften tauchen nun, getrieben von der ihnen unterstellten Dynamik, in der Innen- und Außenpolitik, der Wirtschaft und Gesellschaft sowie in der geistigen Landschaft eines Staates oder in internationalen Verhältnissen auf und prägen das Gesicht dieser Bereiche: sie sind „militarisiert". Der Vorgang der „Militarisierung" bis hin zur Entwicklung des „Militarismus" läßt sich für die verschiedenen Bereiche von Politik, Wirtschaft und Gesellschaft untersuchen, indem man fragt, inwieweit die genannten „militaristischen" Elemente sich dort wiederfinden. Es entsteht eine Aufstellung, die als „Suchliste" bezeichnet werden könnte.

a) *politische Sphäre:*
- Das Handeln des Staates ist an den Interessen der Elite orientiert.
- Die Partizipation wird zugunsten autoritärer Herrschaftsmechanismen zurückgedrängt.
- Kriegsvorstellungen und Feindbilder bestimmen die Einschätzung der nationalen und internationalen Konflikte.
- Die Gewalt als Mittel der Politik genießt höchste Wertschätzung.
- Der Primat des Militärischen im innenpolitischen Bereich setzt sich in einem außenpolitischen Hegemonialstreben fort.
- Innenpolitische Divergenzen werden unter Verweis auf tatsächliche oder produzierte außenpolitische Kontroversen unterdrückt.

b) *wirtschaftliche Sphäre:*
- Die wirtschaftlichen Interessen der Elite können sich, gestützt auf die militärischen Mittel der Repression, durchsetzen.
- Die militärischen Belange absorbieren technologische Potentiale und Produktionskapazitäten.
- Die militärisch bedingten oder zumindest verwendbaren Ansprüche expandieren mit der gleichzeitig zunehmenden Chance, realisiert zu werden.
- Wirtschaftlicher Fortschritt und militärische Stärke gelten als voneinander untrennbare Korrelate der Politik.

c) *sozio-kulturelle Sphäre:*
- Im zwischenmenschlichen Bereich dominieren Aggressivität und Unduldsamkeit.
- An der Stelle von Partizipation stehen autoritär orientierte Umgangsformen.
- Leitbilder militärischen Denkens werden in Gesellschaft und Kultur übernommen und hier möglicherweise noch potenziert.
- Die Gewalt in verschiedenen Erscheinungsformen wird glorifiziert.
- Der einzelne wird zugunsten eines postulierten Gemeininteresses in Gestalt von Nation oder Vaterland oder Ähnlichem zurückgedrängt.
- Organisations- und Verhaltensweisen, abgeleitet aus dem militärischen Bereich, setzen sich durch.

In jeder Form, in der sich „Militarismus" präsentiert, thematisiert der Begriff die Gewalt, die ihren Schranken entwichen ist. „Gewalt" wird hier in Gestalt der unmittelbar zu erfahrenden physischen Repression aufgefaßt, wie sie ursprünglich der militärische Apparat vermittelt hatte oder sie zumindest in seiner Hand vermutet wurde. Eine Leistung des 19. Jahrhunderts hatte unter den politischen und sozio-ökonomischen Bedingungen Mittel- und Westeuropas darin bestanden, Gewalt und

Recht auf der Ebene der staatlichen Organisation miteinander in Einklang zu bringen. Die Furcht vor einer Expansion der Gewalt kam in der Begriffsschöpfung „Militarismus" zum Ausdruck und schlägt sich in der Mischung von rationalen und emotionalen Bezugspunkten der Geschichte des Begriffes und der von ihm bezeichneten Probleme nieder. Die festzustellende Renaissance des Begriffes unter den Bedingungen des 20. Jahrhunderts, die die Perspektiven des Ausdruckes räumlich und inhaltlich erweitert haben, beruht auf einer Verschiebung der zugrundeliegenden Problemkonstellation: Die „Gewalt" erfährt durch die Möglichkeiten technischer Entwicklung und Handhabung neue Formen der unkontrollierbaren und unbeschränkten Anwendung. In seinem Gebrauch richtet sich der Begriff „Militarismus" nicht unmittelbar gegen Gewalt, sondern gegen Formen der Zuordnung und Ausübung der Gewalt. Die Präsenz des Begriffes signalisiert zudem eine Krise des politischen, sozialen oder ökonomischen Systems, die darin besteht, daß Erwartungen, tatsächliche Fähigkeiten und Notwendigkeiten bei der Bewältigung anstehender Probleme nicht mehr in Einklang zu bringen sind. In solchen Situationen liegt es dann nahe, auf Gewalt basierenden Lösungsmöglichkeiten Vorrang einzuräumen[42]. Insofern führt die Reflexion über den Begriff „Militarismus" zu der Einsicht, den Kontext, der ihn hervorgebracht und in seinen Varianten geprägt hat, zum eigentlichen Gegenstand der Untersuchung zu machen.

42 Die Untersuchung der politischen, sozialen und ökonomischen Entwicklungen verschiedener Staaten führt dazu, eine Reihe von Indikatoren dieser Krisen zu ermitteln, die zur Anwendung von Gewalt führen. Das gegenwärtige Arbeitsvorhaben "Militär und Politik in der Dritten Welt" des Autors nimmt diese Frage auf.

III. REFLEXIONEN

Wolfgang Huber

Christentum und militärische Gewaltanwendung Überlegungen zum ökumenischen „Studienprogramm für Abrüstung und gegen Militarismus und Wettrüsten"[1]

1. Die Ökumene und die Wirklichkeit des Krieges

Die Frage, was die Christenheit zur Sicherung eines „gerechten und dauerhaften Friedens" beitragen könne, ist von Anfang an eine der Leitfragen der ökumenischen Bewegung. Der „Weltbund für Freundschaftsarbeit der Kirchen", 1914 am Vorabend des Ersten Weltkriegs gegründet, widmete seine Arbeit dieser Frage; die Bewegung „Life and Work", die 1925 in Stockholm zu ihrer ersten großen Konferenz zusammenkam, entstand aus der Einsicht in die Friedensverantwortung der Christen und der Kirchen. Unmittelbar nach dem Zweiten Weltkrieg wurde – zunächst als gemeinsame Einrichtung des Ökumenischen Rats und des Internationalen Missionsrats – die „Kommission der Kirchen für internationale Angelegenheiten" (CCIA) eingerichtet; sie erhielt den Auftrag, ökumenische Verantwortung im Feld der internationalen Beziehungen zu praktizieren.

Insbesondere sollte sie folgende Ziele fördern:

a) Die fortschreitende Entwicklung und Kodifizierung des internationalen Rechts und die fortschreitende Entwicklung supranationaler Organisationen;

b) die Forderung nach Anerkennung und Beachtung der Menschenrech-

1 Der folgende Text geht auf Referate zurück, die ich in unterschiedlicher Form bei einer Tagung der evangelischen Militärseelsorge in Hofgeismar sowie vor schweizerischen Hochschulgemeinden in Zürich, Fribourg und Bern gehalten habe. Im Abschnitt 3 nehme ich Überlegungen wieder auf, die ich bei der Militarismus-Konsultation des ÖRK im November 1977 in Glion vorgetragen habe (vgl. die Zusammenstellung der Referate und Berichte in epd-Dokumentation Nr. 22-23/78 sowie die englische Veröffentlichung: J.-A. Viera Gallo, The Security Trap. Arms Race, Militarism and Disarmament – a Concern for Christians, Rom: IDOC 1979). Zum Thema vgl. auch W. Huber /G.Liedke (edd), Christentum und Militarismus, Stuttgart/München 1974. – Der folgende Text ist teilweise auch aufgenommen in das 3. Kapitel meines Buchs: Der Streit um die Wahrheit und die Fähigkeit zum Frieden, München 1980, S. 81 ff.

te und der grundlegenden Freiheiten; dabei sollte der Frage der Religionsfreiheit Aufmerksamkeit gewidmet werden;

c) die internationale Regelung der Rüstungsfrage;

d) die Förderung internationaler wirtschaftlicher Zusammenarbeit;

e) die Verpflichtung aller Nationen, die Wohlfahrt der abhängigen Völker einschließlich der Entwicklung ihrer freien politischen Institutionen mit allen Kräften zu fördern;

f) die Förderung internationaler Bestrebungen auf kulturellem, edukativem und humanitärem Gebiet[2].

Neben der Durchsetzung der Menschenrechte, der Förderung von Dekolonisation und wirtschaftlicher Entwicklung sowie der Entwicklung internationaler Organisationen und Rechtsformen steht also die Frage nach der „Regelung der Rüstungsfrage" von Anfang an im Aufgabenkatalog der Kommission der Kirchen für internationale Angelegenheiten. Durch die erste Vollversammlung des Ökumenischen Rats der Kirchen (ÖRK) in Amsterdam 1948 gewann diese Aufgabe an Gewicht; denn sie erklärte programmatisch: „Krieg soll nach Gottes Willen nicht sein". Dieser Satz wurde folgendermaßen erläutert:

„Die Rolle, die der Krieg im heutigen internationalen Leben spielt, ist Sünde wider Gott und eine Entwürdigung des Menschen. Gerade jetzt (nämlich nach dem Ende des Zweiten Weltkriegs und nach dem Abwurf der ersten Atombomben über Hiroshima und Nagasaki, W.H.) sieht sich die Christenheit vor besonders brennende Fragen in bezug auf den Krieg gestellt. Der Krieg bedeutet heute etwas völlig anderes als früher. Wir haben jetzt den totalen Krieg ... Dies ... führt in einem modernen Krieg zu unterschiedslosen Zerstörungen in einem Umfang, wie ihn die Welt bei früheren Kriegen nicht gekannt hat. Die herkömmliche Annahme, daß man für eine gerechte Sache einen gerechten Krieg mit gerechten Waffen führen könne, ist unter solchen Umständen nicht mehr aufrechtzuerhalten.Es mag sein, daß man auf Mittel der Gewalt nicht verzichten kann, wenn das Recht zur Geltung gebracht werden soll. Ist der Krieg aber erst einmal ausgebrochen, dann wird die Gewalt in einem Umfang angewandt, der dem Recht seine Grundlage zu zerstören droht."[3].

Mit diesen Sätzen wird ein ökumenischer Konsens darüber behauptet, daß die Lehre vom gerechten Krieg, die in der christlichen Tradition über Jahrhunderte hinweg ausgearbeitet und weitergegeben wurde, an-

2 The Commission of the Churches on International Affairs 1947-1949, London/New York o. J., S. 3; vgl. u. a. H.-J. Benedict, Von Hiroshima bis Vietnam. Eindämmungsstrategie der USA und ökumenische Friedenspolitik, Neuwied 1973. D. Hudson, The World Council of Churches in International Affairs, Leighton Buzzard 1977; zum weiteren Zusammenhang auch J. Bopp, Unterwegs zur Weltgesellschaft. Die Ökumene zwischen westlichem Führungsanspruch und universaler Verantwortung, Stuttgart 1971; H. E. Tödt, Theologie und Völkerrecht, Stuttgart 1973, S. 13-169 (114 ff.).

3 Ökumenischer Rat der Kirchen (ed), Die Unordnung der Welt und Gottes Heilsplan, Bd. 4: Die Kirche und die internationale Unordnung, Stuttgart/Tübingen 1948, S. 260 f.

gesichts der modernen Waffensysteme keine Gültigkeit mehr für sich in Anspruch nehmen kann. Auf dieser Grundlage wird zwischen drei Positionen unterschieden, die von Christen zur Frage militärischer Gewaltanwendung in der Gegenwart eingenommen würden. Zu unterscheiden sind:

– diejenige Position, die grundsätzlich mit der Möglichkeit der Gewaltanwendung zwischen Staaten rechnet, aber den modernen Krieg für nicht verantwortbar hält;
– diejenige Position, die die Beteiligung von Christen an militärischer Rüstung und Kriegführung als Akt des Gehorsams gegenüber dem Staat anerkennt; und schließlich
– diejenige Position, die jede Beteiligung an militärischer Rüstung grundsätzlich verwirft und von der Kirche eine entsprechende Stellungnahme erwartet.

In den ökumenischen Aktivitäten der folgenden Jahre stand das Problem einer generellen Abrüstung nicht im Vordergrund des Interesses. Vielmehr konzentrierten sich die Bemühungen des ÖRK einerseits auf Beiträge zur friedlichen Beilegung von Konflikten bzw. zur Beendigung kriegerischer Auseinandersetzungen, andererseits auf Überlegungen zur Kriegsverhütung und schließlich auf Diskussionen zur Rüstungskontrolle. Für das erste Problemfeld sind die Initiativen des ÖRK in der Zeit des Koreakriegs (1950-1953) charakteristisch; die Arbeiten zum Thema der Kriegsverhütung haben vor allem in einer Studie von 1958 ihren Niederschlag gefunden („Christen und die Verhütung des Krieges im Atomzeitalter")[4]; die Rüstungskontrollverhandlungen der 60er und 70er Jahre hat der ÖRK mit einer Reihe von Konsultationen begleitet.

Die internationalen Verhandlungen und Verträge aber haben das Wettrüsten nicht beenden, sondern nur auf einzelnen Sektoren begrenzen können. Vor den Auswirkungen der weltweiten Rüstungsprozesse jedoch konnte auch die ökumenische Bewegung nicht die Augen verschließen. Denn diese Entwicklungen sind unvereinbar mit denjenigen Grundüberzeugungen vom gesellschaftlichen Zusammenleben der Menschen, auf welche die ökumenische Gemeinschaft sich von ihren Anfängen an verständigt hat. Der Widerspruch, der hierdurch entsteht, wird schon deutlich, wenn man sich an das Konzept der verantwortlichen Gesellschaft erinnert, das von der ersten Vollversammlung des ÖRK 1948 in Amsterdam formuliert wurde:

„Der Mensch ist geschaffen und berufen, ein freies Wesen zu sein, verantwortlich vor Gott und seinem Nächsten. Alle Tendenzen innerhalb des Staates und der Gesellschaft, die den Menschen der Möglichkeit des verantwortlichen Handelns be-

4 Ein vorläufiges Studiendokument über das Thema "Christen und die Verhütung des Krieges im Atomzeitalter – Eine theologische Diskussion", Vervielfältigung der Studienabteilung des ÖRK, Genf 1958.

rauben, sind eine Verleugnung des Willens Gottes über den Menschen und seines Erlösungswerkes. Eine verantwortliche Gesellschaft ist eine solche, in der Freiheit die Freiheit von Menschen ist, die sich für Gerechtigkeit und öffentliche Ordnung verantwortlich wissen und in der jene, die politische Autorität oder wirtschaftliche Macht besitzen, Gott und den Menschen, deren Wohlfahrt davon abhängt, für ihre Ausübung verantwortlich sind."[5].

Die weitere Entwicklung der ökumenischen Sozialethik, die über die Wahrnehmung des raschen sozialen Umbruches schließlich zum Konzept der „gerechten, partizipatorischen und lebensfähigen Gesellschaft" (just, participatory and sustainable society) führte[6], akzentuierte den Widerspruch noch stärker. Im Blick auf alle drei in diesem Konzept enthaltenen Kriterien – Gerechtigkeit, Partizipation, Lebensfähigkeit – muß man sagen, daß der Rüstungswettlauf mit seinen Auswirkungen ihnen gegenläufig ist. Darum war es auch für den ökumenischen Zusammenhang folgerichtig, daß die fünfte Vollversammlung des ÖRK in Nairobi 1975 die Frage nach Militarismus und Wettrüsten als ein wichtiges Thema ökumenischer Reflexion und ökumenischen Handelns in den Vordergrund gerückt hat.

Der Bericht über die Weltrüstungssituation, der in Nairobi angenommen wurde, schildert zunächst die Faktoren, die für die Entwicklung und den damaligen Stand des Rüstens charakteristisch waren, und wendet sich dann mit einem Appell an die Kirchen, dessen entscheidende Sätze lauten:

„Die Christen müssen der Versuchung widerstehen, sich mit einem falschen Gefühl von Machtlosigkeit oder Sicherheit abzufinden. Die Kirche sollte ihre Bereitschaft betonen, ohne den Schutz von Waffen zu leben, und bedeutsame Initiativen ergreifen, um auf eine wirksame Abrüstung zu drängen. Die Kirchen, die einzelnen Christen und die Mitglieder der Öffentlichkeit aller Länder sollten bei ihren Regierungen darauf drängen, daß die nationale Sicherheit ohne den Einsatz massiver Zerstörungswaffen gewährleistet wird."[7].

An diesen Appell schließt sich die Forderung nach einem Studien-, Bildungs- und Aktionsprogramm an, durch welches zum Ausdruck kommt, daß „Abrüstung ein Hauptanliegen des Ökumenischen Rats der Kirchen ist". Aus dieser Aufforderung hat sich das Studienprogramm des ÖRK entwickelt, das seit der Sitzung des Zentralausschusses des ÖRK in Kingston/Jamaica im Januar 1979 nun den Namen trägt: „Studienprogramm für Abrüstung und gegen Militarismus und Wettrüsten"[8].

5 Ökumenischer Rat der Kirchen (ed), Die Unordnung der Welt und Gottes Heilsplan, Bd. III: Die Kirche und die Auflösung der gesellschaftlichen Ordnung, Genf 1948, S. 233 f.

6 Vgl. Faith, Science and the Future, Genf 1978.

7 H. Krüger/W. Müller-Römheld (edd), Bericht aus Nairobi 75, Frankfurt/M. 1976, S. 192.

8 Vgl. die Dokumente Nr. 10 und Nr. 40 von der Sitzung des Zentralausschusses des ÖRK in Kingston/Jamaica vom Januar 1979.

Man hat oft versucht, das „Anti-Militarismus-Programm" wie man häufig verkürzend gesagt hat, mit dem „Anti-Rassismus-Programm" (PCR) des ÖRK zu vergleichen. Der Vergleich hat aus vielen Gründen seine Schwierigkeiten. Der wichtigste Grund ist folgender: Der ÖRK hat sich über Jahrzehnte hinweg mit dem Problem des Rassismus auseinandergesetzt, bevor er sein „Programm zur Bekämpfung des Rassismus" im Jahr 1970 beschloß. Diesem Beschluß war eine Verständigung über den Begriff des Rassismus ebenso vorausgegangen wie eine grundsätzliche Klärung darüber, daß eine Unterstützung rassistischer Strukturen mit dem christlichen Glauben unvereinbar sei. Obwohl eine so weitgehende Einigung bereits erreicht war, löste das Programm, wie man vor allem in der Bundesrepublik und in der Schweiz weiß, noch erhebliche und zum Teil erbitterte Kontroversen aus. Wie viel mehr muß dies bei einem Thema gelten, bei dem unvergleichlich viel mehr Fragen noch ungeklärt sind: die Frage etwa nach der Legitimität eines Sicherheitsbedürfnisses, das sich zu seinem Schutz auf militärische Gewalt verläßt, oder die Frage nach Inhalt und Bedeutung des Militarismus-Begriffs, oder schließlich die Frage nach den Realisierungschancen von Abrüstungsprogrammen. Ohne daß in einigen dieser Fragen Klarheit hergestellt ist, wird der Ökumenische Rat ein „Anti-Militarismus-Programm", welches dem „Anti-Rassismus-Programm" vergleichbar wäre, nicht ausrufen können. In dieser Situation ist es durchaus verständlich, daß zunächst mit aller Vorsicht von einem „Studienprogramm" die Rede ist.

Interessant ist der Vergleich zwischen diesen beiden Arbeitsvorhaben des Ökumenischen Rats der Kirchen gleichwohl. Denn er verweist auf eine der Paradoxien, denen eine ökumenische Sozialethik heute ausgesetzt ist. Der Ökumenische Rat der Kirchen unterstützt durch den Sonderfonds seines Programms zur Bekämpfung des Rassismus Befreiungsbewegungen auch dann, wenn sie sich zu militärischer Gewaltanwendung genötigt sehen. Aber er stellt sich mit den ihm zu Gebote stehenden Mitteln in seinem Programm für Abrüstung und gegen Militarismus und Wettrüsten gegen den Ausbau militärischer Potentiale und die Gewaltanwendung in und zwischen Staaten. Eine analoge Paradoxie zeigt sich umgekehrt auch bei manchen Reaktionen auf diese ökumenischen Programme: Aus manchen Mitgliedskirchen des ÖRK – gerade auch aus der Bundesrepublik und aus der Schweiz – wird der Sonderfonds des PCR über Jahre hinweg mit Nachdruck kritisiert, weil die Kirche sich nicht mit der Gewaltanwendung identifizieren könne, sondern immer für den Primat der Gewaltlosigkeit eintreten müsse. Doch aus denselben Kirchen vernimmt man auch Skepsis gegen das Programm über Abrüstung, Militarismus und Wettrüsten, weil es einem utopischen und gefährlichen Ziel, nämlich dem Abbau militärischer Gewaltmittel, gewidmet sei. Während also der Ökumenische Rat im einen Fall die Anwendung von Gewalt im Rahmen revolutionärer Befreiungskämpfe zu tolerieren scheint, kritisiert er auf der anderen Seite den Aufbau staatlicher Gewaltpotentiale. Und während die Kritiker des Ökumenischen Rats die revolutionäre Gewaltanwendung mit der Begründung ablehnen, daß der Gebrauch der Gewalt von christlichen Kirchen keine Unterstützung erfahren dürfe, akzeptieren dieselben Kritiker die staatliche Militärgewalt als unvermeidlich.

Dies ist eine der Paradoxien des gegenwärtigen ökumenischen Dialogs; sie wird umso verwirrender dadurch, daß die Vertreter der sich so sonderbar überkreuzenden Positionen das Motiv ihrer unterschiedlichen Stellungnahmen zum Gewaltproblem oft nicht klar artikulieren und reflektieren. Dieses Motiv aber liegt offensichtlich in einer unterschiedlichen Auffassung vom Staat: Die Kritiker des ÖRK akzeptieren staatlichen Gewaltgebrauch und verwerfen die Gewaltanwendung von Befreiungsbewegungen, weil sie davon überzeugt sind, daß dem Staat ein Monopol der physischen Gewaltanwendung legitimerweise zukommt. Und Vertreter der vom PRK verfolgten Linie tolerieren die Gewaltanwendung von Befreiungsbewegungen, verwerfen aber die wachsende militärische Gewalt in aller Welt, weil sie die Gewaltanwendung, wo sie als unvermeidlich erscheint, an ein bestimmtes Kriterium binden – und zwar auch dann, wenn es sich um staatliche Gewaltanwendung handelt. Sie binden sie nämlich an das Kriterium, daß diese Gewalt Freiheiten möglich machen und Recht schaffen soll. Sie sehen sich Situationen gegenüber, in denen den *Betroffenen* die Anwendung von Gewalt um der Freiheit und um des Rechts willen als unvermeidlich erscheint. Doch die Anwälte des Ökumenischen Rats bewegen sich damit auf dem schmalen Grat, auf dem die *Beschreibung* revolutionärer Situationen in die *Legitimation* von revolutionärer Gewaltanwendung umschlagen kann. Die Kritiker des Ökumenischen Rats jedoch befinden sich ihrerseits in der Gefahr, die Legitimität staatlicher Gewaltanwendung in jedem Fall zu behaupten – auch dann, wenn durch sie Menschen unterdrückt, wenn sie ihrer Rechte und Freiheiten beraubt werden.

Das merkwürdige Verhältnis, in dem das „Programm zur Bekämpfung des Rassismus" und das „Programm für Abrüstung und gegen Militarismus und Wettrüsten" stehen, weist also auf eine doppelte Gefahr ökumenischer Sozialethik hin: Aus der Solidarität mit denen, die unter der Knebelung ihrer Rechte leiden und um ihre Freiheit kämpfen, kann leicht eine Theorie über die Legitimität revolutionärer Gewaltanwendung – eine „Lehre von der gerechten Rebellion"[9] – werden. Und aus der Anerkennung des Umstands, daß der Staat um des Rechtsfriedens willen über das Monopol physischer Gewaltanwendung verfügt, kann leicht eine Theorie über die Legitimität jedweder staatlicher Gewaltanwendung – eine „Lehre von der gerechten Staatsgewalt" – entstehen. In beiden Positionen wird die christliche Perspektive: der unbedingte Vorrang des gewaltfreien vor dem gewaltsamen Handeln leicht verdunkelt. Beide ökumenischen Programme könnten aber auch der Anlaß dazu sein, daß sich Christen wieder an die produktive Kraft der Gewaltfreiheit erinnern und sie in den gewaltsamen Verhältnissen unserer Zeit zur Geltung zu bringen versuchen. Diese Perspektive wollen wir deshalb einige Schritte weit verfolgen.

2. Militärische Gewalt und Friedensordnung

Es ist charakteristisch für die deutsche Sprache, daß der Begriff der Gewalt einen doppelten Sinn hat. Gewalt meint zum einen *potestas*; Gewalten sind die Institutionen des Gemeinwesens, denen um des Lebens und Zusammenlebens willen besondere Verfügungsrechte zuerkannt und delegiert werden. Dieser Sinn des Wortes Gewalt wirkt in all den Zusammenhängen ungebrochen fort, in denen von der Gewaltenteilung die Rede ist. Gewalt meint zum anderen *violentia*, also den physischen Zwang bis hin zur Tötung des andern Menschen. Dieser physische Zwang ist eine dem Menschen selbst physisch gegebene, also eine von Natur aus vorhandene Möglichkeit; wenn der Mensch von dieser Möglichkeit Gebrauch macht, so geschieht es in der Regel aus Furcht. Daß im politischen Zusammenleben der Menschen Gewalt eine so große Rolle spielt, zeigt, in wie großem Maß dieses Zusammenleben durch Furcht bestimmt ist. Der Schutz vor Gewalt durch die Androhung oder Anwendung von Gewalt ist ein besonderes Kennzeichen und Medium der Politik. Dabei ist es charakteristisch für den modernen Staat, daß er die vorbeugende und strafende Gewaltanwendung monopolisiert hat. Dieses Gewaltmonopol bedeutet negativ, daß die einzelnen Bürger zur Verhinderung von Straftaten oder zur Sühne für erlittenes Unrecht nicht zur gewaltsamen Selbsthilfe greifen dürfen. Die Abschaffung des Fehderechts ist das ent-

9 Dieser zu Recht irritierende Sprachgebrauch findet sich in dem Hintergrundpapier "Südafrika – Hoffnung um welchen Preis?" des ÖRK vom Dezember 1977; vgl. dazu W. Huber, Chr. und W. Lienemann, Auswertung der Stellungnahmen zu dem Hintergrundpapier "Südafrika – Hoffnung um welchen Preis?", in: epd-Dokumentation Nr. 6/1979, S. 53 ff.

scheidende Datum für die Entstehung des modernen Staats. Unter dem Schutz des staatlichen Gewaltmonopols soll ein gewaltfreies oder doch jedenfalls gewaltarmes Zusammenleben der Bürger möglich sein. Die Autorität des Staates bricht infolgedessen dann zusammen, wenn er diese Gewaltfreiheit nicht mehr aufrechterhalten kann. Wenn der neuzeitliche Staat durch das Gewaltmonopol definiert wird, so bedeutet dies also, daß er durch seine Friedensfunktion definiert wird. Der moderne Staat ist also keineswegs, wie viele glauben wollen, durch das Ausmaß des ihm verfügbaren Gewalt*potentials*, sondern er ist durch sein Gewalt*monopol* definiert. Dabei ist er darauf angewiesen, daß dieses Gewaltmonopol von den Bürgern in aller Regel durch Konsens anerkannt wird, so daß die Gewalt des Staates nur in Grenzsituationen auch faktisch eingesetzt werden muß. Ein Staat, der seinem Gewaltmonopol unablässig durch den Einsatz von Gewaltmitteln Anerkennung verschaffen muß, ist bereits dabei, seine Autorität zu verlieren. Extensiver Einsatz staatlicher Gewalt ist in aller Regel nicht ein Zeichen staatlicher Macht, sondern staatlicher Ohnmacht. Denn dieser Einsatz staatlicher Gewaltmittel zeigt, daß Konsens, Kompromiß und Macht als Mittel staatlicher Politik versagen, so daß der Staat zum Mittel der Gewaltherrschaft Zuflucht nehmen muß. Extensiver staatlicher Gewalteinsatz ist nicht ein Zeichen für den starken, sondern für den schwachen Staat. Dies zeigen die Polizei-, Militär- und Geheimdienstdiktaturen in aller Welt. Ihre Schwäche beruht darauf, daß sie sich auf den Konsens ihrer Bürger nicht verlassen können. Der extensive Einsatz staatlicher Gewaltmittel aber ruft Gegengewalt hervor und höhlt damit das staatliche Gewaltmonopol aus; durch den extensiven Einsatz von Gewaltmitteln gibt der Staat seine Friedensfunktion preis.

Wenn man vom Gewaltmonopol des Staates redet, spricht man damit von der rechtserhaltenden Funktion der Gewalt: Gewalt soll nur dazu eingesetzt werden, das bestehende Rechtssystem zu erhalten und zu festigen. Versuche zur Änderung des bestehenden Rechtssystems werden auf institutionalisierte Entscheidungsgänge wie parlamentarische Beratungen oder gewaltfreie Methoden der Diskussion oder Demonstration verwiesen. Nun kennt jedoch die neuzeitliche Entwicklung neben der rechtserhaltenden auch die rechtssetzende Funktion der Gewalt: diejenige Gewalt also, die an die Stelle eines bestehenden Systems, das als Unrechtssystem empfunden wird, neues, besseres Recht stellen will. Träger der rechtserhaltenden Gewalt sind Regierungen, Justiz und Polizei; Träger der rechtssetzenden Gewalt sind Revolutionäre, Widerstandsgruppen, Befreiungsbewegungen. Gegen die Anwendung rechtssetzender Gewalt wird häufig der Einwand erhoben, dieser Versuch sei schon deshalb in sich widersprüchlich, weil Gewaltanwendung nicht zu einer Befriedung der Gesellschaft führen könne. Überzeugend ist dieser Einwand nicht; denn auch das Modell des staatlichen Gewaltmonopols sieht vor, daß um der Befriedung der Gesellschaft willen im Grenzfall Gewalt eingesetzt werden soll. Um einen Grenzfall aber handelt es sich auch beim Einsatz der Gewalt im Widerstand gegen Unrechtsregime. Schwieriger ist eine andere Frage: die Frage nämlich, wie die rechtssetzende Gewalt in rechtserhaltende übergehen kann, wie also eine Staatsführung, die durch revolutionäre Gewaltanwendung an die Macht gekommen ist, die Anerkennung ihres Gewaltmonopols durchsetzen kann. Aus dieser Schwierigkeit erklärt sich, daß jede revolutionäre Staatsveränderung die Gefahr in sich birgt, im Terror zu enden: da sie selbst das staatliche Gewaltmonopol verletzte, versucht sie, die erneute Anerkennung dieses Gewaltmonopols durch Terror zu erzwingen. Dies ist einer der Zusammenhänge, in denen die Forderung nach gewaltfreiem Handeln besondere Aktualität gewinnt.

In welchem Verhältnis steht die militärische Gewalt zu den bisher erörterten Begriffen und Formen der Gewalt? Es ist verfehlt, sie, wie es bisweilen geschieht, einfach auf das staatliche Gewaltmonopol zu verrechnen und von daher Polizei und Militär umstandslos gleichzusetzen. Zwar ist dies unter *inner*staatlicher Perspektive richtig: Nur der Staat hat das Recht, militärische Einheiten aufzustellen. Doch für den zwischenstaatlichen Bereich, in dem militärische Gewalt notfalls zum Einsatz kommen soll, versagt das Modell des staatlichen Gewaltmonopols vollständig. Eine Befriedung durch Monopolisierung der Gewalt ist im internationalen Bereich eben gerade noch nicht gelungen. Vielmehr sind die Nationalstaaten in ihren Beziehungen zueinander trotz völkerrechtlicher Kriegskonventionen und zweiseitiger Gewaltverzichtsverträge noch auf dem Stand des Fehderechts stehengeblieben. Die Überwindung des Fehderechts im innergesellschaftlichen Bereich war, so sahen wir, der entscheidende Schritt zur Ausbildung des modernen Staats. Die Überwindung des Fehderechts in den internationalen Beziehungen wäre, so können wir hinzufügen, der entscheidende Schritt beim Übergang zu einer Weltinnenpolitik. Solange dieser Schritt nicht vollzogen ist, steht die militärische Gewalt zum staatlichen Gewaltmonopol in einem unausgeglichenen Spannungsverhältnis. Die Widersprüche, denen sich militärische Sicherheitspolitik unter den heutigen waffentechnischen Bedingungen ausgesetzt sieht, sind Ausdruck für diesen Sachverhalt. Besonders drastisch zeigen sich diese Widersprüche darin, daß alle militärstrategischen Konzeptionen – etwa die „flexible response”und die „Vorneverteidigung” – von vornherein die Verletzung der Regeln des Kriegsvölkerrechts in Kauf nehmen müssen; denn sie alle kalkulieren ein, daß auch die Zivilbevölkerung zum Opfer der kriegerischen Auseinandersetzungen wird; sie behandeln die Zivilbevölkerung als „Geisel".

Deshalb stürzt die Existenz militärischer Gewalt unter den heutigen waffentechnischen Bedingungen jeden in ein ethisches Dilemma, in einen Gewissenskonflikt; in ihm stellen sich zum Beispiel folgende Fragen: Ist man angesichts der Tatsache, daß ein internationales Gewaltmonopol fehlt, dazu verpflichtet, zur militärischen Rüstung des eigenen Staats beizutragen? Wie läßt sich die Bereitschaft, ohne den Schutz von Waffen zu leben, praktisch unter Beweis stellen? Welche Schritte sind möglich, um eine Friedensordnung zu entwickeln, in der militärische Rüstung entbehrlich ist?

Solche Gewissenskonflikte stellen sich in einer Situation, in der die moderne Waffentechnik den Krieg radikal verändert hat; die Atomwaffen sind Inbegriff und Symbol dieser modernen Waffentechnik. Nicht moralisches Schwärmertum, sondern das Faktum der modernen Waffen stellt die Aufgabe, die Institution des Krieges zu überwinden. Das Vorhandensein militärischer Potentiale steht immer unter dem Vorbehalt, daß alle politischen Anstrengungen darauf gerichtet sein müssen, die Möglichkeiten ihrer Anwendung zu beseitigen. Daraus ergibt sich nicht die völlige Abschaffung, wohl aber die tiefgreifende Umgestaltung militärischer Gewalt. Denn eine *Überwindung* des Krieges ist nur möglich, wenn auch in den *internationalen* Beziehungen ein Gewaltmonopol durchgesetzt wird. Zu diesem Gedanken nötigt nicht etwa eine allzu optimistische Einschätzung eines solchen internationalen Gewaltmonopols, sondern vielmehr die geschichtliche Erfahrung, daß der Wettlauf nationaler Rüstungen schließlich in den Krieg mündet. Dies aber kann unter den modernen waffentechnischen Bedingungen schlechterdings nicht mehr verantwortet werden; deshalb drängt sich die Frage auf, ob diese Gefahr durch die Einrichtung eines internationalen Gewaltmonopols gebändigt werden kann. Man muß diese Frage auch in einer Situation aufwerfen, in der kaum politische Möglichkeiten sichtbar sind, das Konzept eines internationalen Gewaltmonopols gegenüber dem Programm nationaler Sicherheit durchsetzen.

Die Einrichtung einer „Weltpolizei" wäre nicht identisch mit dem Übergang zu einem „Weltstaat". Während der Begriff des Weltstaats die Vorstellung erweckt, als müsse *eine* transnationale politische Organisation alle bisherigen politischen Funktionen des Nationalstaats übernehmen, steht hinter dem Gedanken einer „Weltpolizei" die Überlegung, daß schon heute Aufgaben, die von den Nationalstaaten nicht mehr erfüllt werden können, von *unterschiedlichen* transnationalen Organisationen – zum Beispiel den Unterorganisationen der Vereinten Nationen – übernommen werden. Die Notwendigkeit solcher transnationaler Organisationen ergibt sich aus dem wachsenden Maß internationaler Interdependenz. Nur im Rahmen eines Systems differenzierter transnationaler Organisationen wäre eine „Weltpolizei" mit den Menschenrechten vereinbar; andernfalls müßte man fürchten, daß sie das Ende der Freiheit wäre. Nationale Sicherheit ist, wenn das Wort mehr als einen ideologischen Sinn haben soll, nur noch unter den Voraussetzungen eines solchen internationalen Gewaltmonopols zu verstehen; nationale Sicherheit dagegen, die sich auf nationale militärische Potentiale meint stützen zu können, wird je länger desto mehr zur Selbsttäuschung. Solange das internationale Gewaltmonopol nicht besteht, ist wahrscheinlich, daß die verfügbaren militärischen Mittel auch eingesetzt werden. Die Furcht des Menschen ist immer noch ein treibendes Motiv der Politik. Sie ist Anlaß dazu, daß Menschen soviel Macht – auch soviel militärische Gewalt – zu akkumulieren versuchen, wie sie erreichen können; deshalb spricht die geschichtliche Erfahrung dafür, daß die Staaten solange weiterrüsten werden, wie dies für sie ökonomisch erträglich ist. „Der normale geschichtliche Gang ist Aufrüstung bis zur ökonomischen Unerträglichkeit, dann irgendwann eine innenpolitische Krise und im Zusammenhang mit ihr ein Krieg, und nach dem Krieg das Rüstungsdiktat der Sieger"[10]. Furcht ist ein auslösender Faktor am Beginn der Akkumulation von Machtmitteln; im Zusammenhang mit militärischer Rüstung wandelt sich diese Furcht in ein ‚Sicherheitsbedürfnis'. Dabei artikulieren sich Interessen unterschiedlicher Art; je größer der Umfang der Rüstung ist, desto mehr Interessen konzentrieren sich darauf. Rüstung wird zu einem einflußreichen Wirtschaftsfaktor; sie wird zum Träger wissenschaftlicher und technologischer Entwicklung; mit ihr verbindet sich eine starke politische Administration; und schließlich verbinden sich mit ihr die Interessen des Militärs selbst. Es entsteht ein systemarer Zusammenhang, von einigen Fachleuten als militärisch-industriell-bürokratisch-wissenschaftlicher Komplex bezeichnet, der die Handlungsmöglichkeiten in diesem Bereich bestimmt. Durch die wechselseitige Drohpolitik zwischen Staaten oder zwischen Machtblöcken wie der NATO und dem Warschauer Pakt – eine Drohpolitik, die auch in Phasen der Entspannung durch das System der Abschreckung fortgesetzt wird – stabilisieren sich die Interessen dieser militärisch-industriell-bürokratisch-wissenschaftlichen Komplexe in den verschiedenen Ländern wechselseitig. Widerstand gegen die Mechanismen, die zur Aufrüstung führen, und

10 C. F. von Weizsäcker, Gefahren der Rüstung in den achtziger Jahren, in: Die Zeit, Nr. 47 vom 16. November 1979, S. 9 f., S. 10.

gegen die Interessen, die sich damit verbinden, kann allenfalls dann mobilisiert werden, wenn sich eine *kritische Öffentlichkeit* bildet. Ihre Aufgabe ist es, das Bewußtsein dafür zu schärfen, daß die Institution des Krieges abgeschafft werden muß und daß Möglichkeiten zur Abrüstung entschieden wahrgenommen werden müssen. In der Bundesrepublik besteht eine solche kritische Öffentlichkeit bisher nicht in ausreichendem Maß; denn sonst wären die Fragen von Rüstung, Rüstungsbegrenzung und Abrüstung in den zurückliegenden Jahren intensiver diskutiert worden, als dies der Fall war. Erst der „Doppelbeschluß" der NATO vom Dezember 1979 hat eine solche Diskussion in breiterem Umfang in Gang gebracht. Man muß sich freilich fragen, ob es für die Bildung einer kritischen Öffentlichkeit nicht zu spät ist; doch angesichts des Unheils, das durch das dauernde Wettrüsten herausgeführt wird, müssen auch allerletzte Möglichkeiten noch genutzt werden. Auch den christlichen Gemeinden und Initiativgruppen, den kirchlichen Erwachsenenbildungseinrichtungen und Akademien sowie anderen kirchlichen Institutionen stellt sich die Aufgabe, zur Herstellung einer kritischen Öffentlichkeit beizutragen.

In einer solchen kritischen Öffentlichkeit muß die Frage erörtert werden, ob militärische Gewalt die Funktion überhaupt noch erfüllen kann, die ihr zugesprochen werden. Als vorrangige Aufgabe militärischer Rüstung gilt heute die *Kriegsverhütung*. Wir wissen, daß es im Verhältnis zwischen NATO und Warschauer Pakt in den letzten drei Jahrzehnten *trotz* der beiderseitigen Aufrüstung nicht zu einer kriegerischen Auseinandersetzung gekommen ist; wir wissen nicht, ob dies *wegen* der militärischen Rüstung oder aus anderen Gründen verhindert werden konnte. Während dieser Zeit galt für die militärische Planung die Doktrin der Abschreckung, die auf der Einsatzmöglichkeit strategischer Atomwaffen beruht: Wer mit der Anwendung strategischer Atomwaffen droht, muß erwarten, daß sie gegen ihn eingesetzt werden. Die zurückliegenden drei Jahrzehnte können nicht als Beweis dafür gewertet werden, daß die Doktrin der Abschreckung ihre Aufgabe erfüllt. Vielmehr kann man seit zehn Jahren wissen, daß sie zwar zwischen den Supermächten gilt, auf Europa dagegen nicht widerspruchsfrei angewandt werden kann[11]. Außerdem haben unter dem Schild der wechselseitigen atomaren Abschreckung durch die Supermächte in der Dritten Welt eine Vielzahl von regional begrenzten Kriegen stattgefunden[12]. Sie aber beweisen, daß militärische Rüstung und eine Planung, die der Doktrin der Abschreckung folgen, global den Ausbruch von Kriegen nicht verhindern können.

11 Vgl. den Nachweis in C. F. von Weizsäcker (ed), Kriegsfolgen und Kriegsverhütung, München 1971.

12 Vgl. Weizsäcker, Gefahren der Rüstung, a. a. O. (Anm. 10), S. 9.

In der Situation eines „Verteidigungsfalls" besteht die Aufgabe militärischer Gewalt in der *Schadensbegrenzung*. Mit dieser Aufgabe sind die Vernichtungspotentiale heutiger Waffensysteme und die Vernichtungsabsichten, die in heutigen strategischen Konzeptionen enthalten sind, unvereinbar. Glaubhaft wäre die Absicht der Schadensbegrenzung also nur dann, wenn man – für eine Übergangszeit auf dem Weg zu einem internationalen Gewaltmonopol – völlig veränderte strategische Konzeptionen entwerfen würde, die den Einsatz militärischer Mittel nicht dafür vorsehen zu vernichten, sondern Vernichtung zu verhindern. Dazu bedarf es einer dezentralisierten und eindeutig defensiven Verteidigung; zugleich müssen Mindestelemente einer solchen militärischen Verteidigung mit sozialer Verteidigung und einem dezentralisierten Bevölkerungsschutz verbunden werden. Am weitesten gehen in dieser Richtung die Vorschläge von Horst Afheldt zur Bildung von dezentralen „Technokommandos", deren wichtigste Aufgabe die Panzerabwehr ist[13]. Solche Vorschläge können nur politisches Gewicht erhalten, wenn in der Öffentlichkeit die Bereitschaft wächst, sich auf alternative Formen der Verteidigung einzulassen. Man kann nur hoffen, daß diese Bereitschaft nicht zu spät entsteht.

3. Christentum, militärische Gewalt und Krieg

So weit kann eine Analyse vordringen, die sich an den gegenwärtigen Formen militärischer Gewalt orientiert. Betrachtet man die Situation jedoch unter der Perspektive des christlichen Glaubens, so ist es unvermeidlich, daß die Überlegungen eine ungleich radikalere Gestalt annehmen. Denn dem Christentum ist von seinen Anfängen an ein problematisches Verhältnis zur Gewalt eigen. Der ursprüngliche Ausdruck hierfür ist die Bergpredigt. Jesus führt in ihr eine Forderung ein, die das ethische Problem in ungeahnter Weise verschärft und zugleich das politische Problem in rätselhafter Weise verschlüsselt. In diesem Sinn hat der bekannte französische Philosoph Paul Ricoeur die mit der Bergpredigt gestellte Grundfrage charakterisiert; ihm schließe ich mich in den folgenden Überlegungen weitgehend an[14]. Die Radikalisierung des ethischen

13 H. Afheldt, Verteidigung und Frieden. Politik mit militärischen Mitteln, München 1976; vgl. auch E. Spanocchi/G. Brossolet, Verteidigung ohne Schlacht, München 1976.

14 P. Ricoeur, Staat und Gewalt, in: P. Ricoeur, Geschichte und Wahrheit, München 1974, S. 232-248. Den Hinweis auf diesen Aufsatz verdanke ich W. Lienemann.

Problems kommt in der Bergpredigt am deutlichsten zum Ausdruck in der Fassung, die Jesus dem Gebot der Nächstenliebe gibt. „Ich aber sage euch: Liebet eure Feinde und betet für eure Verfolger, so werdet ihr zu Söhnen eures Vaters im Himmel"[15]. Diese Radikalisierung des Liebesgebots gibt zugleich den Horizont dafür ab, daß Jesus das Gesetz der gewaltsamen Vergeltung nicht mehr anerkennen kann: nicht einmal mehr als Strafgewalt, als Gewalt der vergeltenden Sühne hat die Gewalt in der Bergpredigt einen Platz. Dem Grundsatz „Auge um Auge, Zahn um Zahn" setzt Jesus die Forderung entgegen: „Stellt euch keinem, der ein Unrecht tut, entgegen. Sondern wo immer dich einer auf die rechte Backe schlägt, dem halte auch die andere hin! Und dem, der mit dir prozessieren und dir dein Hemd nehmen will, laß auch den Mantel! Und wenn dich einer eine Meile mitzugehen nötigt, denn geh zwei mit ihm! Wer dich bittet, dem gib; und wer von dir borgen will, den weise nicht ab!"[16].

Welche Möglichkeiten er menschlichem Leben eröffnen will, macht Jesus durch eine radikale und gerade darin sinnvolle „Übertreibung"[17] klar: durch die Schilderung des vollständigen Gewaltverzichts. Jesus stellt seinen Hörern also eine Art von Liebe vor, die alle für natürlich gehaltenen Grenzen der Liebe übersteigt; er redet von einer restlos aufopfernden Art der Liebe, die allerdings selbst in der Aufopferung nicht einfach passiv bleibt, sondern selbst dem noch, der Unrechtes fordert und tut, statt ihn nur zu erdulden, aktiv entgegenkommt: sie hält die andere Backe hin, gibt auch noch den Mantel, geht eine Meile zu viel. Das Befremdliche an diesen Forderungen besteht darin, daß sie einleuchtend und rätselhaft in einem sind. Einleuchtend sind sie darin, daß das Bild der Menschlichkeit, das in ihnen zur Sprache kommt, unwidersprechlich und unvergeßlich ist. Rätselhaft sind sie darin, daß sie einen radikalen Riß in die Praxis menschlicher Existenz hineintragen. Diese Praxis wird „in sich selbst auseinandergebrochen; denn das Politische kann als solches nicht im Rahmen dieser Ethik der Widerstandslosigkeit und des Opfers gedacht werden" (Ricoeur)[18].

Daß dieser Riß bereits im ältesten Christentum selbst empfunden wurde, belegt der Römerbrief des Paulus. Denn in Römer 13 rät Paulus den Christen in Rom, sich den politischen Behörden nicht nur aus nackter Furcht, sondern aus Gewissensgründen zu unterwerfen. Wie verhält sich die Unterwerfung unter die Behörden zur Ethik der Widerstandslo-

15 Mt 5, 44.
16 Mt 5, 39-42.
17 Vgl. H.-R. Reuter, Die Bergpredigt als Orientierung unseres Menschseins heute, in: Zeitschrift für evangelische Ethik, 23, 1979, S. 84-105, S. 95.
18 Ricoeur, a. a. O. (Anm. 14), S. 234.

ligkeit und des Opfers? Die Bedeutung des vielverhandelten Abschnitts über den „Staat" im Römerbrief liegt vor allem darin, daß er auf diesen Zwiespalt aufmerksam macht; aus der Schärfe, mit der er diese Frage deutlich macht, erklärt sich die Resonanz, die dieser Text durch zwei Jahrtausende hindurch gefunden hat, vielleicht eher als aus der Antwort, die er darauf gefunden hat.

Paulus erörtert den Gehorsam gegenüber den staatlichen Autoritäten in einem Zusammenhang, in dem mit Nachdruck von der Liebe, die jeder Mensch seinem Nächsten schuldet, die Rede ist; die Forderung, nicht Böses mit Bösem zu vergelten, wird von ihm mit einer Radikalität erhoben, die der Radikalität der Bergpredigt durchaus vergleichbar ist[19]. In diesen Zusammenhang fügt er die Aufforderung, sich den staatlichen Behörden unterzuordnen, ein. Er ist sich also des Umstands genau bewußt, „daß er mit der Einführung der Gestalt der Obrigkeit, und mit ihr der Autorität, der Bestrafung, des Gehorsams, der Angst, eine Dimension des Lebens aufzeigt(e), die in den unmittelbaren Beziehungen des Menschen zum Menschen, wie sie in der brüderlichen Liebe dargestellt werden ..., nicht enthalten" ist[20]. Er fordert dazu auf, auf alle Vergeltung zu verzichten; und im unmittelbaren Anschluß an diesen Appell zur Liebe zeichnet er die Gestalt staatlicher Autorität. Was aber ist die Aufgabe der Obrigkeit? Sie bestraft den, der Böses tut – ihr Gesetz ist das Gesetz der Vergeltung, nicht das Gesetz der Liebe. Aufgabe des Staates ist die strafende Gewalt. Paulus macht keinen Versuch, diese strafende Gewalt aus der Liebe abzuleiten – wie es manche Spätere taten, die auch noch den Krieg als eine Gestalt der Liebe meinten deuten zu können: nämlich als Liebe denen gegenüber, die nur die Sprache der Gewalt verstehen. Er leitet die Strafgewalt des Staates nicht aus der Liebe, sondern aus der Gerechtigkeit ab: in der strafenden Gewalt des Staates verschlüsselt sich die strafende Gerechtigkeit, der Zorn Gottes; doch ebenso wie das Verhältnis zwischen Zorn und Liebe in Gott ein Rätsel bleibt, so bleibt das Verhältnis der Strafgewalt des Staats zur Ethik der Liebe ein Rätsel.

Dieses Rätsel vergrößert sich, wenn der Staat nicht nur von strafender Gewalt gegenüber seinen Untertanen, sondern auch noch von zwingender oder vergeltender Gewalt gegenüber anderen Völkern Gebrauch macht; damit, daß der Staat der Strafgewalt noch die kriegerische Gewalt zur Seite stellt, verschärft sich die Aporie. Gibt es eine Grenze staatlicher Gewalt? Kann die Ethik der Liebe der Gewalt des Staates ein Maß, eine Grenze setzen? Gibt es eine solche „präzise, offensichtli-

19 Vgl. Rm 12, 17 ff.
20 Ricoeur, a. a. O. (Anm. 14), S. 235.

che, unumstrittene und unbedingte Grenze"? Paul Ricoeur, dem ich noch immer folge, antwortet: „Diese Grenze ist sofort gefunden: Es ist das Tötungsverbot. ‚Du sollst nicht töten'. Dieses rein negative Gebot, dieser Befehl in der Form eines Verbots ist in der Tat das einzige Handlungsprinzip, das die beiden Ethiken der Liebe und des Amtes zusammenhalten kann. Einzig eine Strafe, die diesseits des Mordes, diesseits der Todesstrafe bleibt, schließt die Liebe nicht völlig aus"[21]. Sie erfüllt die Liebe zwar nicht; aber sie negiert sie wenigstens nicht. „In diesem Sinne kann gesagt werden, daß die strafende Funktion des Staates, wiewohl dem Reich der Liebe von Ursprung und Ziel her fremd, doch mit diesem solange vereinbar ist, wie sie die Grenze des Mordverbots beachtet. In Ermangelung einer ursprünglichen und endgültigen Einheit können die zwei Pädagogiken, die des Opfers und die des Zwangs, sich in eine gemeinsame Grenze auf der Ebene der Mittel teilen. Was letzten Endes das Politische mit dem Ethischen, die Ordnung mit der Barmherzigkeit verbindet, das ist die Achtung der Person in ihrem Leben und ihrer Würde"[22]. Vereinbar bleiben Politik und Liebe also nur, wenn die Politik in der Wahl ihrer Mittel das Leben und die Würde der menschlichen Person respektiert: die christliche Forderung nach einer Vereinbarkeit von Politik und Ethik setzt sich deshalb um in die Forderung nach Gewährleistung und Bewahrung der Menschenrechte in der Politik.

Was ergibt sich aus diesen Überlegungen für die Frage nach der Rechtfertigung militärischer Gewalt? Militärische Gewalt, die ihre Verwendung in kriegerischen Auseinandersetzungen nicht ausschließen kann, ist dadurch definiert, daß sie sich nicht an die Grenze der Mittel hält, die wir gerade als eine unbedingte Grenze erkannt haben: die *Grenze des Tötungsverbots*. Will man den Aufbau militärischer Gewalt im Rahmen der staatlichen Strafgewalt, im Rahmen des staatlichen Gewaltmonopols rechtfertigen, dann muß man, solange militärische Gewalt tötende Gewalt ist, zunächst die Todesstrafe anerkennen und rechtfertigen. Das aber heißt: Man muß eben jene Grenze negieren, die wir als unbedingte Grenze erkannt haben – wenn anders Ethik und Politik nicht vollständig auseinanderbrechen sollen. Ein Staat, der sich selbst das Recht zur Tötung nicht mehr anmaßt und die Schranke des Tötungsverbots im Strafrecht anerkennt, erkennt zugleich an, daß die Vernichtung von Menschenleben im Krieg nicht gerechtfertigt werden kann.

Gibt es jedoch nicht andere Wege, die Anwendung kriegerischer Gewalt zu begründen? Gewiß! Ein solcher Weg besteht darin, den Gedanken der Notwehr und der Nothilfe auf das Verhältnis zwischen Staaten

21 Ebda., S. 242.
22 Ebda.

zu übertragen. Dieser Weg ist gerade neuerdings wieder – unter anderem auch im Bereich der Militärseelsorge – vorgeschlagen worden[23]. Doch sollte man den Unterschied zwischen Notwehr und Nothilfe auf der einen und kriegerischen Auseinandersetzungen auf der anderen Seite nicht verharmlosen. Mit Notwehr und Nothilfe werden diejenigen Grenzfälle bezeichnet, in denen der einzelne das Gewaltmonopol des Staates durchbrechen darf, um unmittelbare Gefahr für das eigene Leben oder für das Leben eines anderen abzuwenden. Dabei wird im äußersten Fall in Kauf genommen, daß derjenige, der zur Notwehr oder zur Nothilfe greift, damit das Leben des Angreifers gefährdet; ausgeschlossen ist, daß sich damit die Intention zur Zerstörung des eigenen Lebens verbindet – dieses soll vielmehr gerade geschützt werden. Rechtlich betrachtet entstammt also die Anerkennung der Notwehr und der Nothilfe einer Güterabwägung. Worin, so muß man fragen, besteht die analoge Güterabwägung, wenn der Gedanke der Notwehr oder Nothilfe auf den Krieg übertragen wird. Im Krieg schützt man nicht das eigene Leben oder das Leben eines andern. Man ist – den Fall eines Verteidigungskriegs vorausgesetzt – vielmehr bereit, das eigene und das Leben anderer aufs Spiel zu setzen, um nicht individuelle Menschenleben, sondern um den Staat zu schützen. „Das einzige Motiv dafür, dem Staat in Waffen im Krieg zu dienen, ist der Wille, den Staat fortbestehen zu sehen" (Ricoeur)[24]. Und dies führt unter den heutigen waffentechnischen Bedingungen bis an jene Grenze, an der um des Fortbestehens des Staates willen das Überleben seiner Bürger aufs Spiel gesetzt wird. Mit dem Gedanken der Notwehr oder der Nothilfe ist dies nicht zu rechtfertigen.

4. Die Grenzen der Lehre vom gerechten Krieg

So bleibt nur die Frage, ob die Theorie des gerechten Krieges, die uns aus der Tradition gerade der christlichen politischen Ethik vertraut ist, auch heute noch die Anwendung kriegerischer Gewalt zu rechtfertigen vermag.

Erinnern wir uns zunächst an die traditionelle Gestalt dieser Lehre[25]. Unter Aufnahme antiker Vorstufen hat Augustin sie ausgebildet. Er ordnet das Phänomen des Krieges dem Ziel des irdischen Friedens unter; als gerecht gilt ihm ein Krieg dann, wenn in ihm Unrecht vergolten

23 Vgl. Macht und Gewalt – dem Frieden verpflichtet, in: Beiträge aus der ev. Militärseelsorge, Heft 18, 1976, S. 44.

24 Ricoeur, a. a. O. (Anm. 14), S. 245.

25 Vgl. meine Zusammenfassung, in: Ev. Staatslexikon, 2. Aufl. Stuttgart 1975, Sp. 1381 ff.

wird, wenn er sich gegen rechtswidriges Verhalten eines anderen Volkes – z.B. die Wegnahme von Eigentum – richtet. Die scholastische Theologie hat diese Lehre systematisch weiterentwickelt. Folgende Gesichtspunkte werden nun maßgebend: Der Krieg muß von einer legitimen Regierung geführt werden; er muß seinen gerechten Grund darin haben, daß ein anderer das Recht gebrochen hat; er muß auf die Wiederherstellung des Friedens bezogen sein; er darf nicht die Vernichtung des Gegners, sondern nur dessen Einbeziehung in die Rechtsordnung zum Ziel haben. Später trat die Forderung ergänzend hinzu, daß die Mittel des Krieges angemessen sein müssen, und daß die Übel, die durch den Krieg entstehen, nicht größer sein dürfen als das Unrecht, das er beseitigen soll. Die Reformatoren übernahmen die Lehre vom gerechten Krieg im Grundsatz, schränkten sie jedoch ausdrücklich auf den Fall des Verteidigungskriegs ein und verwarfen mit Nachdruck den Kreuzzugsgedanken.

Die kritische Funktion der Lehre vom gerechten Krieg ging in der Folgezeit insbesondere dadurch verloren, daß man das Vorliegen eines gerechten Kriegs von der subjektiven Einschätzung der beteiligten Kriegsparteien abhängig machte. So entwickelte sich die Lehre vom beiderseits gerechten Krieg, dem bellum iustum ex utraque parte; bei ihr wurde die Frage, ob die kriegführenden Parteien kriegsberechtigt seien, d.h. ob sie über die Souveränität in einem Gebiet verfügten, die allein ausschlaggebende Frage. Die Lehre vom gerechten Krieg diente also ausschließlich zur Legitimation der jeweils kriegführenden Parteien; der Versuch, durch diese Lehre die Kriegsführung zu beschränken und den Krieg an die Aufgabe und das Ziel des Friedens zu binden, war damit gescheitert. Kann es heute gelingen, durch eine Wiederbelebung dieser Lehre die Anwendung militärischer Gewalt erneut dem Ziel des Friedens unterzuordnen?

Bevor wir diese Frage weiterverfolgen, ist eine Zwischenüberlegung notwendig. Wer die Lehre vom gerechten Krieg verficht, darf vor der Lehre von der gerechten Revolution nicht zurückschrecken. Sie ergibt sich vielmehr zwingend, wenn man die Kriterien der Lehre vom gerechten Krieg auf das Problem der rechtsetzenden Gewalt, der Veränderungsgewalt überträgt. Ausgangspunkt revolutionärer Gewaltanwendung ist die These, daß der etablierten Staatsgewalt die Legitimität fehlt; die nachdrücklichsten Beispiele für diese These von der mangelnden Legitimität etablierter Staatsgewalten sind die Fälle von Fremdherrschaft in Kolonialgebieten, gegen die revolutionäre Befreiungskriege begonnen wurden. Es ist folgerichtig, auf der Basis dieser Grundthese von der Illegitimität der bestehenden Staatsgewalt und von der Legitimität des revolutionären Ziels – heiße dies Befreiung von Fremdherrschaft oder

Befreiung von Unterdrückung – sodann die übrigen Kriterien der Lehre vom gerechten Krieg auf die revolutionäre Gewalt anzuwenden. Der Schritt von der Lehre vom gerechten Krieg zur Lehre von der gerechten Revolution ist also nicht zu vermeiden.

Ich rufe diesen Zusammenhang deshalb in Erinnerung, weil die Theorie der gerechten Revolution in der kirchlichen Diskussion der letzten Jahre in unerwarteter Weise wieder an Aktualität gewonnen hat. Auf der Vollversammlung des Lutherischen Weltbunds in Daressalem im Juni 1977 hat überraschenderweise der amerikanische Theologe William Lazareth, inzwischen Direktor der Abteilung für „Glauben und Kirchenverfassung" des ÖRK, diese These erneuert. Ich zitiere einen Pressebericht im Wortlaut: „Der über jeden Radikalenerlaß erhabene Schüler Niebuhrs und Direktor der Abteilung ‚Kirche und Gesellschaft' der ebenso unverdächtigen Lutherischen Kirche in Amerika stellte der traditionellen lutherischen Ethik vom ‚gerechten Krieg' die Forderung nach einer ‚gerechten Revolution' zur Seite. Der Gedanke ist im Prinzip nicht neu. Auch eine Studie der Evangelischen Kirche in Deutschland hat sich detailliert mit dem christlichen Verständnis von Gewaltanwendung in Grenzsituationen beschäftigt. Aber die Thesen Lazareths erhalten in ihrer Konkretisierung vor dem aktuellen afrikanischen Hintergrund einen außerordentlichen theologischen und politischen Stellenwert. Im Klartext meint er: Ein Christ, der als Bürger bereit ist, an einem Krieg teilzunehmen und damit Gewalt als unvermeidliches Mittel legitimer staatlicher Macht zu bejahen, muß sich fragen lassen, ob er auch zur Teilnahme an einer ‚gerechten Revolution' bereit wäre. Krieg wie Revolution bedeuten Gewaltanwendung. In beiden Fällen kann sie für den Christen nur legitim sein, wenn gerechte Ordnung und wahrer Friede das Ziel sind, d.h. Versöhnung und nicht neue Unterdrückung"[26].

Diese Sätze belegen in eindringlicher Weise, daß die Lehre vom gerechten Krieg die Lehre von der gerechten Revolution nach sich zieht. Dieser Zusammenhang ist auch in den Diskussionen über das ökumenische Programm zur Bekämpfung des Rassismus deutlich hervorgetreten. Ich selbst kann mir diese Lehre von der gerechten Revolution nicht zu eigen machen. Einige der Gründe habe ich genannt: das Problem, wie die rechtssetzende Gewalt der Revolution wieder in die Anerkennung des staatlichen Gewaltmonopols übergehen kann, ist prinzipiell ungeklärt. Und vor allem: auch die revolutionäre Gewalt zerreißt das Band, das die Ethik der Liebe mit dem Gewalthandeln in der Politik allein zu verbinden vermag: das Band des Tötungsverbots.

26 Epd – ZA vom 21. Juni 1977.

Doch damit verschärft sich erneut die Frage, ob die Lehre vom gerechten Krieg als Rechtfertigung militärischer Gewaltanwendung unter den Bedingungen unserer Gegenwart tauglich ist. Bisher haben wir dagegen eingewandt, daß die Ausweitung dieser Lehre zu der Lehre vom beiderseitigen gerechten Krieg sie faktisch ihrer kritischen Funktion beraubt hat. Das gilt auch unter heutigen Bedingungen. Heute soll ausschließlich der Verteidigungskrieg als gerechter Krieg anerkannt werden[27]. Regelmäßig wird hinzugefügt: In welchem Umfang ein „präventiver Verteidigungskrieg" als echter Verteidigungskrieg anerkannt werden kann, ist eine offene Frage. Dies genügt als Hinweis darauf, daß jede kriegführende Macht, falls sie in der Situation des Angreifers ist, ihren Krieg als präventiven Verteidigungskrieg bezeichnen und damit behaupten wird, sie führe einen gerechten Krieg. Es tritt das Argument hinzu, daß unter den Bedingungen der modernen Waffentechnik die Vorstellung, man könne für eine gerechte Sache angemessene, gerechte Mittel einsetzen, schlechterdings illusorisch geworden ist. Ebenso illusorisch ist die Vorstellung geworden, eine Kriegführung sei mit Sicherheit so anzulegen, daß sie nicht auf die Vernichtung des Gegners, sondern auf die Wiederherstellung einer gerechten Ordnung gerichtet sei. Mit all dem hat die heutige waffentechnische Situation nur das Dilemma mit Nachdruck ans Licht gebracht, das für die Lehre vom gerechten Krieg schon immer charakteristisch war. Sie versucht eine Rechtfertigung für staatliches Handeln zu beschaffen, welches die unbedingte Grenze des Tötungsverbots überschreitet.

Diese kritische Einschätzung der Lehre vom gerechten Krieg wird durch das Urteil bestätigt, das der Staats- und Völkerrechtler Ulrich Scheuner 1976 vor der Dekanekonferenz der evangelischen Militärseelsorge über diese Lehre abgegeben hat. Ich zitiere einige Sätze: „Die Geschichte der Lehre vom 'gerechten Krieg' zeigt ..., daß sie schwerlich in der Lage war, den Krieg wirksam einzudämmen, noch zu einem brauchbaren Urteil über den einen oder anderen Kriegführenden zu gelangen. Das vom Kampf erfüllte Mittelalter zeigt, daß mit dieser Lehre der Kriegslust nur in geringem Maße Zügel angelegt wurden .... Die These vom 'gerechten Krieg' hat sich später dadurch selbst aufgelöst, daß man seit Grotius begann, die eigene subjektive Überzeugung von der Gerechtigkeit der eigenen Sache genügen zu lassen, und schließlich eingestand, daß möglicherweise beide Seiten sich als in gerechter Sache fechtend ansehen könnten. So hat das spätere 18. und das 19. Jahrhundert diese Auffassung aufgegeben und den Krieg schlechthin als Mittel der Politik

27 Dafür beruft man sich auf Art. 51 der UN-Charta, die vom Recht auf kollektive Selbstverteidigung spricht.

freigegeben, auch wenn die Staaten noch immer danach strebten, ihren Kriegen eine wenigstens moralische Anerkennung zu geben. Die Gegenwart hat sich ebenfalls von der Lehre vom 'gerechten Krieg' abgewendet, weil sie kein objektives Urteil ermöglicht und möglicherweise der Kriegführung Vorschub leistet."[28].

Nun hat allerdings der Generaldekan der evangelischen Militärseelsorge, Reinhard Gramm, vor einigen Jahren vorgeschlagen, für die Klärung der ethischen Probleme, die sich im militärischen Spannungsfall und im Verteidigungsfall stellen, an Elemente der Lehre vom gerechten Krieg anzuknüpfen. Hervorzuheben ist zunächst Gramms Intention: entgegen der verbreiteten Neigung, die ethische Problematik militärischer Gewaltanwendung zu suspendieren, versucht er deutlich zu machen, daß jeder Soldat im „Verteidigungsfall" in ethische Konfliktsituationen gerät, denen er sich nicht unter Verweis auf die Prärogative der „politischen Führung" entziehen kann. Gramm erklärt ausdrücklich, daß es ihm nicht um eine Renaissance des „belasteten, vielschillernden und oft mißbrauchten Begriffs" vom gerechten Krieg gehe. „Denn ein Rückzug hinter die Lehre der jüngsten Vergangenheit ist nicht möglich. Es kann nicht darum gehen, den Krieg zu rechtfertigen. Gerechtfertigt werden überhaupt nur Menschen, keine Institutionen und keine Aktionen. Militärische Gewaltmaßnahme kann nur vom übergeordneten Friedensgedanken verstanden werden. Und allein durch diesen Dienstcharakter hat auch die militärische Gewaltanwendung eine begrenzte und doch in diesen Grenzen theologisch nicht völlig zu verneinende Berechtigung."[29].

Halten wir an dieser Stelle zunächst inne. Gramm verneint die Möglichkeit einer Rechtfertigung des Krieges und spricht statt dessen davon, daß dem Krieg eine gewisse Berechtigung nicht abzusprechen sei. Diese Unterscheidung ist natürlich theologisch unanfechtbar. Denn dieser Lehre ging es nie um eine Rechtfertigung des Krieges im strengen theologischen Wort, sondern um die Klärung der Frage, unter welchen Bedingungen militärische Gewaltanwendung als berechtigt betrachtet werden und in diesem Sinne „gerechtfertigt" werden könne. Genau diese klassische Fragestellung aber nimmt Gramm wieder auf und versucht, einen „Bedingungsrahmen" festzulegen, innerhalb dessen die Berechtigung militärischer Gewaltanwendung nicht völlig zu vernei-

28 U. Scheuner, Die Aufgabe der Christen bei der Friedenssicherung in der Welt, in: Die Christenheit und der Weltfriede, in: Beiträge aus der ev. Militärseelsorge, Heft 20, 1976, S. 27-51, S. 28.

29 Ich zitiere die an verschiedenen Stellen veröffentlichten Gedanken Gramms hier nach: R. Gramm, Der Friede ist ein ernster Fall. Erwägungen zum Problemfeld militärischer Gewaltanwendung, in: Zeitschrift für evangelische Ethik, 20, 1976, S. 276-286.

nen wäre. Diesen Bedingungsrahmen formuliert er folgendermaßen: „Für einen Christen wäre die Teilnahme an einer militärischen Gewaltanwendung möglich, denkbar, notwendig, wenn diesselbe
1. als allerletztes Mittel,
2. im ausschließlichen Dienst der Verteidigung,
3. mit angemessenen militärischen Mitteln,
4. bei maximaler Schadensbegrenzung,
5. in verantwortbarer Zielsetzung,
6. zum Zweck der Wiederherstellung des Friedens,
7. in ständiger Bereitschaft zur Verhandlung geschieht."[30]

Zunächst ist darauf hinzuweisen, daß Gramm unter diesen Voraussetzungen die Beteiligung eines Christen an militärischer Gewaltanwendung nicht nur für möglich und denkbar, sondern sogar für notwendig hält. In welchem Sinn von der „Notwendigkeit" einer solchen Beteiligung die Rede ist, bleibt freilich unklar. Damit dürfte jedenfalls nicht gemeint sein, daß Gramm Kriterien dafür anzugeben vermag, wann die Beteiligung an militärischer Gewaltanwendung zu einer sittlichen Pflicht wird. Denn die Übertretung des Tötungsverbots kann niemals als sittliche Pflicht betrachtet werden. Auch die Notwehr und die Nothilfe – um an diese allerdings nicht zutreffenden Parallelen noch einmal zu erinnern – können unter der Voraussetzung, daß durch sie das Leben des Angreifers gefährdet wird, in keinem Sinn als sittliche Pflicht gelten. Die von Gramm genannten Bedingungen können also allenfalls unter dem Gesichtspunkt betrachtet werden, ob in ihrem Rahmen die Beteiligung von Christen an militärischer Gewaltanwendung als „möglich" und „denkbar" erscheint; sie können keine geeigneten Kriterien dafür sein, daß diese Beteiligung für einen Christen „notwendig" würde. Dies widerspräche nicht nur grundlegenden Einsichten der christlichen Ethik; es widerspräche auch dem geltenden Verfassungsrecht, welches die Kriegsdienstverweigerung aus Gewissensgründen grundrechtlich gewährleistet hat. Diese Gewährleistung ist zwar durch das Kriegsdienstverweigerungsurteil des Bundesverfassungsgerichts aus dem Jahr 1978 einer restriktiven Auslegung unterworfen worden, die durch das Grundgesetz selbst nicht gedeckt ist[31]. Doch für unseren Zusammenhang bleibt daran festzuhalten, daß der grundrechtliche Schutz der Kriegsdienstverweigerung

30 Ebda., S. 278.

31 R. Eckertz, Die Kriegsdienstverweigerung aus Gewissensgründen. Eine Kritik des Urteils des Bundesverfassungsgerichtes vom 13. 4. 1978. Zugleich ein Beitrag zur Unterscheidung des Verfassungsrechts von seinen vorlegalen Voraussetzungen, Ms., Heidelberg 1979, S. 5 ff.; sowie G. Picht, Der Staat und das Gewissen der Bürger, in: Ev. Kommentare 13, 1980, S. 70 ff., S. 135 ff.

auch für einen Verteidigungsfall gilt, selbst wenn dieser die von Gramm genannten Kriterien erfüllen würde.
Dieser grundsätzlichen Überlegung will ich einige Erwägungen über die einzelnen von Gramm genannten Bedingungen anfügen:
1. *Militärischer Einsatz als allerletztes Mittel.* Mit diesem Kriterium erneuert Gramm die Lehre vom Krieg als der ultima ratio der Politik. Diese Lehre erscheint mir unter den heutigen Bedingungen deshalb als unannehmbar, weil sie eine allmähliche Eskalation der politischen Mittel von der diplomatischen Verhandlung über die Drohung bis zum Einsatz von Gewalt voraussetzt. Diese Voraussetzung ist deshalb unzutreffend, weil der Übergang zur Gewaltanwendung immer – aber unter den Bedingungen der modernen Waffentechnik besonders offenkundig – den Übergang auf eine völlig neue Ebene darstellt. Der Einsatz atomarer Waffen kann zu keiner denkbaren Politik in einem funktionalen Verhältnis stehen; die Theorie der second strike capability oder die nur noch statistisch zu begreifende Größe der overkill capacity belegen dies zur Genüge. Wenn aber militärische Gewaltanwendung zur Politik nicht mehr in einem funktionalen Verhältnis steht, kann sie auch keine ultima ratio der Politik darstellen.
2. *Im ausschließlichen Dienst der Verteidigung.* Ob militärische Gewaltanwendung wirksam der Verteidigung zu dienen vermag, ist umstritten. Die Thesen, die die Arbeitsgruppe Carl Friedrich von Weizsäckers zu dieser Frage im Blick auf die Situation der Bundesrepublik formuliert hat, scheinen noch immer nicht widerlegt zu sein. Sie besagen: „Die Bundesrepublik ist mit konventionellen Waffen nicht zu verteidigen. Der Einsatz nuklearer Waffen in der Absicht der Verteidigung der Bundesrepublik würde zur nuklearen Selbstvernichtung führen.“ [32] Doch trotz dieser Skepsis wird man es für richtig halten, daß militärische Rüstung, so lange sie noch als unvermeidlich erscheint (und auch ich halte sie unter den heutigen Bedingungen noch für faktisch unvermeidlich), ihre defensive Zielsetzung mit aller Eindeutigkeit erkennen läßt. Die Vorschläge von Spannocchi, Brossolet und Afheldt weisen in diese Richtung und verdienen deshalb eine intensive Diskussion[33].
3. *Mit angemessenen militärischen Mitteln.* Gramm betrachtet die NATO-Strategie der „flexible response“ als eine Strategie, die diesem Kriterium genügt. In dieser Strategie dient jedoch als Maßstab für die Angemessenheit der Mittel dasjenige Maß, in dem der Gegner von seinem militärischen Potential Gebrauch macht. Dies zeigt, daß die Frage, ob mili-

32 H. Afheldt u. a., Durch Kriegsverhütung zum Krieg? München 1972, S. 9; vgl. C. F. v. Weizsäcker (ed), Kriegsfolgen und Kriegsverhütung, München 1971.
33 Vgl. Anm. 13.

tärische Mittel im Blick auf das verfolgte politische Ziel als angemessen betrachtet werden können, heute in Wahrheit unbeantwortbar geworden ist. Denn die Frage, wieviele Menschenleben angemessenerweise für die Erhaltung eines Staatswesens geopfert werden dürfen, kann kein Mensch beantworten.

4. *Bei maximaler Schadensbegrenzung.* Gramm erläutert dieses Kriterium mit folgenden Worten: „Eine Verteidigungsmaßnahme ist also so zu führen, daß die Substanz der zu verteidigenden Güter in jedem Fall erhalten wird."[34] Das Kriterium der Schadensbegrenzung richtet sich also nur auf die Schäden, die durch militärische Gewaltanwendung auf dem *eigenen* Territorium verursacht werden. Diese Bedingung geht hinter die klassischen Kriterien der Lehre vom gerechten Krieg erheblich zurück; denn sie bezieht die Schäden, die auf dem Territorium des Gegners verursacht werden, nicht in die Betrachtung ein. Sie reduziert sich also auf die These, daß das, was verteidigt werden soll, nicht durch die Verteidigungsmaßnahme selbst vernichtet werden darf. In dieser Fassung charakterisiert die These präzise das Dilemma gegenwärtiger Verteidungspolitik, taugt aber nicht als Rechtfertigung für militärische Gewaltanwendung.

5. *In verantwortbarer Zielsetzung.* Militärische Gewaltanwendung ist nach Gramm nur dann zu verantworten, wenn die Chance besteht, daß das ihr gestellte Ziel auch erreicht werden kann. Deshalb ist es nach seiner Auffassung notwendig, auch in Zukunft „ die Entwicklung einer zu starken Ungleichheit des Krätepotentials zwischen Ost und West zu vermeiden, damit die Aussicht auf Erfolg gewährleistet bleibt."[35] Unbeantwortet bleibt jedoch auch bei diesem Plädoyer für das „Gleichgewicht des Schreckens" die Frage, ob eigentlich unter den Bedingungen gegenseitiger Abschreckung für die Bundesrepublik im Fall militärischer Gewaltanwendung das Ziel, nämlich die Erhaltung der Bundesrepublik als einer lebensfähigen Industrienation, überhaupt erreichbar ist.

6. *Zum Zweck der Wiederherstellung des Friedens.* Dieses Kriterium kann man nur unter der Voraussetzung einführen, daß man mit Sicherheit über die Machtmittel verfügt, mit denen man den Gegner zwingen kann, das Zerstörungspotential der von ihm eingesetzten militärischen Mittel auf einer niedrigen Eskalationsstufe zu begrenzen. Verfügt man über diese Mittel nicht, so enthält jeder militärische Konflikt jedenfalls im Verhältnis zwischen Ost und West die Gefahr in sich, zur atomaren Auseinandersetzung ausgeweitet zu werden. Unter welchen Gesichtspunkten der Zustand nach dem Ende einer solchen atomaren Auseinan-

34 Gramm, a. a. O. (Anm. 29), S. 280.
35 Ebda.

dersetzung als „Frieden" bezeichnet werden soll, ist nicht vorstellbar.
7. *In ständiger Bereitschaft zur Verhandlung.* Dieses Kriterium hat die Absicht zum Inhalt, militärische Gewaltanwendung sofort abzubrechen, wenn Verhandlungen dazu eine Chance eröffnen. Dem ist zuzustimmen.

Ich habe den von Gramm skizzierten Bedingungsrahmen so ausführlich erörtert, um die – wie mir scheint – unüberwindlichen Schwierigkeiten deutlich zu machen, die sich dem Versuch entgegenstellen, Gründe für die Berechtigung militärischer Gewaltanwendung ethisch einsichtig zu machen. Diese Überlegungen führen zu dem Ergebnis: Die Lehre vom gerechten Krieg läßt sich nicht mehr aufrechterhalten – auch nicht auf dem Umweg, daß man die Aktualität von einzelnen Elementen dieser Lehre behauptet. Militärische Gewaltanwendung verstrickt die an ihr beteiligten Menschen immer und unausweichlich in ein unauflösbares Dilemma. In dieses Dilemma sind aber nicht nur diejenigen verstrickt, die sich zum Dienst mit der Waffe entscheiden; in dieses Dilemma sind vielmehr auch diejenigen verstrickt, die sich dieser Aufgabe entziehen oder nicht vor die Entscheidung gestellt werden. Denn solange die internationalen Beziehungen noch auf der Grundlage der Gewaltandrohung und Gewaltanwendung beruhen, kann auch derjenige nicht die Verantwortung für die Folgen seines Tuns übernehmen, der sich am Dienst mit der Waffe nicht beteiligt. Sein Handeln kann einstweilen nicht mehr sein als ein Zeichen für einen politischen Zustand, der noch nicht besteht. Doch der Einsatz tötender Gewalt durch den Staat ist nicht zu rechtfertigen. Die Konsequenz, die sich aus dieser Einsicht ergibt, hat Paul Ricoeur in unüberbietbarer Schärfe formuliert: „Durch seine Beziehungen zum Nicht-zu-Rechtfertigenden stellt der Staat den Menschen vor eine nur schwer erträgliche Wahl zwischen zwei Ethiken der Not: Davon nimmt die eine den Mord auf sich, um das physische Überleben des Staates zu gewährleisten, und die andere nimmt den Verrat auf sich, um Zeugnis abzulegen."[36]

In welchem Verhältnis stehen diese beiden notvollen Entscheidungen zueinander? Die Heidelberger Thesen von 1959 haben auf diese Frage folgendermaßen geantwortet: Die Entscheidung zum Waffengebrauch und die Entscheidung zum Waffenverzicht stehen zueinander in einem komplementären Verhältnis. Sie schließen einander – bezogen auf das entscheidende Subjekt – aus; sie können dennoch beide als christlich mögliche Entscheidungen betrachtet werden. Allerdings stehen sie zueinander in einem asymmetrischen und zeitlich-dynamischen Verhältnis. Denn beide Entscheidungen sind an der Aufgabe des Friedens zu messen; der Friede aber läßt sich nur sichern, wenn es gelingt, die Gefahr

36 Ricocur, a. a. O. (Anm. 14).

militärischer Auseinandersetzungen auf die Dauer zu bannen. In der Formulierung der Heidelberger Thesen: „Der gemeinsame Grund muß das Ziel der Vermeidung des Atomkrieges und der Herstellung des Weltfriedens sein. Keine Handlungsweise, die nicht auf diesem Grund ruht, scheint uns für einen Christen möglich." Aus dieser Grundlegung ergibt sich das asymmetrische Verhältnis zwischen Waffengebrauch und Waffenverzicht, daß die Heidelberger Thesen mit folgenden Worten kennzeichnen: *These 7:* „Die Kirche muß den Waffenverzicht als eine christliche Handlungsweise anerkennen." *These 8:* „Die Kirche muß die Beteiligung an dem Versuch, durch das Dasein von Atomwaffen einen Frieden in Freiheit zu sichern, als eine heute noch mögliche christliche Handlungsweise anerkennen."[37]

Diese Asymmetrie ist für Soldaten beschwerlich. Denn ihre Entscheidung wird unter den zeitlichen Vorbehalt gestellt, daß sie eine heute noch mögliche christliche Handlungsweise sei. Doch an diesem zeitlichen Vorbehalt muß mit allem Nachdruck festgehalten werden. In dem Maß, in dem die Wahrscheinlichkeit eines atomaren Krieges wächst, gewinnt die Aufgabe an Dringlichkeit, das System der Abschreckung in ein System dauerhafter politischer Sicherung des Friedens zu überführen.

5. Christentum und Militarismus

Das Christentum hat, so sagte ich, zur Gewalt ein problematisches Verhältnis. Wir müssen uns nun einer anderen Seite dieses Verhältnisses zuwenden. Die radikale Absage an die Gewalt, die sich in der Verkündigung und im Lebensstil Jesu und im „Wanderradikalismus"[38] der frühen Jüngergemeinde ausprägt, hat, wie man weiß, die Geschichte des Christentums nicht durchgehend bestimmt. Eine veränderte Einstellung zum Problem der Gewalt ergab sich vor allem aus der Wende in der Geschichte des Christentums, mit der dieses in den Raum politischer Verantwortung eintrat – der politischen und reichsrechtlichen Anerkennung des Christentums durch Konstantin und seine Nachfolger. Mit diesem Schritt übernahm die christliche Kirche auch die Mitverantwortung für die kriegerischen Auseinandersetzungen der staatlichen Macht, mit der sie sich nun verbündete. Gegen den Kriegsdienst der Christen wurden

37 G. Howe (ed), Atomzeitalter, Krieg und Frieden (Ullstein-Buch 614), Berlin 1963, S. 230 f.; vgl. zur Asymmetrie dieser Thesen zuletzt G. Liedke, Überlebensfrage Frieden. Von der Komplementarität zu den Dimensionen des Friedens, in: A. M. K. Müller (ed), Zukunftsperspektiven, Stuttgart 1976, S. 24-45, S. 26 ff.
38 G. Theißen, Soziologie der Jesusbewegung, München 1977.

Einwände nur noch von Minderheitsgruppen erhoben. Den Großkirchen aber galt nur der Kriegsdienst der Priester und Mönche als verboten. Denn sie wurden als die wahren Soldaten Christi betrachtet, die nicht zugleich als Soldaten des Kaisers dienen könnten. In der Folgezeit wurde die Frage nach der Notwendigkeit der Kriege nicht selten mit der Lehre von der Erbsünde, die Frage nach dem Recht der Kriegführung aber mit der Lehre vom gerechten Krieg beantwortet. Immer wieder wurden Kriege im christlichen Namen als heilige Kriege ausgegeben, wobei man sich eine Tradition des Alten Testaments zunutze machte.

Diese Lehren sind Versuche, ein unproblematisches Verhältnis zwischen christlichem Glauben und militärischer Gewalt zu ermöglichen. So trugen sie zur Ausbildung eines christlichen Militarismus bei.

Der Begriff des Militarismus verweist in einer der Varianten seines heutigen Gebrauchs auf Einstellungen, die sich mit der Bereitschaft verbinden, internationale Konflikte mit Hilfe militärischer Gewalt zu lösen. Solche Bereitschaft zu militärischer Gewaltanwendung verknüpft sich in aller Regel, wie vor allem Untersuchungen in Nordamerika gezeigt haben, mit einer Reihe weiterer Einstellungsmerkmale: mit Nationalismus, Rassendiskriminierung, autoritärem Verhalten, Strafmentalität; nicht zuletzt verknüpft sie sich auch mit religiöser „Orthodoxie", also mit kirchlich eng gebundenem, konventionell christlichem Verhalten[39]. Für die Bereiche, für die mir derartige Untersuchungen bekannt sind, kann man formulieren: Je enger sich ein Mensch an die traditionellen Lehren und Verhaltensweisen seiner Kirche anschließt, desto größer ist die Wahrscheinlichkeit, daß er militaristische Einstellungen und Verhaltensweisen ausbildet. Für den deutschen Bereich bestätigen auch historische Untersuchungen, daß Nationalismus, Militarismus und Religion sich eng miteinander verbunden haben. Noch heute läßt sich ferner folgendes feststellen: in einem beträchtlchen Teil der Bevölkerung verbindet sich die Erwartung, die Kirche solle sich für die Aufrechterhaltung von Tradition, Sittlichkeit und Moral einsetzen und an den traditionellen kirchlichen Lehren festhalten, mit der Auffassung, daß christliche Erziehung wie Erziehung überhaupt vor allem auf Gehorsam gerichtet sein muß. Es liegt nahe, einen Zusammenhang zwischen diesen verbreiteten Einstellungen und Militarismus zu sehen.

Betrachten wir Militarismus sozialpsychologisch, so stoßen wir auf einen Einstellungskomplex, der keineswegs auf den Bereich der internationalen Beziehungen beschränkt ist. Der Militarismus fügt sich vielmehr in eine Strafmentalität und Gewaltbereitschaft ein, die alle Ebenen so-

39 Vgl. v. a. E. W. Russell, Christentum und Militarismus, in: Huber/Liedke, a. a. O. (Anm. 1), S. 21 ff.

zialen Zusammenlebens – von der Familie bis zu den internationalen Beziehungen – umgreift. Man wird nicht sagen können, daß ein solcher Militarismus für Wettrüsten und kriegerische Gewaltanwendung in jedem Fall die *Ursache* abgibt; doch in jedem Fall erhöht er die *Bereitschaft*, Rüstungsmaßnahmen und kriegerische Gewaltakte mitsamt ihren innergesellschaftlichen Auswirkungen hinzunehmen oder auch aktiv zu unterstützen.

Für die christlichen Kirchen liegt in solchem Militarismus gerade deshalb eine besondere Herausforderung, weil er sich so häufig mit konventioneller Christlichkeit, mit religiöser „Orthodoxie" verbindet. Die Kirchen begegnen hier den gewollten oder ungewollten Früchten ihrer eigenen Verkündigung und ihres eigenen Unterrichts. Die Verkündigung des strafenden Gottes, die Predigt von der Sündigkeit des Menschen hat sich häufig mit der Erziehung zu einer Strafmentalität verknüpft, die in eine aggressive Grundhaltung eingeht. Deshalb stellt sich den Kirchen die Aufgabe, den religiösen Wurzeln von Militarismus nachzugehen.

Dabei erweist sich der Militarismus als eines der schärfsten Beispiele für die Paradoxie des Christentums. Diese Paradoxie liegt in dem Widerspruch zwischen dem Auftrag der christlichen Kirchen und ihren historischen Wirkungen; sie liegt in dem Widerspruch zwischen der Verheißung, unter welcher der christliche Glaube steht, und den geschichtlichen Folgen, die er hervorgebracht hat. Man hat verschiedene Versuche unternommen, diese Paradoxie auf bestimmte Inhalte des christlichen Glaubens zurückzuführen – sei es auf die Predigt vom zornigen und strafenden Gott, durch welche die Liebe dieses Gottes zu einer bedingten Liebe wird; sei es auf die christliche Rede von Schuld, durch die beim Menschen Selbsthaß und Aggressivität ausgelöst wird; sei es auf die Rede vom Herrschaftsauftrag des Menschen über die Erde, durch welche die Menschen zu einem ausbeuterischen Verhalten gegenüber der Natur und gegenüber den Mitmenschen provoziert werden. Doch gegen alle derartigen Versuche, die Paradoxie des Christentums aus bestimmten Inhalten der christlichen Verkündigung abzuleiten, läßt sich einwenden, daß es sich dabei um Mißverständnisse der christlichen Botschaft handle. Man muß deshalb nach den Ursachen solcher Mißverständnisse fragen. Es bedarf also einer anderen Art von theologischen Überlegungen, wenn man die Paradoxie des Christentums und das Phänomen des christlichen Militarismus verstehen will.

Für die Entwicklung der christlichen Kirchen in Europa liegt einer der grundlegenden Vorgänge in jener Entwicklung, die man abkürzend als Verbindung von Kirche und Macht kennzeichnen kann. Mit dieser Verbindung, die man auf die Konstantinische Wende zurückzuführen pflegt, wurde die Distanz des christlichen Glaubens zum Phänomen der

Macht keineswegs aufgehoben; vielmehr ergab sich nun eine eigentümliche Doppelrichtung der Christentumsgeschichte: der Distanz gegenüber aller weltlichen Macht trat die Anpassung an die politische Macht zur Seite; in der Entwicklung der christlichen Ethik bildete sich dies darin ab, daß sich eine Zwei-Stufen-Ethik ausprägte, die bald zu einer Zwei-Klassen-Ethik ausgestaltet wurde. Der Ethik des Dekalogs wurden die „Ratschläge des Evangeliums" gegenübergestellt (Zwei-Stufen-Ethik), die bald in einem mehr oder weniger exklusiven Sinn als Grundsätze einer Mönchsethik verstanden wurden (Zwei-Klassen-Ethik). Im Protestantismus zeigte sich eine durchaus vergleichbare Tendenz in all denjenigen Konzepten, die eine radikal christliche Praxis auf den Bereich der individuellen Frömmigkeit und des privaten Lebens beschränkten, weil für den Bereich der öffentlichen Institutionen andere, eigene Gesetze in Geltung stünden. Mit dieser Doppelung im Verständnis christlicher Ethik hängt eine eigentümliche Doppelfunktion der Kirche unmittelbar zusammen; die für den geschichtlichen Erfolg des Christentums erhebliche Bedeutung hat: die Kirchen sind zugleich Instrumente der Anpassung *und* der Befreiung, der Stabilisierung *und* der Erneuerung. In dem Maß, in dem die Kirchen Instrumente der Anpassung und Stabilisierung sind, werden aber Elemente des christlichen Glaubens zu Bestandteilen einer politischen Religion, die zur Legitimation jeweils bestehender politischer Herrschaftsformen dient und den Gewaltunterworfenen zugleich eine Kompensation durch den Verweis auf zukünftiges Heil in Aussicht stellt. Der Hinweis, daß der christliche Glaube als politische Religion Verwendung findet und dem Interesse an Legitimation und Kompensation dienstbar gemacht wird, ist dabei keineswegs nur historisch gemeint. Je geschlossener einzelne Gesellschaften noch heute als christliche Gesellschaften verstanden werden, desto massiver wirkt sich das Interesse daran aus, daß der christliche Glaube als politische Religion ausgestaltet und verwendet wird. Die gesellschaftlichen Funktionen der Religion bestimmen dann das Verständnis des christlichen Glaubens.

J. Comblin hat diese Beobachtung im Blick auf bestimmte Erscheinungsformen des lateinamerikanischen Katholizismus folgendermaßen erläutert: Gott gilt – in dem von Comblin charakterisierten Denken – als Ursprung aller Ordnung und aller Macht. Macht ist das wichtigste Prädikat Gottes, von dem alle anderen Gottesprädikate sich herleiten. Gott setzt verschiedene Mächte in der Schöpfung ein, von denen die Ordnung der Gesellschaft ausgeht. Die dadurch ermöglichte Idealisierung der Macht verknüpft sich leicht mit einer Glorifizierung bewaffneter Streitkräfte, die die entscheidenden Instrumente der Macht kontrollieren. Auf dieser Basis erhalten viele Elemente der christlichen Tradition nun ihre präzise Interpretation: der Glaube wird zum Glauben an die Bestimmung der eigenen Nation, die unter dem besonderen Schutz Gottes steht; Liebe gewinnt den Charakter nationaler Solidarität und hat deshalb den bedingungslosen Gehorsam gegenüber der eigenen Regierung zur Folge; Maria, die Mutter Gottes, ist der Oberbefehlshaber der Armee; Christus ist der Führer im Kampf gegen den zutiefst verdorbenen Marxismus und so fort[40].

Dies ist ein relativ krasses Beispiel für die Funktionalisierung des christlichen Glaubens zur politischen Religion. Sublimere Formen dieses Vorgangs zeigen sich aber überall dort, wo bestimmte Gehalte des christlichen Glaubens um der jeweiligen Anpassung an die gegebene politische Wirklichkeit willen suspendiert und wo dadurch die Spannung zwischen der Ethik der Liebe und der Ethik der Politik eliminiert wird. Diese Spannung muß in unserer Gegenwart aber gerade angesichts der Eigendynamik des Rüstungswettlaufs, wachsender Rüstungsexporte und einer zunehmenden Militarisierung von Ländern der Dritten Welt zur Sprache gebracht werden. Um dieser Spannung willen muß in Erinnerung gerufen werden: Den christlichen Kirchen kam immer, auch nachdem sie Mitverantwortung für die Ausübung politischer Macht übernommen hatten, eine Doppelfunktion zu: Anpassung und Befreiung, Stabilisierung und Erneuerung. Der christliche Glaube beschränkt sich nicht darauf, daß er den Menschen in der Situation, in der sie sich vorfinden, ein getröstetes Gewissen vermittelt, also stabilisierend und integrierend wirkt; sondern ihm ist zugleich von seinen Anfängen an ein Element der Unruhe, ein „anarchisches Potential" eingestiftet: er zielt auf Erneuerung und Befreiung.

Der Ursprung der Kirche ist, wie Ernst Lange einmal gesagt hat, der Einspruch Jesu gegen die Selbstzerstörung des Menschen[41]. Dieser Einspruch gilt der Zerstörung des Menschen und seiner Welt in einem; er betrifft die Selbstzerstörung und die Weltzerstörung zugleich. Einen besonders zugespitzten Ausdruck findet dieser Einspruch im Gebot der Feindesliebe, das in der Zuwendung Gottes zu dem ihm feindlichen Menschen seinen Grund hat. Wo immer christliche Gemeinden sich an diesen ihren Ursprung erinnern, hat dies eminente Folgen. Die christliche Gemeinde nämlich ist der Ort, an dem unbewußt oder bewußt, implizit oder explizit der Aufstand gegen die Feindschaft geprobt wird

40 Vgl. den Beitrag von J. Comblin in: Commission of the Churches on International Affairs (ed), Preparatory Materials for the Consultation on Militarism, Genf 1977.

41 E. Lange, Bildung als Problem und als Funktion der Kirche, in: J. Matthes (ed), Erneuerung der Kirche. Stabilität als Chance?, Gelnhausen 1975, S. 189-222, S. 204.

plizit oder explizit der Aufstand gegen die Feindschaft geprobt wird und Gestalt gewinnt. Darin liegt der erste Beitrag christlicher Gemeinden zur Überwindung von Militarismus und Wettrüsten: daß sie sich ihres Ursprungs erinnern und dem Einspruch Jesu gegen das Gesetz der Feindschaft in gottesdienstlicher Feier, in gegenseitigem Dienst und in praktischer Aktion Gestalt geben. Es gibt viele Felder, in denen sich die Wirkung dieser Erinnerung zeigen kann: in der Art etwa, wie innerkirchliche Konflikte ausgetragen werden, im Umgang christlicher Gemeinden mit Randgruppen und ausländischen Mitbürgern, in der Intensität ökumenischer Zusammenarbeit. Nur in dem Maß, in dem der Einspruch Jesu gegen die Feindschaft in den christlichen Gemeinden selbst glaubwürdige Gestalt gewinnt, wird auch der Einspruch von Christen gegen Militarismus und Wettrüsten glaubwürdig sein. Ein solcher glaubwürdiger Einspruch aber könnte um vieles wichtiger sein als die Ausarbeitung eigener christlicher Programme zur Abrüstung.

Die Kritik, die heute an den wuchernden Militärapparaten in aller Welt und an Vorgängen der Militarisierung in vielen Ländern geübt werden muß, hat also die Selbstkritik der christlichen Kirchen zur notwendigen Folge. Diese Selbstkritik hat vor allem zwei Seiten: In welchem Maß, so muß zunächst gefragt werden, ist der christliche Glaube zu einer politischen Religion geworden, die das Gesetz militärischer Gewaltanwendung toleriert oder legitimiert hat, zu einer politischen Religion vielleicht auch, die den Charakter eines christlichen Militarismus angenommen hat. Die zweite Seite dieser Selbstkritik aber ist folgende: Warum gewinnt Jesu Einspruch gegen das Gesetz der Feindschaft in christlichen Gemeinden und in der zerrissenen Christenheit so oft keine glaubwürdige Gestalt? Worin verhindern die institutionellen Formen, in denen die Kirche jeweils existiert, ein eindeutiges Eintreten dafür, daß militärische Gewaltandrohung und Gewaltanwendung abgebaut wird? Nur wenn diese selbstkritischen Fragen wirksam gestellt und beantwortet werden, können die Kirchen glaubwürdig sagen, daß die Forderung nach Abrüstung für sie eine vordringliche Frage ist. Nur dann kann man sich eine Wirkung davon erhoffen, daß der Ökumenische Rat der Kirchen die Abrüstung zu einem seiner Hauptanliegen erklärt hat.

Aus welcher Perspektive können die ökumenische Christenheit sowie Kirchen und christliche Gruppen in den verschiedenen Ländern dafür eintreten, daß dem Wettrüsten Einhalt geboten wird, daß militärische Einstellungen abgebaut werden und daß Möglichkeiten zur Abrüstung entschlossen wahrgenommen werden? Ihre Perspektive ist zunächst die *Erfahrung* des Friedens, den Gott den Menschen schenkt und um dessentwillen Jesus lebte und starb. Diese Erfahrung gewinnt Gestalt im geistlichen Leben der Kirche, in der Verbundenheit christlicher Gemeinden, im aktiven Handeln von Christen an ihren verschiedenen gesellschaftlichen Orten. Gottesdienst, Gemeinschaft und Dienst sind die Grundvollzüge, in denen die christliche Gemeinde der Erfahrung des Friedens Ausdruck gibt. Aus diesem Lebenszusammenhang des christlichen Glaubens ergeben sich nicht mit Zwangsläufigkeit bestimmte Konzepte oder Programme gegen Wettrüsten und Militarismus oder für die Abrüstung; wohl aber ergibt sich aus diesem Lebenszusammenhang des christlichen Glaubens eine bestimmte *Disziplin* im Umgang mit den politischen Problemen unserer Zeit[42]. Der christliche Glaube vermittelt nicht (vielleicht sogar „zeitlose") Normen für das politische Verhalten; sondern er ermutigt zu einer Disziplin, in welcher der Christ unter den gegenwärtigen Möglichkeiten politischen Verhaltens nach Entsprechungen zu den Grundbestimmungen menschlichen Zusammenlebens sucht, die mit der Verheissung des Reiches Gottes gegeben sind. Es handelt sich um eine Disziplin des Glaubens, die das Bedürfnis nach Sicherheit unter der Perspektive betrachten kann, daß die Angst dieser Welt durch Christus überwunden ist. Es handelt sich um eine Disziplin der Hoffnung, die sich weigert, den Kampf für Frieden und Gerechtigkeit der Resignation zu opfern. Es handelt sich um eine Disziplin der Liebe, die dem Gesetz der Feindschaft an allen Orten entgegentritt. Es handelt sich um eine Disziplin der Buße und der Selbstkritik, die die Fehler der eigenen Kir-che und der eigenen Nation aufmerksamer registriert als die Versäum-nisse anderer. Es handelt sich um eine Disziplin der Wahrheit und der Sachlichkeit, die sich den Bedingungen und Gegebenheiten unserer Welt aussetzt und diese nicht um gut gemeinter Programme willen außer Acht läßt.

Wer das Wettrüsten und den Militarismus unserer Zeit aus einer solchen Disziplin betrachtet, wird die Erfahrungen der historischen Friedenskirchen besonders ernst nehmen. Denn sie sind durch den Versuch gekennzeichnet, die Erfahrung des Friedens in Handlungsweisen zur Geltung zu bringen, die durch den unbedingten Vorrang der Gewaltfreiheit bestimmt sind. Diese Verhaltensweisen haben häufig den Verzicht auf Privilegien, den Verzicht auf die Verbindung von Kirche und Macht zur notwendigen Folge gehabt. Doch auch die Erfahrungen der historischen Friedenskirchen können nicht in der Form zeitloser Normen – auch nicht der Norm des „prinzipiellen Pazifismus" oder der „absoluten Gewaltlosigkeit" – aufgenommen werden. Sondern sie müssen in eine Disziplin christlichen Verhaltens überführt werden, das

42 Der Begriff der „Disziplin" ist ein Schlüsselbegriff der ökumenischen Studie über „Christen und die Verhütung des Krieges im Atomzeitalter" von 1958 (vgl. oben Anm. 4); ich variiere im folgenden die dort (vor allem Ziffer 26 ff.) genannten Kennzeichen dieser christlichen „Disziplin".

von den konstruktiven Möglichkeiten der Gewaltfreiheit so Gebrauch macht, daß dadurch der Abbau von Gewalt wirksam gefördert wird. Zur Disziplin der Sachlichkeit gehört es, auf die unterschiedlichen Bedingungen zu achten, unter denen militärische Gewalt aufgebaut und angewandt wird. Auch die Auseinandersetzung mit diesen Phänomenen – zum Beispiel im Rahmen des ökumenischen Studienprogramms über Abrüstung, Militarismus und Wettrüsten – muß *regionalisiert* werden. Doch zugleich muß man bedenken: Der Militarismus ist eine *globale* Macht. Die wachsende Bedeutung von Waffenexporten aus Industriestaaten in Länder der Dritten Welt ist dafür ein deutlicher Hinweis. Die Militarisierung außenpolitischen Verhaltens und innergesellschaftlicher Verhältnisse übergreift die unterschiedlichsten Regionen. Dabei zeigt sich in unserer Gegenwart erneut, welche Bedeutung religiöse Traditionen und deren Funktionalisierung zur politischen Religion für heutige Formen des Militarismus haben. Das zeigt sich etwa in dem Konflikt zwischen „islamischen" Staaten als den wichtigsten Öl-Produzenten und „christlichen" Staaten als den wichtigsten Öl-Konsumenten unserer Welt. Dieser Konflikt kann, wenn er sich zuspitzt, leicht mit Zügen eines Religionkrieges, eines ‚heiligen Krieges' ausgestattet werden. Christliche Kirchen sind dazu verpflichtet, zu ihrem Teil solchen religiösen Militarismus abzubauen und zu verhindern.

Rüstung und Militarismus sind eine globale *Macht*. Nur diejenigen Vorschläge und Aktionen werden Gehör finden, die vor den faktischen Widerständen, denen etwa Appelle zur Abrüstung heute ausgesetzt sind, nicht ausweichen. Deshalb müssen die realen Machtverhältnisse analysiert werden; mögliche Wege von der gegenwärtigen Rüstungsdynamik zu einer Reduktion der Rüstung müssen ermittelt werden; die Gefahren, die sich aus solchen Vorschlägen ergeben, müssen nüchtern geprüft werden. Rüstung und Militarismus sind eine *kontraproduktive* Macht. Sie binden finanzielle Mittel und menschliche Intelligenz in einem unverantwortlichen Umfang. Deshalb muß in allen Industriestaaten gefordert werden, daß sich das Verhältnis zwischen Militärausgaben und Ausgaben für Entwicklungshilfe drastisch verändert. Zugleich sollte alle Waffenausfuhr weiterhin streng begrenzt und jeder private Waffenhandel verboten werden. An diese Forderungen kann sich das Verlangen anschließen, daß Militäretats eingefroren, daß die Investitionen für Waffenerneuerungen gestoppt und daß die Militärausgaben einer internationalen Besteuerung unterworfen werden, deren Ertrag für Entwicklungsprojekte verwendet wird[43]. Solche Schritte sind nur denkbar, wenn die

43 Vgl. Das Überleben sichern. Gemeinsame Interessen der Industrie- und Entwicklungsländer. Bericht der Nord-Süd-Kommission, Köln 1980, S. 159 (vgl. den Beitrag von M. Brzoska im gleichen Band).

bestehenden Rüstungskontrollvereinbarungen sowie die Regeln des Kriegsvölkerrechts, durch die bestimmte Waffenarten verboten sind, an Glaubwürdigkeit gewinnen. Dazu bedarf es einer strengeren Kontrolle der Waffenproduktion, in die auch außenstehende Bürger eingeschaltet werden sollten; Kommissionen zur Kontrolle der Waffenproduktion hätten zu prüfen, welche Waffen produziert und exportiert werden, und ob dabei die öffentlichen Selbstverpflichtungen der Regierungen und der Waffenproduzenten eingehalten werden. An eine solche Kommission könnten sich auch Beschäftigte in Rüstungsbetrieben wenden, falls ihnen die Verletzung von Gesetzen oder Vereinbarungen durch ihren eigenen Betrieb auffällt, ohne daß sie Repressalien zu befürchten hätten. Darin läge ein Ansatz zu einer „Rüstungskontrolle von unten"[44].

Wenn für eine Übergangszeit die Aufgabe militärischer Rüstung im Kriegsfall in der Schadensbegrenzung liegen soll, so ist eine drastische Umorientierung militärischer Strategien in dieser Richtung zu verlangen und öffentlich zu diskutieren. Folgende Fragen müssen geklärt werden: Welche Waffensysteme sind für die Schadensbegrenzung erforderlich und geeignet? Welche Möglichkeiten, die Verteidigung zu dezentalisieren, lassen sich durchführen? Wie lassen sich militärische Maßnahmen mit Maßnahmen der sozialen Verteidigung verbinden? Welche Vorkehrungen zum Schutz der Bevölkerung sind nötig und durchführbar? Nur wenn in den einzelnen Ländern eine kritische Öffentlichkeit sich dieser Forderungen annimmt, besteht eine gewisse Chance, ihnen zum Erfolg zu verhelfen. Alle Vorschläge zielen auf den Abbau nationaler Rüstung und stützen die skizzierte Idee eines internationalen Gewaltmonopols. Überall sollten Christen der Forderung nach Abrüstung unter anderem dadurch Nachdruck verleihen, daß sie sich (auch wenn sie den Wehrdienst nicht generell ablehnen) weigern, an einem Krieg, bei dem Atomwaffen eingesetzt werden, mitzuwirken, aus welchen Gründen auch dieser Krieg ausbricht; zu einer solchen Entscheidung berechtigt schon die Erinnerung an die grauenerregenden Folgen, die durch den ersten Einsatz von Atomwaffen in Hiroshima und Nagasaki ausgelöst wurden. Menschen, die bereit sind, ohne den Schutz von Waffen zu leben und den Militärdienst verweigern, sollten von den christlichen Gemeinden unterstützt und öffentlich verteidigt werden. Die Kirchen sollten in ihrer Seelsorge an Soldaten die Gewissensentscheidungen deutlich machen, vor die ein Soldat in den heutigen Militärsystemen gestellt wird.

Die Kirchen sollten sich, wenn sie jeweils in ihrem eigenen Land in diesen Richtungen öffentlich aktiv werden, zugleich um „vertrauens-

44 Vgl. A. Künzli, Abrüstungskontrolle durch das Volk, in: Gewerkschaftliche Monatshefte, 13, 1962, 2, S. 82-88.

bildende Maßnahmen" über die Grenzen von Staaten und Blöcken hinweg bemühen. Öffentliche Aktionen müssen durch vertrauliche Expertengespräche ergänzt werden, die von den Kirchen als einer transnationalen Gemeinschaft organisiert werden können. Denn gegen Aktionen, die der Forderung nach Abrüstung Nachdruck verleihen sollen, wird oft und mit einem gewissen Recht eingewandt, sie seien nur in demokratisch verfaßten Staaten möglich; solange solche Initiativen aber nur auf einer Seite zustandekämen, werde dadurch ein Ungleichgewicht bewirkt, das im Ergebnis den Frieden gefährde. Aus diesem Einwand muß man noch einmal dies lernen: Die Auseinandersetzung mit Wettrüsten und Militarismus kann nicht von den einzelnen Christen in einzelnen Ländern isoliert aufgenommen werden; sie kann nur auf internationaler Ebene und damit in der ökumenischen Gemeinschaft geführt werden.

Wolfgang Lienemann

Der Beitrag europäischer Kirchen zu Frieden und Entspannung im Blick auf das ökumenische „Studienprogramm für Abrüstung und gegen Militarismus und Wettrüsten"

1. Einleitung

„Die achtziger Jahre sind das erste Jahrzehnt, in dem die ernstliche Gefahr eines mit Kernwaffen geführten Krieges besteht." Mit diesem Satz begann Carl Friedrich von Weizsäcker jüngst einen Aufsatz „Zum kirchlichen Engagement gegen den Krieg"[1]. Die Gründe für diese in der letzten Zeit von vielen Seiten prognostizierte Kriegsgefahr sind mannigfacher Art und liegen keineswegs nur in jenen Komplexen von Gefahrenmomenten, welche die oberflächliche Tagespresse mit den Stichworten „Afghanistan" und „Doppelbeschluß der NATO" etikettiert, sondern ergeben sich aus dem Aufeinandertreffen verschiedener Spannungsherde und einer längst erwarteten Abnutzung der meisten herkömmlichen Instrumente des politischen crisis-management. Vor allem aber haben die sowjetischen Rüstungsanstrengungen der letzten Dekade und die entsprechenden Modernisierungsprogramme der NATO[2] zunehmend die Gefahren einer Destabilisierung des prekären Gleichgewichts erhöht, ohne welches „Friedenssicherung durch Abschreckung" gewiß kein brauchbares strategisches Konzept darstellen kann[3].

Aber wenn die Prognose erhöhter Kriegsgefahr stimmt – muß man dann nicht folgern, daß das Engagement der Kirchen nach 1945 für Frieden und Entspannung vergebens war? Wenn man jedoch eine solche Vergeblichkeit beklagt – was hatte man denn demgegenüber erwartet?

1 Frieden unter der nuklearen Drohung, in: Evangelische Kommentare, 2,1981, S. 71-73.

2 Vgl. J. Holst/U. Nerlich (edd), Beyond Nuclear Deterrence. New Aims, New Arms, New York 1977; F. Solms, Sicherheit durch Modernisierung, in: M. Padamsee/F. Solms/B. Moltmann (edd), Zum Zusammenhang von Militärstrategie und Sicherheit, Texte und Materialien der Forschungsstätte der Evangelischen Studiengemeinschaft, Reihe B, Nr.1, Heidelberg 1979, S. 25-47.

3 Vgl. die Beiträge von M. Padamsee und F. Solms in diesem Band. Wichtige Argumente finden sich schon bei T. Greenwood/M. L. Nacht, The New Nuclear Debate: Sense or Nonsense?, in: Foreign Affairs, 52, 1973/74, S. 761-780; vgl. auch F. Solms, Die alte Abschreckung ist tot, in: Mitteilungen, hg. vom Evang. Oberkirchenrat Karlsruhe, 10, Oktober 1980, S. 29-32.

Wenn man mit Christen und kirchlichen Amtsträgern in Ost und West spricht, dann gibt es zwei beherrschende Gesichtspunkte: erstens die gemeinsame Befürchtung diesseits und jenseits der Grenzen von Ost und West, daß tatsächlich in den 80er Jahren die Abschreckung versagen könnte; und zweitens die Überzeugung, daß der dann zu führende Krieg nie und nimmer Ergebnisse zeitigen wird, die es je rechtfertigen könnten, ihn begonnen oder erwidert zu haben. Am Ende eines Krieges in Europa – und das bedeutet höchstwahrscheinlich: eines Krieges mit Kernwaffen – wird es hier keine Sieger und Besiegte, sondern nur noch Opfer geben.

Diese Einsicht ist nicht neu. Neu ist dagegen, daß nach den Jahren, die im Zeichen der Entspannungspolitik standen, zunehmend bewußt wird, daß im Rücken der wirtschaftlichen Kooperation und der politischen Verhandlungen die Aufrüstungsanstrengungen der großen militärischen Blöcke unbeirrt fortgesetzt worden sind[4]. Dieser möglicherweise verhängnisvollen Entwicklung sind die Kirchen in Ost und West in den letzten Jahren gewahr geworden. Sie haben entdeckt, daß ihre Friedensbemühungen der 60er und 70er Jahre vergeblich sein werden, wenn es nicht gelingt, der in den 80er Jahren zunehmenden Kriegsgefahr zu begegnen. Aber welche Mittel und Maßnahmen stehen den Kirchen dafür zu Gebote? Für welche konkreten Forderungen und realistischen Schritte könnten sich Kirchen mit der Aussicht engagieren, effektiv zur Kriegsverhütung beizutragen? Bevor ich dazu einige Überlegungen vortrage, will ich zunächst einen kurzen Überblick über Grundzüge der kirchlichen Urteilsbildung der Nachkriegszeit geben. Wenn dabei von den Kirchen in Ost und West die Rede ist, so in erster Linie aus dem Blickwinkel der beiden deutschen Staaten. Das ist gewiß eine sehr verkürzte Perspektive, gibt – oder gab – es doch auch eine sehr eigenständige Friedensarbeit in den meisten anderen europäischen Staaten. Aber vielleicht darf man diese Verkürzung in Kauf nehmen, wenn man darauf achtet, ob und wieweit jene Fragestellungen als repräsentativ gelten können, die in den deutschen Kirchen beiderseits der Elbe verhandelt worden sind. – Anschließend wende ich mich einigen Problemen der Vorgeschichte und der Absichten des ökumenischen „Studienprogramms für Abrüstung und gegen Militarismus und Wettrüsten" zu, um schließlich nach spezifischen Handlungsmöglichkeiten europäischer Kirchen und der Zukunft der ökumenischen Initiativen zu fragen.

4 Die jährlich von SIPRI (Stockholm International Peace Research Institute) dazu vorgelegten Daten dokumentieren diese Entwicklung. Deutschsprachige Fassung des Jahrbuches: SIPRI, Rüstungsjahrbuch 1980/81, in: Militärpolitik. Dokumentation 4, 1980, 17.

2. Grundlinien kirchlicher Friedensarbeit seit 1945

2.1. Die ökumenische Gemeinschaft

Wenn man ausgeht von der Friedensdiskussion in den deutschen Kirchen, dann ist es dennoch kein Widerspruch, daß man gleich im ersten Schritt den Blick auf den ökumenischen Horizont richten muß. Seit dem Stuttgarter Schuldbekenntnis vom Oktober 1945 nämlich ist die Ökumene der Raum des christlichen Friedenszeugnisses. Dadurch, daß Christen in Deutschland bereit waren, stellvertretend für ihr Volk die Schuld für „unendliches Leid über viele Völker und Länder" zu übernehmen, konnte ein neuer Anfang gemacht werden, aber dieser Anfang war nur möglich, weil die Bereitschaft zur Vergebung dem Schuldbekenntnis entgegenkam. Pastor Pierre Maury, das französische Mitglied der ökumenischen Delegation in Stuttgart, drückte dies so aus: „Die Delegation bittet die Führer der deutschen Kirche, den anderen Kirchen in einer Weise zu helfen, daß diese der deutschen Kirche helfen könnten."[5]. Am Beginn des christlichen Friedenszeugnisses in Deutschland nach 1945 stand also nicht die Sprache der Diplomatie, sondern, wie die Reaktionen auf das Schuldbekenntnis deutlich erkennen ließen, eine „Torheit in Christo" (H. Asmussen). Diese Torheit fand Ausdruck in einem Brückenschlag, der nach menschlichem Ermessen nicht an der Zeit war: Der Herbst 1945 war zur Vergeltung, nicht zur Vergebung prädestiniert. Dieser Brückenschlag war eine Handlung, die jenseits der politischen Vernunft lag; statt wie nach dem Ersten Weltkrieg eine, freilich nunmehr kaum kontroverse, Kriegsschulddebatte aufzunehmen, antworteten die Vertreter der ökumenischen Bewegung den deutschen Kirchenvertretern mit einer „einseitigen Vorleistung", der bedingungslosen Aufnahme in eine erneuerte bzw. zu erneuernde Gemeinschaft. W. A. Visser't Hooft hat im Rückblick über diesen Brückenschlag folgendermaßen geurteilt: „Die Stuttgarter Begegnung machte es der Ökumenischen Bewegung möglich, den Blick nach vorn zu richten und sich der Zukunft zuzuwenden. Wäre sie nicht zustande gekommen oder hätte sie nicht zur Wiederherstellung brüderlicher Beziehungen geführt, dann hätten für die Bildung des Weltrats in Amsterdam im Jahre 1948 die notwendigen geistigen Voraussetzungen gefehlt."[6]. Und im Oktober 1970, 25 Jahre nach jenem Stuttgarter Brückenschlag, stellte der damalige Bundespräsident Heinemann in einer Sendung des deutschen Fernsehens fest, daß seine kurz zuvor beendeten ersten Staatsbesuche in Holland

5 Zit. bei W. A. Visser't Hooft, Die Welt war meine Gemeinde, München 1972, S. 231.
6 Ebda., S. 234.

und Norwegen der politischen Festigung jener Gemeinschaft gedient hätten, die zuerst durch einen Akt innerkirchlicher Versöhnung ermöglicht worden war[7].

Ich habe an diese Vorgänge erinnert, weil sie eine ursprüngliche Einsicht jedes christlichen Friedenszeugnisses erkennen lassen. Sie besteht darin, daß die oberste Loyalität der Christengemeinde ihrem Herrn, aber nicht der jeweiligen Bürgergemeinde geschuldet ist. In zwei Weltkriegen hatte man keine Parteien, schließlich auch keine Kirchen mehr gekannt, weil die oberste Loyalität in Deutschland, die gefordert war, der Nation, dem Volk und schließlich dem Führer galt. Die Kirchen haben im NS-Staat die Lektion buchstabieren gelernt, daß es für Christen eine höhere Loyalität gibt als die Befolgung der Gebote nationaler Selbstbehauptung. Seit 1945 ist dann die ökumenische Bewegung zum Raum der Einsicht geworden, daß Christen nicht zuerst den jeweiligen Ordnungen, denen sie unterstehen, Gehorsam schulden, sondern ihrem Herrn, der diese Ordnungen erhalten, aber auch richten wird. Die Selbstbehauptung von Volk, Nation, Staat oder Bündnis dagegen kann für ökumenisch denkende Christen keine Priorität mehr beanspruchen, sondern bestenfalls einen Platz im Reich des „Vorletzten" einnehmen.

Gleichwohl verschwindet mit dieser Einsicht nicht die Eingebundenheit jedes Christen in seinen Staat oder seine Klasse. Darum war und ist eine Kernfrage der ökumenischen Bewegung, wie die alle politischen und gesellschaftlichen Grenzen überschreitende ökumenische Solidarität der Christenheit in eine produktive Beziehung gebracht werden kann zu denjenigen Loyalitäten, die dem eigenen Staat und der eigenen Klasse entgegengebracht werden.

In dieser Frage ist die Weltchristenheit bei allen Unterschieden darin einig, daß es keinen Gegensatz zwischen derartigen Loyalitäten mehr geben kann, der zugunsten der Rechtfertigung des Griffs zum letzten Mittel militärischer Gewaltanwendung gelöst werden könnte. Diese Einmütigkeit im ethischen Urteil wird oft mit einer Zwischenüberschrift des Berichtes der I. Vollversammlung des neugegründeten Ökumenischen Rates zusammengefaßt, die lautet: „Krieg soll nach Gottes Willen nicht sein."[8]. Dieser Satz bedeutet nicht den Beginn eines umfassenden ökumenischen Pazifismus, aber er signalisiert die neue Einsicht, daß nach dem Zweiten Weltkrieg und angesichts der neuen Kernwaffen alle herkömmlichen Maßstäbe der christlichen Stellung zu Krieg und Frieden erschüttert waren. Was für nahezu 15 Jahrhunderte Christentums-

7 Ebda., S. 234 f.

8 Ökumenischer Rat der Kirchen (ed), Die Unordnung der Welt und Gottes Heilsplan, Bd. 4: Die Kirche und die internationale Unordnung, Tübingen/Stuttgart 1948, S. 260.

geschichte selbstverständlich war – die Androhung und Anwendung militärischer Gewalt im Dienste der Wahrung des Rechts und zum Schutz vor Not zu billigen –, war damit in Frage gestellt. „Wer nicht gegen das Unrecht, das seinem Nächsten droht, soweit er kann, kämpft, ist ebenso schuldig wie der, der es diesem antut", lesen wir im 4. Jahrhundert bei Ambrosius von Mailand[9], und das Ethos, das hinter der Kritik von Bundeskanzler Schmidt an der zunehmenden evangelischen Bereitschaft, ohne Waffen leben zu wollen, steht[10], beruht auf derselben moralischen Überzeugung, die auch die V. Barmer These ausspricht, daß nämlich die Androhung oder Anwendung eines Übels einem größeren Übel wehren könne und, insofern sittlich vertretbar, ja geboten sein könne.

Wenn die überwältigende Mehrheit in den christlichen Kirchen heute gleichwohl die Möglichkeit verneint, daß militärischer Waffengebrauch immer noch der Rechts- und Friedenswahrung zuverlässig dienen könnte, dann erfolgte diese kopernikanische Wende der evangelischen Friedensethik aufgrund der Einsicht in die weltgeschichtlich einmalige Qualität der modernen Massenvernichtungsmittel und besonders der Kernwaffen. Jedenfalls für den europäischen bzw. den mitteleuropäischen Bereich wird wohl niemand den Satz bezweifeln, daß im Falle einer Verteidigung mit Kernwaffen zerstört wird, was geschützt werden soll. Damit sind für Christen im Blick auf die Atomwaffen alle überlieferten Kriterien in Sachen Kriegsbegrenzung oder gar -verhütung brüchig geworden.

2.2. Die deutsche Diskussion

Gleichwohl schafft diese grundlegende Einsicht die Atomwaffen nicht aus der Welt. Jede Friedensethik, jeder kirchliche Beitrag zum Frieden stehen darum vor der Aufgabe, die Möglichkeiten der Kriegsverhütung im Angesicht der Kernwaffenarsenale zu bestimmen und zu entwickeln. An dieser Hypothek würde auch eine Abschaffung der Kernwaffen grundsätzlich wenig ändern, weil die Fähigkeit zum Bau dieser Waffen in den Köpfen nicht eliminiert werden kann. Dieser Problemlage haben sich die Kirchen in Deutschland in mehreren Abschnitten ihrer jüngeren Geschichte gestellt; ich hebe die wichtigsten Entscheidungen hervor:

9 Das Zitat bei P. Engelhardt, Die Lehre vom „gerechten Krieg" in der vorreformatorischen und katholischen Tradition, in: R. Steinweg, Der gerechte Krieg: Christentum, Islam, Marxismus, Frankfurt/M., 1980, S. 72-125, S.74.

10 Vgl. das Interview in Evang. Kommentare, 4, 1981, S. 209-216; vgl. auch die Ansprache von Bundespräsident Carstens zur Wiedereröffnung des St. Petri-Doms in Bremen am 19.4.1981, in: Bulletin der Bundesregierung, 38, 23.4.81, S. 325-327.

2.2.1. Auf den Trümmern des Zweiten Weltkrieges hat die Kirchenversammlung der EKD in Eisenach 1948 eindeutig bekannt: „Auf der Gewalt liegt kein Segen", und noch 1950 sprach sich der Rat der EKD gegen eine Remilitarisierung Deutschlands aus[11]. Aber die Weichen waren längst gestellt, und zwar entscheidend durch die jeweiligen Vormächte der sich formierenden Blöcke in West und Ost. Der Ausbruch des Korea-Krieges ist das äußere Datum, das den Beginn der Wiederaufrüstung diesseits und jenseits des Eisernen Vorhangs markierte. Seither haben beide deutschen Staaten mehr oder weniger im Gleichtakt die wesentlichen Schritte der Remilitarisierung getan, die sie jeweils zur zweitstärksten Militärmacht und zeitweise zu Musterschülern in den Bündnissen der NATO und des Warschauer Paktes werden ließen. Für die Bundeswehr und die Nationale Volksarmee bedeutet dies nicht weniger, als daß im sogenannten Verteidigungsfeld in der Mitte Europas Deutsche auf Deutsche schießen müssen, und für die Kirchen würde dies heißen, daß auch die Glieder des einen Leibes Christi diesseits und jenseits der Elbe sich auf Befehl der jeweiligen Führungen umbringen müßten. Die Kirchen in Deutschland waren sich dieser Lage stets bewußt, zumal bis 1969 jedenfalls formell noch die kirchliche Einheit der EKD bestand. Die politische raison d'être der nachfolgenden Teilorganisationen des Protestantismus in Deutschland gründete aber nicht zuletzt in der von beiden deutschen Staaten geforderten Bereitschaft zu politischer Loyalität, welche jeder Christ gemäß der herrschenden Auslegung von Röm. 13 seiner Obrigkeit schuldet. Trotz dieser prekären Lage hatten ein bedingungsloser Pazifismus oder ein Nuklearpazifismus in den deutschen wie den europäischen Kirchen kaum eine Chance, zur leitenden ethischen Orientierung der Christen und Kirchen zu werden. Zwar gelangten beide deutsche Staaten sowie die übrigen Staaten Europas außer Großbritannien und Frankreich nicht in den Besitz von Kernwaffen, so daß die Bedienung dieser Waffen vollständig in nationaler Verantwortung gelegen hätte, aber sie standen sich mit Verteidigungskapazitäten gegenüber, die unabdingbar auf den strategischen Überlegungen der jeweiligen Paktsysteme für den Nuklearkrieg basierten.

Dieser Aporie suchten die deutschen Kirchen im wesentlichen auf zwei Wegen Rechnung zu tragen[12]: erstens unterschieden sie grundle-

11 Wichtige Dokumente finden sich, leider oft gekürzt, in: W.W. Rausch/Chr. Walther (edd), Evangelische Kirche in Deutschland und die Wiederaufrüstungsdiskussion in der Bundesrepubik 1950-1955, Gütersloh 1978; vgl. auch J. Vogel, Kirche und Wiederbewaffnung, Göttingen 1978.

12 Zum folgenden vgl. meinen Aufsatz: Das Problem des gerechten Krieges im deutschen Protestantismus nach dem Zweiten Weltkrieg, in: Steinweg, a.a.O. (Anm. 9), S. 125-162.

gend zwischen Abschreckung und Verteidigung und waren der Auffassung, daß die Beteiligung von Christen an der Bereithaltung der modernen Waffen nur der Kriegsverhütung durch Abschreckung dienen dürfe; zweitens betonten sie, daß für Christen die Beteiligung an der militärischen Abschreckung und der vollständige Waffenverzicht in gleicher Weise ethisch zulässig sein müßten. Beide ethischen Entscheidungen, deren Verhältnis man mit einem aus der Quantenphysik entlehnten Begriff als „komplementär" ansah, sollten zudem derart miteinander verknüpft sein, daß die Existenz der Kernwaffen gleichsam eine „Gnadenfrist" (H. Gollwitzer) sicherte, innerhalb derer alles getan werden müsse, um Friedenssicherung durch Militärgewalt grundsätzlich zu überwinden. Der Kriegsdienst der Christen sollte darum stets unter einem sachlichen und zeitlichen Vorbehalt stehen, wie ihn die 8. Heidelberger These formulierte: „Die Kirche muß die Beteiligung an dem Versuch, durch das Dasein von Atomwaffen einen Frieden in Freiheit zu sichern, als *eine heute noch mögliche christliche Handlungsweise* anerkennen."[13]. So sprach man 1959, und wenn dieses „Noch" einen Sinn gehabt haben soll, dann stellt sich heute die Frage, wie diese „Gnadenfrist" genutzt worden ist.

2.2.2. Man wird freilich für die Politik in Mitteleuropa in den letzten zwanzig Jahren zugeben müssen, daß sie versucht hat, unter dem strategischen Nuklearschirm der gegenseitigen Abschreckung Schritte von der Konfrontation zur Kooperation zu gehen. Dabei wird man den Einfluß der Kirchen in Ost und West nicht gering veranschlagen dürfen, und für die Bundesrepublik Deutschland kann man feststellen, daß besonders die Anstöße aus dem protestantischen Bereich die spätere sogenannte Ostpolitik der Regierung Brandt-Scheel mit vorbereitet haben[14]. Vor allem die sogenannte Ostdenkschrift über „Die Lage der Vertriebenen und das Verhältnis des deutschen Volkes zu seinen östlichen Nachbarn" vom Herbst 1965[15] hat lange in Westdeutschland tabuisierte Fragen zum Gegenstand fairer öffentlicher Diskussion gemacht und damit eine ganze Sphäre politischer Selbsttäuschung und aussichtslosen Wunsch-

13 In: G. Howe (ed), Atomzeitalter – Krieg und Frieden, Taschenbuchausgabe, Berlin 1963, S. 231 (Hervorhebung von W. Lienemann).

14 Hinzuweisen ist vor allem auf das „Tübinger Memorandum" vom November 1961, abgedruckt u. a. in: G. Picht, Die Verantwortung des Geistes, Stuttgart 1969, S. 411-418.

15 Text in: Die Denkschriften der Evangelischen Kirche in Deutschland, Bd. I/1, Gütersloh 1978, S. 77-126; vgl. dazu H. Rudolph, Fragen der Ostpolitik im Raum der Evangelischen Kirche in Deutschland, in: W. Huber/J. Schwerdtfeger (edd), Kirche zwischen Krieg und Frieden, Studien zur Geschichte des deutschen Protestantismus, Stuttgart 1976 (Forschungen und Berichte, 31, S. 460-540; sowie G. Scharffenorth, Bilanz der Ostdenkschrift, Hamburg 1968.

denkens durchbrochen. Schon ein Jahr später begann die Kammer der EKD für öffentliche Verantwortung ihre Studienarbeit zum Thema „Kriegsverhütung und Friedenssicherung", aus der (unter anderem) die Studie „Friedensaufgaben der Deutschen" (1968) und eine Thesenreihe über den „Friedensdienst der Christen" (1969) hervorgingen[16]. Man muß nicht alle Vorschläge dieser Studien und Denkschriften im Detail rekapitulieren. Manches ist zeitgebunden, anderes ungenau oder mißverständlich formuliert. Wichtig ist, daß sich nahezu zu jeder zentralen Frage eine korrespondierende Stellungnahme aus den Kirchen der DDR finden läßt, wobei den Handreichungen von 1965 und 1978 vielleicht besondere Bedeutung zukommt[17]. Dabei läßt sich als gemeinsame Überzeugung etwa folgendes erkennen: Obwohl die politischen Interessen, Absichten und Ziele in Ost und West nahezu oder vollständig unverträglich einander widerstreiten, muß im Zeichen der gegenseitigen Abschreckung jede Seite im Falle eines kriegerischen Konflikts mit dem eigenen Untergang rechnen; darum muß man den Grundkonflikt des Antagonismus der Blöcke aus- bzw. einklammern und zu begrenzten Verständigungen kommen, die den Griff zum roten Telefon einigermaßen zuverlässig ausschließen. Weil niemand siegen kann, wenn die Abschreckung versagt, muß alles getan werden, daß die Versuchung auf Kernwaffen zurückzugreifen, ausgeschlossen werden kann.

Natürlich war dies keine spezifisch christliche Einsicht, aber die Kirchen haben nicht wenig mitgeholfen, diese Einsicht im öffentlichen Bewußtsein zu verankern. Sie haben zum mindesten zu der Erkenntnis beigetragen, daß es keine denkfaule und träge Anerkennung des militärischen „fluxus quo" geben darf, denn alle historische Erfahrung spricht, wie C. F. v. Weizsäcker stets eingeschärft hat, dafür, daß vorhandene Waffen eines Tages auch eingesetzt werden.

In der Thesenreihe „Der Friedensdienst der Christen" (1969) hat die Kammer der EKD für öffentliche Verantwortung die Grundlinien einer Friedensethik zusammengefaßt, die in den Kirchen der Bundesrepublik konsensfähig ist, und in diesem Zusammenhang die bekannten Positionen des *Rüstungsgleichgewichts* und des *Rüstungs- oder Waffenverzichts* gegenübergestellt. Jene sogenannte realistische Position kann grundsätzlich

16 Beides in: Die Denkschriften, a. a. O. (Anm. 15), I/2, S. 15-33 bzw. S. 35-60.
17 Die wichtigsten Texte sind zugänglich in den jeweiligen Bänden des „Kirchlichen Jahrbuchs"; die Handreichung von 1965 „Zum Friedensdienst der Kirche" im Jahrgang 1966, S. 249-261. Die Orientierungshilfe von 1968 ist wieder abgedruckt in: Die Friedensarbeit der Kirchen der Bundesrepublik Deutschland und der DDR, hg. v. J. Harms, in: Militärpolitik. Dokumentation, 3, 1979, 11/12, S. 80-86. Vgl. auch B. Eisenfeld, Kriegsdienstverweigerung in der DDR – ein Friedensdienst?, Frankfurt/M. 1978.

nicht ausschließen, daß es trotz Abschreckung zum sogenannten Verteidigungsfall kommt, und sie muß um der Glaubwürdigkeit der Abschreckung willen in Kauf nehmen, daß auch eine entsprechende psychologische Einstimmung der eigenen Bevölkerung systematisch gefördert wird: sie braucht ein Feindbild und muß Furcht und Angst wachhalten[18]. Die Position des Waffenverzichts muß dagegen „in letzter Konsequenz bereit sein, das Opfer der politischen Freiheit, Selbstbestimmung und Rechtssicherheit des eigenen Landes zu bringen und hinzunehmen, daß die Geltung von Menschenrechten durch Androhung von Gewalt eingeschränkt wird."[19].

Dabei ging man davon aus, daß es sich bei den genannten beiden Entscheidungsweisen

> „nicht um ein zeitloses Nebeneinander, sondern um einen geschichtlichen Prozeß handelt, in dem durch allmähliche Abrüstung und Aktivierung der internationalen Organisationen die Entscheidung gegen die Aufrechterhaltung eines Rüstungsstandes immer stärker das politische Feld bestimmt, bis eine wirksame und politisch vertretbare Ordnung für eine Regulierung internationaler Konflikte durchgesetzt worden ist. Die Notwendigkeit der Ergänzung beider Verhaltensweisen wird einmal damit begründet, daß eine Verabsolutierung der militärischen Verteidigungsbereitschaft das Kriegsrisiko steigern würde. Denn die Öffentlichkeit der Verteidigungsvorbereitung wird so bei den Nachbarn das Gefühl der Bedrohung steigern und weitere militärische Rüstung provozieren und dadurch die Gefahr eines militärischen Konflikts verstärken. *Ein Staat hingegen, der die auf Rüstungsverzicht tendierende Haltung in sein politisches Gesamtkonzept mit aufnimmt und so der Rüstung Grenzen setzt, kann glaubwürdig darstellen, daß starke öffentliche Kräfte alle Möglichkeiten zur Realisierung einer internationalen Friedensordnung ausschöpfen werden.* Dadurch gibt er dem politischen Nachbarn die Chance, dessen Furcht vor der militärischen Ausnutzung kritischer Situationen abzubauen. Eine solche Politik trägt zum andern auch den Risiken Rechnung, die ein sofortiger und einseitiger Rüstungsverzicht (unilaterale Abrüstung) mit sich bringen würde. Unter diesen Voraussetzungen sind die beiden gegensätzlichen Entscheidungen für einen wirksamen Weg zum Frieden mit einem aus der Physik entlehnten Begriff komplementär genannt worden."[20].

Dieser Abschnitt und die darauf folgenden Überlegungen machen unübersehbar deutlich, daß der so beschriebene kirchliche Beitrag zu Frieden und Entspannung langfristig auf eine politische Relativierung, ja Überwindung der Abschreckungspolitik zielen mußte. Zugleich wurde freilich „die Entscheidung gegen die Aufrechterhaltung eines Rüstungsstandes" derart vage und unverbindlich eingeführt, daß es nie an Gründen mangeln kann, sich von dieser Forderung dispensiert zu fühlen.

18 Denkschriften, a. a. O. (Anm. 16), S. 48 f.

19 Ebda., S. 49. Vgl. auch die Erläuterung zur 5. Heidelberger These: „Dies aber bedeutet, daß in unserer Welt Lagen eintreten, in denen das Recht keine Waffe mehr hat." a. a. O. (Anm. 13), S. 228 f. Vgl. dazu meinen Vortrag: Die Heidelberger Thesen und die Lehre vom gerechten Krieg, in: Protokoll Nr. 467 der Evang. Akademie Rheinland, Mülheim o. J. (1981), S. 58-70.

20 Denkschriften, a. a. O. (Anm. 15), S. 50, Hervorhebung von W. Lienemann.

2.2.3. Während auf diese Weise jene „Gnadenfrist" des atomaren Schirmes genutzt werden sollte, forderte man zugleich einen Abbau möglicher Kriegsursachen, die aus dem Nord-Süd-Gegensatz resultieren. Darüber ist hier nicht näher zu berichten, sondern lediglich festzuhalten, daß zahlreiche Christen und Kirchen in Europa jedenfalls in den 60er Jahren mit einer allmählichen Überlagerung des Ost-West-Gegensatzes durch den von Nord und Süd rechneten. Das kirchliche Entwicklungsengagement wurde als wesentlicher Beitrag zu jeglicher Entspannungspolitik verstanden, und die päpstliche Enzyklika „Populorum Progressio" sprach gar von *Entwicklung* als dem neuen Namen für *Frieden*[21].

Aber das bisher gegebene Bild ist natürlich ganz unvollständig, weil es sehr einseitig die Probleme und Sichtweisen, wie sie für Deutschland bezeichnend sind, in den Vordergrund rückt. Immerhin verdienen die friedensgefährdenden Entwicklungen in Mitteleuropa besondere Aufmerksamkeit, und von hier gingen die wichtigsten Anstöße aus, über Möglichkeiten der Kriegsverhütung im Rahmen der ökumenischen Bewegung nachzudenken[22]. Insofern kann man umgekehrt jedoch auch sagen, daß der Beitrag der deutschen Kirchen stets eingebettet war in ein breites Feld anderer Initiativen, die zur Sprache kommen und eingehend geprüft werden müßten, wenn man ein verläßliches Gesamtbild geben will. Dazu seien einige Hinweise gegeben:

Erstens bestand ein nicht gering zu veranschlagender, aber naturgemäß schwer zu bewertender Beitrag europäischer Kirchen zur Entspannung in den mannigfachen Gesprächen zwischen Christen und Marxisten. Die Prager Friedenskonferenz und die Paulus-Gesellschaft bildeten wichtige Foren, auf denen die Tragweite der doktrinalen Substanz des Ost-West-Konflikts einigermaßen nüchtern erörtert werden konnte[23]. Zumindest eine zeitweise Verringerung der gegenseitigen Vorurteile, wenn nicht eine wachsende Kooperationsbereitschaft kann man als Ergebnis dieser Gespräche feststellen.

Zweitens standen die 70er Jahre im Zeichen intensiver zwischenkirchlicher Kontakte auf europäischer Ebene. Die Zusammenarbeit offizieller

21 Text in: AAS (=Acta Apostolicae Sedis, 59, 1967, S. 257-299; gekürzt die wichtigsten Abschnitte jetzt auch in dem vom Sekretariat der Deutschen Bischofskonferenz herausgegebenen Band „Dienst am Frieden". Stellungnahmen der Päpste, des II. Vatikanischen Konzils und der Bischofssynode von 1963 bis 1980, Bonn 1980, S. 73-80, S. 79 f.

22 Dazu näher unten, Abschnitt 3.

23 Zur älteren ökumenischen Diskussion vgl. die leider ungedruckte Heidelberger Dissertation von K. Spennemann, Die ökumenische Bewegung und der Kommunismus in Rußland 1920-1956, 1970. In eine tiefe Krise geriet dieser „Dialog" bekanntlich durch die Invasion der CSSR 1968; vgl. dazu: Christliche Friedenskonferenz 1968-1971. Dokumente und Berichte, hg. v. G. Casalis u. a., Wuppertal 1971.

Kirchendelegationen im Rahmen der Konferenz europäischer Kirchen (KEK) ist dafür das wichtigste Beispiel. Hier konnte vor allem der Beitrag der Kirchen aus sozialistischen Ländern zur Geltung gebracht werden. Im Mittelpunkt der Aufmerksamkeit standen dafür die Vorbereitung und die teils kritische, teils ermutigende Begleitung der Konferenz für Sicherheit und Zusammenarbeit (KSZE) in Europa. Im Juni 1980 hielt die KEK ihre 4. Nach-Helsinki-Tagung.

Drittens muß erwähnt werden, daß in den letzten zehn bis fünfzehn Jahren sich zunehmend regionale und nationale Basis-Friedensinitiativen bildeten, von denen hier lediglich der holländische „Zwischenkirchliche Friedensrat" und die deutsche „Aktion Sühnezeichen/Friedensdienste" erwähnt seien.

2.3. Aporien und Illusionen kirchlicher Friedensarbeit

Ich möchte an diesem Engagement der Kirchen für Frieden und Entspannung zusammenfassend drei Momente hervorheben: ein Moment, vielleicht, der Illusion; sodann das Problem möglicher Interessengegensätze zwischen den USA und Europa und schließlich die völlig unterschiedlichen Ausgangsbedingungen kirchlicher Friedensarbeit in Ost und West.

2.3.1. Die Zeit der gleichsam „klassischen" Entspannungspolitik in Europa nach 1945 war die Ära der sogenannten deutschen Ostpolitik. Trotz gewisser Skepsis in der US-amerikanischen Administration, die etwa in H. Kissingers Memoiren[24] deutlich wird, gelang es, den Spannungsfaktor der sogenannten „deutschen Frage" zu entschärfen. Zugleich gab es eine beachtliche Bewußtseinsbildung in der Entwicklungsfrage. Aber – und hier beginnt die Illusion – durch alle diese Maßnahmen ist die primäre Friedensbedrohung, wie sie von den großen, besonders den nuklearen Waffenarsenalen ausgeht, um keinen Deut gemindert worden. Diese fortbestehende Gefahr ist erst Ende der 70er Jahre (während der Abrüstungsdekade der UN!) erneut bewußt geworden, und sie ist nicht zuletzt deshalb so virulent, weil die östliche Vormacht mit militärischer Rüstung ihre Defizite an politischer und ökonomischer Macht zu kompensieren gezwungen ist. Darüberhinaus kann man Zweifel hegen, ob Rüstungskontrolle der bisher bekannten Art überhaupt zur langfristigen Verringerung der Kriegsgefahr tauglich ist und nicht lediglich bestenfalls eine temporäre Nothilfe darstellt. Eine Illusion aber scheint mir vor allem in der Annahme zu liegen, man könne den Ent-

24 H. A. Kissinger, Memoiren 1968-1973, München 1979, S. 440 ff.

spannungsprozeß fortsetzen, ohne den militärischen Bereich einzubeziehen. Das Ende dieser Illusion ist eingetreten, seit man zunehmend wahrzunehmen beginnt, daß die militärische Bedrohung des Friedens nicht nur nicht nachgelassen hat, sondern daß längst in den großen Bündnissen Abschied genommen worden ist von der alten Abschreckungsstrategie[25]. Die Weichen für diese Entwicklung sind aber in den Zeiten der Entspannungseuphorie gestellt worden. Unter dem Mantel der Entspannungspolitik sind mithin alle diejenigen Entscheidungen getroffen worden, die die erneute Führbarkeit eines begrenzten Krieges mit Kernwaffen ins militärische und politische Kalkül einbeziehen, falls die Abschreckung versagen sollte. Ohne das Verhältnis von Entspannungs- und Rüstungspolitik mit dem von Zuckerbrot und Peitsche vergleichen zu wollen, muß es im Nachhinein jedenfalls bedenklich stimmen, daß die strategische Neuorientierung der NATO seit 1967 so wenig qualifizierte Resonanz gefunden hat[26]. Schon gar nicht oder kaum ist in diesem Zusammenhang die Frage einer möglichen Interessenkollission zwischen den USA und den europäischen Bündnispartnern im Blick auf die Wandlungen der NATO-Konzeption erörtert worden. Die größte Aufmerksamkeit der Öffentlichkeiten galt der Vertragspolitik mit den Ostblockstaaten und den Problemen des Nord-Süd-Konflikts, und zwar in der plausiblen Hoffnung, daß sich Spannungsursachen eingrenzen ließen. Aber jede Verschlechterung der politischen Beziehungen mußte zeigen, daß die mit der ungebrochenen Aufstockung der Waffenarsenale nach wie vor bestehende Kriegsgefahr auf diese Weise nicht verringert worden war.

2.3.2. Allerdings sind die der Entspannungspolitik zugrundeliegenden Motive und Interessen nicht einheitlich. Vieles spricht dafür, daß die Kosten und Vorteile diesseits und jenseits des Atlantik durchaus unterschiedlich bewertet werden, und damit ist vielleicht auch erklärlich, warum besonders die in der KEK zusammengeschlossenen Kirchen den KSZE-Prozeß stets ermutigend und mit teilweise hoch gesteckten Erwartungen begleitet haben.

Die unterschiedlichen Interessenlagen kann man sich verdeutlichen, wenn man bedenkt, daß eine militärische Ost-West-Auseinandersetzung

25 Vgl. dazu näher F. Solms, Abschreckung, a. a. O. (Anm. 3). Schon lange vor dem Übergang der NATO zur Strategie der „flexible response" hat H. Kissinger die wichtigsten Aporien erörtert; vgl. nur seinen Aufsatz: Das nukleare Dilemma der NATO, in: Europa-Archiv, 18, 1963, S. 197-222.

26 Ein wichtiges Indiz für diese These ist die Tatsache, daß beispielsweise die sorgfältige Studie: C. F. von Weizsäcker (ed), Kriegsfolgen und Kriegsverhütung, [3]München 1971, kaum eine öffentliche Diskussion der europäischen Sicherheitslage ausgelöst hat.

mit größter Wahrscheinlichkeit zuerst Mitteleuropa zum Kriegsschauplatz werden läßt, während nicht vorhersehbar ist, ob und wann die USA eingreifen oder einbezogen werden. Das bedeutet unter anderem, daß für die USA, zumindest in der strategischen Planung, durchaus die Führung begrenzter Kriege möglich bleibt, während für viele Staaten Europas schon der Griff zu taktischen Atomwaffen zur Selbstzerstörung führen kann[27]. Vor allem die seit 1967 offizielle NATO-Strategie der „flexible response" kann zu sehr asymmetrischen Gefährdungen der Bündnispartner im Verteidigungsfall führen bis hin zu Lagen, in denen die Verteidigung der Gesamtinteressen des Bündnisses die weitgehende Zerstörung der Lebensgrundlagen eines vorgeschobenen Staates nicht mehr ausschließen kann.

Diese gegensätzlichen Ausgangspunkte führen auch zu einer sehr unterschiedlichen Bewertung einer nuklearen Kriegsführung, und hier ist der Punkt erreicht, an dem die jeweilige geopolitische Lage auch Auswirkungen auf die ethische Reflexion der Sicherheitsprobleme haben muß. Während in Europa der Einsatz von Kernwaffen zerstört, was geschützt werden soll, kann der begrenzte – falls eine Begrenzung möglich ist – Atomschlag für die USA militärisch sinnvoll sein. Als erwägenswerte militärische Option haben daher amerikanische Theologen auch den Einsatz von Kernwaffen in den Rahmen der traditionellen Überlegungen über „gerechte Kriege" einbezogen[28], während in Europa dies stets die seltene Ausnahme blieb. Dieser Gegensatz ist, soweit ich sehe, fast nie zum zentralen Gegenstand ökumenischer Gespräche zwischen Christen in USA und Europa geworden[29], und erst die Auseinandersetzungen über die Neutronenbombe und die eurostrategischen Waffen der letzten Jahre haben zu der Entdeckung geführt, daß Christen in Europa und Amerika von ganz verschiedenen – und vielleicht zunächst unvereinbaren – Voraussetzungen ausgehen, wenn sie über die ethische Zulässigkeit militärischer Friedenssicherung nachdenken. Künftig gilt es daher, einen versäumten Dialog nachzuholen.

27 Vgl. schon H. Kissinger, Kernwaffen und auswärtige Politik (1957), deutsch: München 1959, Kap. 5-7, zur Frage „begrenzter Kriege".

28 Vgl. z.B. P. Ramsey: „We need fight-the-war plans that are less ‚deterring', but whose consequences are less catastrophic *when* deterrence fails." In: J. C. Bennett (ed), Nuclear Weapons and the Conflict of Conscience, New York 1962, S. 170. Vgl. auch noch – auf dem Hintergrund des Vietnam-Krieges – P. Ramsey, The Just War, New York 1968.

29 Zwar haben Ende der 50er Jahre in den Arbeiten und Konsultationen der „Commission of Churches on International Affairs" des ÖRK (CCIA) diese Fragen eine Rolle gespielt, aber der hier beschriebene Gegensatz wurde, soweit ich sehe, nie näher untersucht.

2.3.3. Mit dem Ende der Illusion, Entspannungspolitik sei mit Aufrüstung verträglich, wird zugleich deutlich, daß vermutlich auch die gegensätzlichen Voraussetzungen der Entspannungspolitik in Ost und West aus vielen Erwägungen ausgeklammert geblieben sind. Mit diesem Gegensatz meine ich erstens die langfristige Unvereinbarkeit der politischen Ziele (internationaler Klassenkampf, Sieg des Sozialismus einerseits, Durchsetzung der bürgerlichen Rechtsordnung und open-door-policy andererseits), die durch begrenzte Kooperation bestenfalls gemildert wurde. Und zweitens besteht nach wie vor jedenfalls hinsichtlich der Vorstellungen über legitimen Waffengebrauch zwischen den Doktrinen des sozialistischen Lagers und den Auffassungen in Westeuropa ein fundamentaler Gegensatz, wie er in der Stellung zur Möglichkeit gerechter Kriege zum Ausdruck kommt[30].

Ich weise auf diesen Sachverhalt nicht hin, weil er eine Grenze kirchlicher Friedensarbeit darstellt, sondern weil die Unterschiede in der offiziellen Legitimation von Militär und Krieg in Ost und West sich auch auf den jeweiligen Spielraum der Kirchen in ihren Stellungnahmen auswirken. Wenn dabei noch einmal die Kirchen in den Teilen Deutschlands verglichen werden, so komme ich nicht an der Feststellung vorbei, daß die Kirchen in der DDR mit größerem Freimut und höherem Risiko ihren Kurs gehalten haben als die Kirchen in der Bundesrepublik.

3. Ökumenischer Konsens und politische Praxis

Wenden wir uns nunmehr der neueren ökumenischen Gesprächslage zu, so muß angesichts der geschilderten Probleme und gegensätzlichen Interessen von vornherein damit gerechnet werden, daß ein einmütiges Urteil und Zeugnis der ökumenisch vereinigten Christenheit auf außerordentliche Schwierigkeiten stoßen wird.

Seit auf der 5. Vollversammlung des Ökumenischen Rates der Kirchen (ÖRK) in Nairobi 1975 die Probleme von „Militarismus" und Wettrüsten erneut in den Rang eines „Hauptanliegens" und eines nicht mehr zu vernachlässigenden Themas der ökumenischen Bewegung erhoben worden sind[31], ist zwar eine beeindruckende Fülle von Konsultationen, Resolutionen, Gründungen von Ausschüssen und Arbeitsgrup-

30 Nach marxistisch-leninistischer Auffassung bemißt sich die Gerechtigkeit von Kriegen an den leitenden Klasseninteressen und der Ausrichtung am Sieg des Sozialismus; vgl. z.B. E. Jahn, Eine Kritik der sowjet-marxistischen Lehre vom „gerechten Krieg", in: Steinweg, a. a. O. (Anm. 9), S. 163-185.

31 H. Krüger/W. Müller-Römheld (edd), Bericht aus Nairobi 75, Frankfurt/M. 1976, S. 189-193.

pen zu verzeichnen, aber andererseits scheint mir eine gewisse Verlegenheit und Unsicherheit hinsichtlich der Perspektiven und Handlungsmöglichkeiten im Rahmen des ökumenischen Programms kaum zu übersehen zu sein. Schwankend zwischen den Zielen eines Aktions- oder Studienprogramms[32], war lange Zeit unklar, ob es überhaupt möglich sein würde, zu einer nicht nur im Grundsätzlichen einmütigen ökumenischen Stellungnahme zu gelangen, sondern auch zu gemeinsamen konkreten und politisch operationalisierbaren Forderungen und Vorschlägen. Soweit ich sehe, ist bislang noch nicht ernsthaft geprüft worden, ob und wieweit sich der antimilitaristische ökumenische Konsens auch an Detailproblemen der politischen Praxis bewähren kann. Es ist nun einmal viel einfacher, sich über erhabene Grundsätze zu einigen als sich über die Vereinbarkeit der verschiedenen daraus folgenden praktischen Konsequenzen zu verständigen. Diese unangenehme Erfahrung begleitet auch die neuere ökumenische Bewegung hinsichtlich der Probleme von Krieg und Frieden seit ihrer Frühzeit: einerseits war und ist man sich einig, daß Krieg „Sünde" ist, andererseits war und ist man aber nicht in der Lage, sich beispielsweise einhellig zu pazifistischen Auffassungen und Verhaltenweisen zu entschließen. Die große ökumenische Konferenz über „Kirche, Volk und Staat", die im Juli 1937 in Oxford zusammentrat[33], war durchaus zutiefst von der Sündhaftigkeit jedes Krieges überzeugt, aber wem hätte man angesichts der von Hitler-Deutschland ausgehenden Expansionsgefahr und der Schrecken der Stalin-Herrschaft zu grundsätzlicher und unbedingter Wehrlosigkeit raten können? So blieb die Frage der Konkretion der gemeinsamen Überzeugnung offen[34], und wenn in Nairobi 1975 unter anderem die grundsätzliche Bereitschaft bekundet wurde, „ohne Waffen leben" zu wollen, so ist damit noch keineswegs ausgemacht, wer in welcher konkreten Situation damit ernst machen will und kann. Im Rahmen einer großen Konferenz läßt

32 Der Nairobi-Beschluß spricht u. a. von einer „Strategie....zur Verhinderung der weiteren Aufstockung der Militärausgaben" (ebda., S. 193); der Zentralausschuß des ÖRK hat in Jamaica (Januar 1979) definitiv den Titel eines „Studienprogramms" empfohlen (Dok. Nr. 10, S. 13).

33 Vgl. außer dem Berichtband „Kirche und Welt in ökumenischer Sicht" (Genf 1938) bes. A. Boyens, Die Stellung der Ökumene und der Bekennenden Kirche zum Problem von Krieg und Frieden während der Zeit des Dritten Reiches, in: W. Huber/J. Schwerdtfeger (edd), Kirche zwischen Krieg und Frieden, a. a. O. (Anm. 15), Stuttgart 1976, S. 423-459, S. 428 ff.

34 „Wir behaupten nicht, daß eine dieser Stellungnahmen vom christlichen Standpunkt aus als die einzig mögliche Haltung bezeichnet werden kann. Die Kirche muß es deutlich aussprechen, daß diese ungeklärte Lage ein Zeichen der Sünde ist, in die ihre Glieder verstrickt sind." (Kirche und Welt in ökumenischer Sicht, 1938, S. 253). Vgl. zur weiteren Geschichte dieser Ausweglosigkeit meinen in Anm. 12 genannten Aufsatz.

sich oft manches sagen, das dann jeweils „vor Ort" nicht umstandslos und jedenfalls nicht überall in gleicher Weise verwirklicht werden kann. Dies muß man bedenken, wenn aus dem begonnenen Studienprogramm über Rüstungsfragen nicht vermeidbare Frustrationen hervorgehen sollen. Deshalb ist es zweckmäßig und notwendig, im Blick auf bestimmte Kontexte möglichst nüchtern zu überschlagen, welche Ergebnisse sinnvollerweise von einem Studienprogramm erwartet werden können und welche einzelnen Schritte zur Verwirklichung bestimmter Empfehlungen zu erwägen sind. Hierzu sollen im folgenden einige Überlegungen zur Diskussion gestellt werden, die sich mit Absicht auf die Situation vor allem der Kirchen in Nord- und Westeuropa beziehen.

3.1. Veränderungen in der Gesprächslage

Nach einem vielzitierten Worte Santayanas muß, wer seine Geschichte vergißt, sie noch einmal durchleben. Für die ökumenische Bewegung gilt dies vielleicht im besonderen Maße deshalb, weil sie zum Zwecke ihrer Traditionsbildung und zur einheitsstiftenden Erinnerung ihrer Geschichte vor allem auf die Kontinuität persönlicher Erfahrungen und Bekanntschaften angewiesen ist. (Die umweghafte Erschließung der ökumenischen Geschichte durch amtliche und persönliche Dokumente ist nicht zuletzt aus diesem Grunde so schwierig, denn die informellen Unwägbarkeiten im ökumenischen Prozeß der Meinungs- und Entscheidungsbildung sind außerordentlich bedeutsam[35].) Die Kontinuität der persönlichen Kontakte bildet eine außerordentlich wichtige Klammer des Problembewußtseins in der ökumenischen Bewegung, und ich vermute darum, daß jedes ökumenische Programm zum Scheitern verurteilt ist, das sich einbildet, neu anfangen zu können, ohne seine Vorgeschichte einzuholen.

Ein Beispiel für Kontinuität ist die Auseinandersetzung der ökumenischen Bewegung mit dem Problem des Rassismus. Seit J. H. Oldhams Buch von 1924[36] hat es eine kontinuierliche Überlieferung des Problembestandes und eine Entwicklung der zunehmenden Bewußtseinsbildung gegeben, aus der das neuere Programm zur Bekämpfung des Rassismus mit innerer Logik hervorging. Eine ähnliche Kontinuität und damit ähnliche Formen des Bewußtseins der Notwendigkeit eines entsprechenden Programms zeichnen sich in Fragen der Rüstung und des Militarismus nach meinem Eindruck bislang nicht ab. Für einen Bruch

35 Vgl. die methodischen Überlegungen bei K.-H. Dejung, Die Ökumenische Bewegung im Entwicklungskonflikt 1910-1968, Stuttgart/München 1973 (Studien zur Friedensforschung, 11), S. 6-10.

36 Christianity and the Race Problem, New York 1924.

in der Kontinuität der Behandlung militärischer Probleme in der ökumenischen Bewegung gibt es dagegen eine Reihe von bemerkenswerten Anzeichen, von denen mir bis 1968 folgende am wichtigsten zu sein scheinen:

Zwischen 1961 und 1968, also von Neu-Delhi bis Uppsala, wurde ein großer Teil der „grand old men" der ökumenischen Bewegung von Jüngeren abgelöst. Die ältere Generation kannte überwiegend noch eine Reihe der Gründungsväter der ökumenischen Bewegung und war zudem in einer Welt erzogen worden, in der es auch und gerade für aufbegehrende Jüngere einigermaßen selbstverständlich war, in und vor dieser Generation sich zu verantworten. Die 60er Jahre waren das Jahrzehnt endgültiger politischer Dekolonisierung, und in diesem Zusammenhang veränderte sich auch das Verhältnis der ökumenischen Bewegung zum Bereich der Politik von Grund auf. Dies ließe sich exemplarisch an der Geschichte der „Commission of the Churches on International Affairs" (CCIA) verdeutlichen[37]. Unter O. F. Nolde und K. Grubb lebte die Arbeit dieser Kommission davon, daß man hinter den Kulissen behutsam beraten und vertraulich wirken konnte. Das New Yorker Büro erlebte seine Blütezeit. US-Außenminister J F. Dulles bedankte sich schriftlich bei Nolde für eine gelungene vertrauliche Vermittlungsaktion in Korea[38]. Politik war das Geschäft der nordatlantischen Eliten, und Kirchenvertreter fanden hier einen gebührenden Platz, der sehr genau den gewohnten Verhaltensmustern ihrer Beziehungen zu den politischen und wirtschaftlichen Führungsgruppen in ihren Heimatländern entsprach. Es gab so etwas wie traditionale eingespielte Verhaltenweisen zwischen den kirchlichen und den politischen und ökonomischen „Eliten". Von Oxford 1937 bis Nyborg Strand 1958 waren die maßgeblichen Träger der CCIA- und verwandter ÖRK-Arbeit vor allem renommierte Wissenschaftler (zu einem nicht geringen Teil Physiker und Juristen), die gleichzeitig in wichtigen (oft: ehrenamtlichen) Funktionen ihrer Kirchen und ebenso in deren gesellschaftlichem Umfeld tätig waren. Die damit ermöglichte und geforderte Interaktion von politischen und kirchlichen Eliten barg spezifische Chancen und Risiken: Chancen der Einflußnahme, Risiken der Anpassung. Durch den Eintritt der Jungen Kirchen und ihrer Vertreter in die ökumenische Bewegung wurde dieser überlieferte Interaktionsstil abgelöst. Ein Blick auf Fotos von ökumenischen Konferenzen heute und vor 30 Jahren macht schlagend deutlich, daß dieser Unterschied nicht nur einer von 30 Jahren ist. Der Teilnehmerkreis hat sich nicht nur personell von Grund auf geän-

37 Vgl. dazu näher D. Hudson, The World Council of Churches in International Affairs, Leighton Buzzard 1977.

38 O. F. Nolde, The Churches and the Nations, Philadelphia 1970, S. 124.

dert, sondern auch die politischen und sozialen Erfahrungen, die jeder mitbringt, sind grundverschieden; die Homogenität der bis nach dem Zweiten Weltkrieg vorherrrschenden nordatlantischen Eliten und ihrer politischen Ordnungsvorstellungen wurde in kürzester Zeit aufgesprengt. Vor allem die Erfahrung des Zweiten Weltkrieges, die in gewisser Hinsicht die nordatlantischen Kirchen und Christen in einen gemeinsamen Verantwortungshorizont gestellt hatte, konnte gar nicht in gleicher Weise das Bewußtsein der Vertreter der Jungen Kirchen in der ökumenischen Bewegung bestimmen, denn diese Erfahrungen lassen sich nicht ohne weiteres in die südliche Hemisphäre übertragen.

Militärische Fragen sind indes für die ökumenische Bewegung alles andere als neu[39]. Seit ihrem Beginn hat sie mit einer Fülle von Appellen, Mahnungen, Vorschlägen und Analysen die Entwicklung des Rüstungswettlaufes und der politischen Spannungen und Entspannungen begleitet. Einen Höhepunkt der ökumenischen Aufmerksamkeit für militärische Probleme bildete zweifelsohne die Zeit der späten 50er Jahre, als es darum ging, zu einer ökumenisch konsensfähigen Beurteilung der Ausbreitung nuklearer Waffensysteme zu kommen. Ganz parallel zur Entwicklung der Diskussion um die Kernwaffen, wie sie auch in Deutschland geführt wurde, hat die ökumenische Bewegung eine Reihe von Erklärungen veröffentlicht, von denen besonders diejenige des Zentralausschusses des ÖRK vom August 1957 auf Jahre hinaus maßgeblich wurde[40]. Das gründlichste einschlägige Dokument jener Jahre, wenn nicht überhaupt in der Geschichte der ökumenischen Bewegung, bildet die Studie „Christen und die Verhütung des Krieges im Atomzeitalter" einer Expertenkommission, der von deutscher Seite H. Thielicke und C.F. v. Weizsäcker angehörten[41]. Das Dokument kommt auf der Basis einer eingehenden Diskussion der Gefahren eines Nuklearkrieges zu einer grundsätzlichen Ablehnung jeder Lehre vom „gerechten" Krieg, weil es nicht mehr ankommen könne „auf die Einsetzung eines zulässigen Bereiches der Kriegführung", sondern nur noch „ganz entschieden auf die völlige Abschaffung des Krieges"[42]. Gleichwohl wird die kriegverhütende Funktion der nuklearen Abschreckung anerkannt[43], und auch begrenzte nukleare Kriege zur Verteidigung gegen nichtprovozierte Angriffe werden nicht

39 Vgl. Hudson, a. a. O. (Anm. 38), S. 219-260.

40 Text u. a. in: Evenston-Neu Delhi 1954-1961. Bericht des Zentralausschusses, Genf 1961, S. 290 ff; auch in: CCIA-Dokumentation 1/1978, S. 5 ff.

41 Die Studie erschien 1958 hektographiert beim ÖRK in Genf, nachdem der Text in Nyborg vom Zentralausschuß verabschiedet worden war.

42 Ebda., S. 12 (deutsche Fassung).

43 Pazifistische Positionen hatte man aus „Zeitmangel" nicht näher erörtert, ebda., S. 13.

verworfen, solange sie dazu dienen, „Gerechtigkeit und Ordnung aufrechtzuerhalten"[44]. Schließlich wird aber im Blick auf die Möglichkeit eines „totalen" Krieges, d.h. unter Einsatz strategischer Nuklearwaffen, für einen Waffenstillstand plädiert – „wenn es nötig wäre unter den Bedingungen des Feindes"[45]. Es ist deutlich, daß diese Stellungnahme ganz dem „nördlichen" Kontext des Ost-West-Gegensatzes zugehört. Abgesehen von der letzten Forderung bewegte man sich ganz überwiegend im Rahmen der Argumente zur Kriegsverhütung, wie sie seinerzeit von der arms-control-Schule in den USA ausgearbeitet wurden. Gegenüber dieser Konstellation ist es heute neu, daß in erheblich geringerem Maße Experten, die ihrerseits das Ohr verantwortlicher Politiker in ihren eigenen Ländern erreichen können, die Wortführer (oder hier und da auch Schweiger) in der ökumenischen Diskussion über militärische Fragen sind. Es wäre aber verfehlt, diesen Umbruch vordergründig zu personalisieren. Tatsächlich war für die jungen Nationen und die Vertreter der jungen Kirchen in der ökumenischen Bewegung kaum einzusehen, daß die Stabilisierung der Ost-West-Beziehungen durch die Strategie der Abschreckung auch ihrer Sicherheit und Entwicklung dienen könnte. Der Vietnamkrieg, dem vor allem in den 60er Jahren eine Fülle von Erklärungen der CCIA galt[46], und der ständige Rüstungswettlauf zeigten, daß Kriegsverhütung durch Abschreckung für die Dritte Welt alles andere als ein brauchbares Konzept war, während für die sicherheitspolitischen Beziehungen zwischen Ost und West, NATO und Warschauer Pakt, kaum eine überzeugende Alternative zu sehen war.

3.2. Konsequenzen für das Programm

Diese und weitere Entwicklungen gehören zu den Hypotheken eines ökumenischen Studienprogramms, welches „klassische" Probleme neu aufzunehmen versucht. Wer z.B. heute dazu aufruft, „ohne Waffen zu leben", stößt nicht ganz ohne Recht auf die Skepsis derer, die vor 20 und mehr Jahren von Abrüstung (kontrolliert oder nicht, und wenn ja, wie – das war damals die Frage), Entspannung, Disengagement und Rapacki-Plan sprachen. Waren damals nicht längst alle Karten ausgereizt? Und nun soll man mit demselben Blatt, d.h. angesichts der in ihren Grundzügen unveränderten strategischen Lage, ein neues Spiel wagen? Wer,

44 Ebda., S. 43.
45 Ebda., S. 39 f; vgl. S. 44.
46 Vgl. dazu H. J. Benedict, Von Hiroshima bis Vietnam, Darmstadt-Neuwied 1973; ders., Vom Protest zum Widerstand. Die Vietnamkriegs-Opposition in den USA und in der BRD, in: Friedensanalysen 4, 1977, S. 79-106.

eingedenk früherer Erfahrungen mit diesen Problemen, dabei mittun soll, wünscht zu Recht mit starken Argumenten und weniger mit emphatischen Appellen überzeugt zu werden.

Aufgrund derartiger Überlegungen hätten die Anwälte des neuen Programms über Militarismus und Abrüstung sinnvollerweise an den Beginn ihrer Arbeit eine Rückvergewisserung darüber stellen sollen, aus welchen Gründen frühere einschlägige ökumenische Aktivitäten folgenlos oder unwirksam geblieben sind oder zu sein scheinen, ob und wieweit diese einstigen Gründe nicht mehr gegeben oder jedenfalls auf überzeugende Weise als überwindbar anzusehen sind, und ob und wieweit möglicherweise die Rahmenbedingungen, besonders strategischer Art, eines derartigen Programms gegenüber früheren Zeiten gewandelt sind. Derlei Erwägungen möchten zu ökumenischer Nüchternheit anstiften, die durchaus ein fruchtbarer Boden für leidenschaftliche Appelle sein kann.

Diese hier nur angedeuteten Verschiebungen und Neuorientierungen haben unmittelbare Auswirkungen auf Ansatz und Methode jeder christlichen Friedensethik. Ihr klassischer Ort war die Beratungstätigkeit: die kirchlichen Amtsträger beraten die Obrigkeit, und zwar nicht selten in der Sache hart, in der Form freilich fast immer streng vertraulich, wobei es nicht darauf ankam, ob derartiger Rat auch jeweils erbeten war[47]. Zu den Voraussetzungen der Wirksamkeit dieses Interaktionsmodells gehörten ein eingespieltes, relativ stabiles Gegenüber von geistlicher und weltlicher „Obrigkeit", ein tragfähiger, traditionell vermittelter Grundkonsens über die zentralen Aufgaben der öffentlichen Gewalten, die Artikulation der klar (und bis zur Reformation: hierarchisch) gegliederten geistlichen Gewalt durch ihre zuständigen Amtsträger, sachliche Kompetenz und Interesse an gesellschaftlicher Stabilität auf beiden Seiten und nicht zuletzt ein wechselseitiges persönliches Vertrauen als Grundlage erfolgreicher Beratungstätigkeit.

Diesem Handlungsmodell entsprach noch in den 60er Jahren mancher Vorstoß der ökumenischen Bewegung im politischen Raum. Nolde bringt in seinem erwähnten Buch[48] ein Foto, das US-amerikanische Kirchenvertreter mit J.F. Kennedy und Außenminister Rusk zeigt, um letzteren den Friedensappell der 3. Vollversammlung des ÖRK von Neu Delhi zu

47 E. Wolgast, Die Wittenberger Theologie und die Politik der evangelischen Stände, Gütersloh 1977, macht deutlich, mit welchem Freimut die Reformatoren sich in sehr konkrete Fragen des politischen Gemeinwesens einmischten, ohne die Grenzen von Politik und Evangelium zu vermischen. Vgl. auch H. Kunst, Evangelischer Glaube und politische Verantwortung, Stuttgart 1976.

48 Nolde, a. a. O. (Anm. 38), S. 78.

präsentieren. Derartige Demarchen dürften heute seltener sein, denn in nicht wenigen Ländern ist dergleichen lebensgefährlich, während es in anderen folgenlos bleibt, weil entweder der kirchlichen Stimme die innere Autorität fehlt, die sie Gehör finden läßt, oder weil die Bereitschaft, ihnen zuzuhören, zurückgegangen ist. Dies alles legt den Schluß nahe, daß die Zeiten für ökumenische Stellungnahmen im allgemeinen und in militärpolitischen Fragen im besonderen nicht gerade günstig sind, so daß auch aus diesem Grunde Anlaß besteht, vor zu hochgespannten Erwartungen bei neuen Programmen zu warnen.

Eine nüchterne Bestandsaufnahme kann jedoch auch eine Fülle von Gesichtspunkten nennen, die dafür sprechen, daß eine neue ökumenische Abrüstungsinitiative spezifische Notwendigkeiten, aber auch Chancen hat, die freilich durch unbehutsame Aktivitäten vertan werden können. Als Stichworte zur europäischen Situation seien genannt:

– die ,,neue strategische Lage" in und für Europa[49];
– die Veränderungen im Bereich der Waffentechnik und ihre Folgen für die Möglichkeit, Waffen einzusetzen[50];
– die Tendenz, Staaten und Regionen der Dritten Welt in die Sicherheitsüberlegungen der beiden militärischen Supermächte einzubeziehen, sowie die wachsende Militarisierung dieser Teile der Welt[51];
– der Wandel in dem öffentlichen Bewußtsein im Blick auf die Möglichkeit, in Europa eine sinn- und wirkungsvolle Verteidigung vorzubereiten und zu realisieren[52].

Diese Situation müßte allerdings für ökumenische Urteilsbildungen nunmehr präziser und im Detail näher analysiert werden, freilich weniger im Blick auf Zahlen der Waffen- und Mannschaftsstärken, als vielmehr auf die gegenwärtigen und künftig zu vermutenden politischen Optionen. Erst in einem so zu differenzierenden Entscheidungsfeld ließen sich dann auch reale Abrüstungsmöglichkeiten identifizieren. Unabhängig von einer genauen Lageanalyse müßten diese abstrakt, postulatorisch und politisch

49 Vgl. die Beiträge von M. Padamsee und F. Solms in diesem Band.

50 F. Solms, Sicherheit durch Modernisierung, in: M. Padamsee/F. Solms/B. Moltmann, Zum Zusammenhang von Militärstrategie und Sicherheit, Heidelberg 1979 (Texte und Materialien, B 1), S. 25-27.

51 Vgl. den Beitrag von M. Brzoska in diesem Band.

52 Vgl. die Arbeiten von Chr. Potyka, u. a.: ders., Die vernachlässigte Öffentlichkeit. Zur Diskussion militärpolitisch-strategischer Fragen in der Bundesrepublik unter besonderer Berücksichtigung der Presse, in: K.-D. Schwarz (ed), Sicherheitspolitik, [3]Bad Honnef-Erpel 1978, S. 527-543; ders., Rüstungskontrolle als Zivilisationsprozeß und Öffentlichkeit, in: E. Forndran/P. J. Friedrich (edd), Rüstungskontrolle und Sicherheit in Europa, Bonn 1979 (Rüstungsbeschränkung und Sicherheit, 14), S. 301-312.

wenig hilfreich bleiben. Die Verwirklichung einzelner Abrüstungsschritte[53] hängt dann allerdings nicht zuletzt davon ab, daß derartige Vorschläge den Politikern und den Völkern auf dem Wege zu einer Abrüstung keine einschneidend größeren Unsicherheiten zumuten als ohnehin damit gegeben sind, daß man weiter wie bisher – trotz oder wegen SALT – „kontrolliert" aufrüstet. Darauf aber zu setzen, daß das Rettende mit der Gefahr wächst, ist in Rüstungssachen jedenfalls ein Spiel mit dem Feuer.

4. Chancen eines europäischen Beitrages

Das Risiko und die Möglichkeiten von Maßnahmen der Rüstungskontrolle und Abrüstung realistisch einzuschätzen, setzt umfassenden Sachverstand voraus. So sinnvoll das Bonmot ist, daß der Frieden wie der Krieg zu ernst sind, um den Generälen überlassen zu werden, so sehr gilt doch umgekehrt, daß ohne ihre Expertisen und Kritiken jede Initiative in diesen Fragen illusionär bleiben muß. Generäle aber sind Staatsdiener, und ihre politische Betätigung unterliegt erheblichen Einschränkungen. Der Marktplatz und die Massenmedien können darum für substantielle Abrüstungsdiskussionen immer nur temporäre Nebenschauplätze sein.

Auf dem Hintergrund dieser sehr vorgreifenden und nur andeutenden Überlegungen seien abschließend einige Vorschläge für die Fortführung des ökumenischen Studienprogramms formuliert, und zwar zunächst eher allgemeiner Art und dann im Blick auf die besondere Situation in Mitteleuropa.

4.1. Der Kontext

Man muß sich zuerst darüber verständigen, auf welcher Ebene man eine Diskussion über Rüstungskontrolle und/oder Abrüstung beginnen will. Bevor man ihren Zusammenhang diskutiert, sollte man versuchen, sich beispielsweise den Sinn der prozeduralen Trennung von SALT, MBFR

53 Im neuen Studienprogramm des ÖRK finde ich bislang keinen Ansatz einer Fragestellung, die zu klären versuchen würde, warum die bisherigen Abrüstungsbemühungen bei gelegentlicher großer Annäherung der Standpunkte im Ergebnis stets fehlgeschlagen sind. In früheren Jahren fanden größere Konsultationen des ÖRK mit den Genfer Botschaftern der Großmächte statt, die ihre Staaten im Abrüstungsausschuß der UN vertreten (Juni 1962, Juni 1964, Juni 1970), ohne daß allerdings von hier größere und erfolgreiche Initiativen ausgegangen wären. Vgl. dazu näher Hudson, a. a. O. (Anm. 38), S. 241 ff.

und KSZE klarzumachen. Ich vermute jedenfalls, daß auf der Ebene von SALT trotz der neueren politischen Spannungen in absehbarer Zeit Abrüstung wie bisher sicher nicht, wohl aber eine obere Begrenzung („ceiling") der Rüstung weiterhin möglich bleibt. Abrüstung – also etwas qualitativ anderes als Rüstungskontrolle – halte ich dagegen zunächst allenfalls regional für möglich, und zwar um so mehr, als dadurch effektive Kostensenkungen – politischer und finanzieller Art – für alle Beteiligten in Aussicht stehen. Besondere Bedeutung kommt dabei dem breit gefächerten Mittelbereich der euro-strategischen Waffen zu. Hier geht es um Verhandlungen, die zunächst einer Verringerung der Rüstungsbeschleunigung und -geschwindigkeit gelten, dann eine Stabilisierung eines vertraglich bestimmten Rüstungsniveaus und schließlich womöglich dessen allmähliche und kontrollierte Absenkung zum Ziele haben. Streitkräfteverringerungen wären dabei nur *eine* Maßnahme in einer ganzen Reihe von zu erörternden *strategischen* Optionen, deren Gleichgewicht zu bestimmen vor allem eine *politische* Aufgabe ist und bleibt.

Diese Unterscheidungen gelten im Blick auf die europäische Lage und sind nur in engen Grenzen, wenn überhaupt, auf andere Gebiete zu übertragen. Eine erste Forderung an das ökumenische Studienprogramm ist daher, daß es vor allem in regionalisierter Spezifizierung durchgeführt werden muß. Rüstungsprobleme in Ostafrika und Mitteleuropa sind nicht in demselben Rahmen vergleichbar. Ebensowenig sinnvoll ist es, unmittelbar die Verteidigungsetats entwickelter kapitalistischer oder sozialistischer Länder mit denen von Ländern der Dritten Welt zu vergleichen, denn die jeweiligen Etats sind nicht nur, aber auch in ihrem Umfang in Beziehung zu setzen zu den allgemeinen Leistungen eines Staates, wie sie sich in seinen Haushalten und Finanzplanungen ausdrükken. Allein der hohe Anteil der Personalkosten an den Verteidigungsetats der Industrieländer macht deutlich, daß hier die Vergleichsmöglichkeiten mit Ländern der Dritten Welt sehr gering sind; man kann einen Unteroffizier in Köln nicht mit einem Feldwebel in Dares-Salaam vergleichen.

Ich plädiere für eine stärkere regionale Differenzierung des ökumenischen Studienprogramms nicht zuletzt deshalb, weil ich vermute, daß für jede Art selbstbestimmter Entwicklung besonders der Länder der Dritten Welt von entscheidender Bedeutung ist, ob und wieweit eine Distanz zu den Ost-West-Spannungen und dem Abschreckungssystem gewonnen und bewahrt werden kann. Demgegenüber steht zu erwarten, daß eine weitere Aufrüstung dieser Länder nicht nur Ressourcen verschleudert, die für die eigene Entwicklung unwiederbringlich sind, sondern auch deren Abhängigkeit verstärkt.

Die Möglichkeiten einer Plafondierung oder Verringerung bestimmter Rüstungsniveaus sind sicherlich nur im jeweiligen Kontext näher zu bestimmen. Soweit deren Besonderheiten sich aber vor allem einer vergleichenden Analyse erschließen, könnten hier der ökumenischen Bewegung spezifische Aufgaben zuwachsen, wenn es gelingt, Kirchenvertreter, Politiker und Militärs in ein *gemeinsames Gespräch* zu verwickeln. Dabei käme es nicht zuletzt darauf an, die in verschiedenen Zusammenhängen auch *völlig unterschiedlichen Funktionen von Streitkräften* zu analysieren. In vielen Ländern haben die Militärs in der Vergangenheit eine tragende Rolle im Prozeß des nationalen Aufbaus übernommen und stehen deshalb unmittelbar im politischen Entscheidungsprozeß, wenn sie ihn nicht gänzlich kontrollieren. In den meisten Staaten der Alten Welt, die seit Jahrhunderten ein ausdifferenziertes legitimes Gewaltmonopol des Staates kennen, ist dagegen in der Regel eine weitgehende Entpolitisierung der Armeen und eine damit einhergehende Absicherung des Primats legaler politischer Entscheidungen erreicht worden. Die Rolle von Streitkräften muß daher auch stets in Beziehung gesetzt werden zu den verschiedenen Graden staatlicher Entwicklung und den Formen der jeweiligen ökonomischen und politischen Organisation, wenn man nach Möglichkeiten für Rüstungskontrolle oder gar Abrüstung fragt. Es steht daher zu vermuten, daß die ökumenische Diskussion dieser Probleme eine außerordentliche Differenzierung erforderlich macht, wenn man nicht bei wohlklingenden, aber wirkungslosen Appellen und Zweckformeln enden will.

4.2. Der Realismus kleiner Schritte

Wenn sich der Blick auf die Lage (Mittel-)Europas richtet, so wird man hier von vornherein für alle ökumenischen friedenspolitischen Aktivitäten fordern müssen, daß Vorschläge zur Abrüstung unter dem Imperativ stehen, die Kriegsgefahr keinesfalls erhöhen zu dürfen. Dabei ist man alsbald mit dem Dilemma konfrontiert, daß kurzfristig die Abschreckung noch als ein einigermaßen rationales Mittel der Kriegsverhütung betrachtet werden kann[54], daß aber mittel- und langfristig die inhärenten Faktoren der Destabilisierung die Kriegsgefahr gerade erhöhen können[55].

54 Daß Abschreckung allein, d.h. ohne eine Fülle gemeinsamer ökonomischer und kultureller Interessen Kriege verhüten könnte, wird man kaum annehmen wollen.

55 Die einschlägigen Analysen vermeiden i. a. eine zeitliche Präzisierung dieser Unterscheidung.

Abstrakt ließe sich aus der Diagnose dieses Dilemmas folgern, daß entweder die bisherige nukleare Abschreckung ergänzt oder abgelöst werden müßte durch eine andere Art von militärischer Abschreckung, die gleichzeitig eine maximale Schadensbegrenzung für den Fall sicherstellt, daß sie versagt (H. Afheldt), oder daß versucht werden muß, kontinuierlich die militärischen Mittel der Kriegsverhütung durch vor allem politische Vereinbarungen einzugrenzen, zu unterstützen und womöglich schließlich weitestgehend zu ersetzen.

Es hat sich nun in den letzten Jahren immer deutlicher gezeigt, daß die Staaten Europas ein vitales Interesse daran haben, nicht automatisch in den Antagonismus der Supermächte hineingerissen zu werden, zumal die Anlässe zugenommen haben, an der technischen, logischen und politischen Transparenz der Abschreckung auf strategischer Ebene zu zweifeln[56]. In bemerkenswerter Übereinstimmung haben besonders die kleineren und mittleren europäischen Staaten auf diese Gefahr einer militärischen Destabilisierung, die nicht in ihrem gemeinsamen Überlebensinteresse liegen kann, mit einer Intensivierung ihrer politischen Zusammenarbeit reagiert. Darin sind sie erfreulicherweise nicht zuletzt von den jeweiligen Kirchen mehr oder weniger nachhaltig ermutigt worden, denn auch nur eine Rückkehr zum Kalten Krieg verspricht für niemanden nennenswerte Vorteile. Vielleicht liegen in dieser Konstellation die spezifischen Rüstungskontroll- und Abrüstungschancen im Europa des nächsten Jahrzehnts.

Es ist aber keineswegs ausgemacht, daß diese Chance genutzt wird. Dies würde nämlich wohl ein geduldiges Erkunden einzelner politischer Schritte bedeuten und nicht die Hoffnung auf schnelle Radikallösungen. Das heißt nicht, daß radikale Positionen („ohne Waffen leben") nicht legitim, ja notwendig sind, wohl aber, daß sehr viel davon abhängt, wie sie mit der öffentlichen Meinungsbildung und dem politischen Entscheidungsprozeß vermittelt werden können. In der Bundesrepublik scheinen beispielsweise in den letzten Jahren die Kontakte und damit die Überzeugung wechselseitiger Verantwortlichkeit zwischen Vertretern der Militärseelsorge einerseits, Vertretern der Kriegsdienstverweigerer andererseits nicht gerade zugenommen haben. Statt dessen ist teilweise die Polarisierung gewachsen. Wenn aber schon innerhalb eines einzelnen Landes, in welchem zudem die Kommunikationsmöglichkeiten außerordentlich günstig sind, die Kontakte zwischen den Gruppen, die gegensätzlicher Auffassung in militärischen Angelegenheiten sind, so unterentwickelt sind, dann besteht hier vermutlich ein erheblicher Nachhol-

56 Ein dramatisches Warnsignal sind die in jüngster Zeit wiederholt bekannt gewordenen „Fehler" im Computersystem der US-Radar-Aufklärung.

bedarf, der gedeckt sein will, bevor man große ökumenische Programme verwirklichen kann. Darum dürfte gelten, daß die Beteiligung westdeutscher Kirchen an dem neuen ökumenischen Programm damit beginnen muß, daß überlegt wird, welche realistischen Rüstungskontroll- bzw. Abrüstungschancen für die Bundesrepublik selbst ausgemacht werden können. Es ist wenig sinnvoll, wenn man selbst keine überzeugenden Ansatzpunkte bei sich entdecken kann, anderen Ländern bzw. Völkern anderer Erdteile Ratschläge geben zu wollen.

4.3. Aufgaben in Mitteleuropa

Eine Diskussion über Abrüstung in der Bundesrepublik kann zudem nicht sinnvoll geführt werden ohne Berücksichtigung der Lage der DDR und der Einbindung beider deutscher Teilstaaten in übergreifende Militärpakte. Regionale Rüstungsgespräche in Europa müssen daher von vornherein blockübergreifend angelegt sein. Die Bedingungen, die gestatten würden, diese Forderung zu verwirklichen, sind durch die vollzogene Teilung der EKD nicht unbedingt schlechter geworden. Dennoch oder gerade deshalb könnte es sein, daß die Qualität einer deutschen Beteiligung am ökumenischen Programm entscheidend davon abhängen wird, ob und in welchem Maß es gelingt, die fälligen militärpolitischen Erörterungen unter Christen in Deutschland gemeinsam zu führen. Vertrauliche Gespräche über die Grenze in Deutschland hinweg würden an ältere CCIA-Traditionen anknüpfen. Veranstalter derartiger regionaler Expertengespräche könnten darum sinnvollerweise nationale CCIA-Gremien sein, die mit den jeweils zuständigen kirchlichen Stellen zusammenarbeiten, aber gleichzeitig auch kirchliche Einrichtungen mit weniger offiziellem Status einbeziehen. Ein gutes Beispiel in dieser Hinsicht scheinen mir die Besuche von Kirchenvertretern aus den USA und Holland in der DDR im Jahre 1978 zu sein. Blockübergreifende Rüstungsgespräche unterhalb der kirchenleitenden Ebenen scheinen mir eine angemessene Strategie zu ermöglichen. Die Voraussetzungen dafür sind vielleicht gegenwärtig besser als lange zuvor. Die Überzeugung, daß von deutschem Boden nie wieder ein Krieg ausgehen darf, ist den Regierungen in Bonn und Ost-Berlin gemeinsam. Darauf lassen sie sich auch von kirchlicher Seite behaften, und unter dieser Voraussetzung könnte es auch wieder möglich werden, über eine Entnuklearisierung der deutschen Staaten nachzudenken. Ein politisch-realistischer Anknüpfungspunkt für derartige regionale Rüstungsgespräche unter Mitgliedern christlicher Kirchen könnten die in der Helsinki-Schlußakte festgeschriebenen „vertrauensbildenden Maßnahmen" sein, wenn man sie konsequent auf den militärischen Bereich ausdehnt. Auf diese Texte jedenfalls wäre eine Berufung von kirchlicher Seite möglich. Damit ist freilich nicht eine spezifisch kirchliche oder christliche Verantwortlichkeit begründet, wohl aber ein Rahmen gegeben, innerhalb dessen die besonderen Handlungsmöglichkeiten von Christen und Kirchen Bedingungen ihrer Verwirklichung finden könnten.

Die Diskussionen um Frieden, Militär, Kriegsdienst, Kriegsdienstverweigerung und Wehrunterricht in der BRD einerseits und der DDR andererseits weisen zudem verblüffende Parallelitäten auf. Es wäre eine lohnende Aufgabe, eine Synopse der entscheidenden Positionsbestimmungen in den Kirchen des geteilten Deutschland aus den letzten Jahren aufzustellen. Dabei würde freilich auffallen, daß in der Bundesrepublik eine Tendenz besteht, im Gegensatz zu den Heidelberger Thesen von 1959 und zur Denkschrift über den „Friedensdienst der Christen" von 1969 erneut die Maßnahmen zur militärischen Landesverteidigung und die Beteiligung auch von Christen daran als den Normalfall anzusehen, während die Tendenz in den DDR-Kirchen eher dahin geht, die Komplementaritätsthese von 1958/59 unverkürzt festzuhalten, etwa wenn beispielsweise die Orientierungshilfe der Kirchenleitung zum Wehrunterricht in der DDR vom Juni 1978 bestimmt ist von einer durchgehend kritischen Position gegenüber dem vom Staat verlangten Primat militärischen Sicherheitsdenkens. Wenn man diese Entwicklung überspitzt darstellen wollte, so könnte man behaupten, daß die DDR-Kirchen eher auf dem Weg sind, sich in eine Friedenskirche zu verwandeln, als dies in der Bundesrepublik absehbar ist.

Für künftige Rüstungsdiskussionen unter evangelischen Christen in Deutschland sollten schließlich die Stimme und die Tradition der historischen Friedenskirchen überdies wohl größeres Gewicht als bisher bekommen. Unter diesem Gesichtspunkt wären die bisherigen Kontakte zwischen den historischen Friedenskirchen und den Großkirchen in der Bundesrepublik, besonders im Zusammenhang mit der Puidoux-Konferenz und neuerdings mit den Bemühungen von „Church and Peace", einer besonderen Würdigung wert[57]. Eine Besinnung auf die Tradition der Friedenskirchen könnte, blockübergreifend, ein kritisches Potential zur Neubestimmung dessen entwickeln, was Christen mit welchen Mitteln überhaupt für verteidigungswert halten.

57 Man kann anknüpfen an die Dokumentation von D.F. Durnbaugh (ed), On Earth Peace. Diskussions on War/Peace Issues between Friends, Mennonites, Brethren and European Churches, 1935-75, Elgin/Ill. 1978. Eine deutsche Übersetzung dieses Buches wäre sehr zu wünschen.

Ilse Tödt

Militarismus und Rüstung: Anfragen an den Glauben Ein Ausblick

Was geht die *Kirchen* Militarismus und Rüstung an[1]? Nachdem der Ökumenische Rat 1975 es ein weiteres Mal unternommen hatte, die Aufmerksamkeit für Probleme im Umkreis des Krieges zu schärfen, tauchte diese Streitfrage in Stoßrichtung gegen die Kirchen auf. Wer angegriffen wird, empfindet ein Verteidigungsbedürfnis. Mußten die Kirchen sich also zunächst einmal um Argumente gegen den Vorwurf der Einmischung kümmern? Das hätte jedenfalls nicht dem Verhalten der Reformatoren bei ihrer Beratung der Obrigkeit entsprochen. Fällt man auf die Versuchung herein, als erstes nach der Selbstrechtfertigung zu trachten, dann entfernt man sich von der Möglichkeit theologischer Klärung.

Das vorliegende Buch hat vergegenwärtigt, worum die Diskussion seit 1975 ging. Es mag an der Zeit sein, neu nachzufragen: Welches ist angesichts dieser Problematik das Interesse, für das einzustehen den Kirchen ein ureigenes Anliegen ist? Was drängte Christen, den ökumenischen Konsensus zu suchen, hier etwas zu unternehmen?

Auf den ersten Blick scheint die Nachfrage müßig. In einer Situation, wo Waffen zur Menschheitstötung überreichlich bereitstehen („overkill capacity") und es immer selbstverständlicher als Pflicht erscheint, mit ihnen zu drohen und notfalls von ihnen Gebrauch zu machen, genügt als Motivation doch wohl die Sorge um menschliches Überleben. So meinten offenbar auch die Teilnehmer der ÖRK-Vollversammlung in Nairobi. Der Irrglaube, man könne die entscheidenden politischen, wirtschaftlichen und sozialen Probleme in der eigenen Gesellschaft und in der Welt lösen, indem man militärische Mittel bereitstellt oder gar anwendet, ist ein Teil von Militarismus, der Gefahren für das Leben in sich birgt. Das kann jeder sehen, und die Sorge eines jeden, der das sieht, sollte es sein, um der Lebensmöglichkeiten jetzt und künftig willen etwas zur Überwindung dieser Einstellung zu tun. Dazu braucht man nicht besonders auf seinen christlichen Glauben hinzuweisen. Sonderbeweggründe für sich in Anspruch zu nehmen, wo jeder Mensch ebendenselben Anlaß zum Handeln sehen könnte, würde solche Motive bloß zu schmückender Beigabe machen, zu nichts nütze, außer den Täter herauszuputzen. Eine

1 Der Beitrag knüpft an Einsichten und Ergebnisse der vorangehenden Studien an. Dort finden sich ausführlichere Belege.

andere Sache ist die Mitverantwortung bei Unternehmungen, die von einem Konsensus getragen werden, in den Christen einstimmen. Dann setzen Christen sich – zum Beispiel durch wachsames Prüfen und selektives Bestärken – miteinander für ein Anliegen ein, von dem sie anderen gegenüber nicht behaupten müssen, es sei spezifisch christlich. Hinter der kritischen Anfrage an ein Tun des Ökumenischen Rates, ob er denn nicht einfach nur säkulare Aktivitäten verdoppele, steht aber durchaus das Ansinnen, wahrhaft christliches Verhalten dürfe sich nicht in dem erschöpfen, worauf jeder Mensch von selber käme. Mehr oder weniger uneingestanden ist die Hoffnung da, daß Christen der Welt etwas zu bieten haben möchten über allgemein humane Motivation hinaus.

Solange man allgemein von der Sorge um die Zukunft der Menschheit spricht, gibt es schon einen weittragenden Konsensus, nicht mehr jedoch, wenn man fragt, wie denn ein human qualifiziertes Überleben der Gattung Mensch zu erreichen sei. In Vorschlägen zur Ausrichtung des Handelns konkurrieren viele ideologische und pragmatische Optionen miteinander und stürzen den Nachdenklichen in Verwirrung – um so mehr, als ein wünschenswertes Vorgehen oft durch seine Irrealität oder durch unvorhergesehene Folgen und Nebenwirkungen diskreditiert wird. Ist überhaupt erkennbar, ob eine Option in der Wirklichkeit, in der wir leben, Chancen hat, realisiert zu werden und Gutes zu wirken? Wie soll man ermessen und abwägen, welches mit einer Option verbundene Risiko getragen werden muß, will man *verantwortlich* handeln und sich nicht in ein bloßes Machbarkeitskalkül verlieren? Entscheidungen für die eine oder andere Option, sagt Heinz Eduard Tödt, werden immer vom grundlegenden Wirklichkeitsverständnis, von den Perspektiven und Intentionen des Urteilenden abhängen. Und hier gibt es keinen Zweifel, daß Christen die Welt in einer spezifischen Weise sehen, weil sie ihnen als die von Gott geschaffene und trotz aller menschlichen Neigungen zur Selbstdestruktion dennoch von Gott getragene und geliebte Welt begegnet. Diese Orientierung im Blick auf die Wirklichkeit muß sich auch in der Art des Umgangs mit dem Militarismus und seinen Alternativen auswirken. Daher ist die Nachfrage möglich und sinnvoll, was denn genau Christen hier, im Bereich Militarismus, Rüstung, Krieg, nicht wollen können.

Die Klärung des eigentlichen Interesses der Kirchen – als der Körperschaft glaubender Christen – an einem kritischen Herangehen an diesen Problembereich ist ins Hintertreffen geraten, haben wir oben gehört, gegenüber der Heranziehung von weltlicher Fachkompetenz und angesichts des Verdachts, von geistlicher Kompetenz könnten doch nur Legitimationsformeln für Einmischung erwartet werden. Deutsche nehmen im ökumenischen Zusammenspiel öfters die Rolle wahr, auf theologische Reflexion zu dringen. Befürworter von Aktionen befürchten darin eine Handlungsscheu – wohl nicht immer ohne Grund. Aber deswegen, weil Reflexion auch zum Vorwand des Verzögerns oder Ausweichens dienen kann, sollte sie nicht vernachlässigt werden; denn das reflektierende Innehalten dient auch dem Zurechtfinden in den Handlungsvollzügen.

Um theologische Klärung haben sich Autoren dieses Buches oben und andernorts bemüht[2]. Trotz des Zurücktretens der Theologie in der ökumenischen Diskussion um Militarismus und Rüstung stecken aber auch in dem, was der Politologe Bernhard Moltmann dazu schreibt, Fragezeichen und Hinweise, die die Theologie angehen. Einiges wenige sei herausgegriffen – mit keinem anderen Anspruch als dem, die Notwendigkeit zur Weiterarbeit zu unterstreichen.

Als Deutsche werden wir gewiß nicht leichthin eine Ehrenrettung unserer als militaristisch gebrandmarkten preußischen Vorvergangenheit versuchen. Ebensowenig aber sind die Selbstverständlichkeiten der Siegermächte des Zweiten Weltkrieges für die Überlegungen, die *wir* anstellen müssen, der Weisheit letzter Schluß. Die Alliierten betrachteten Deutschland in einer bestimmten Blickrichtung: derjenigen, die auf den Kriegsgegner zielt. In dieser Perspektive nahm sich Preußen aus wie das genaue Gegenteil dessen, wofür sie kämpften. Wenn sie Preußen als den „Träger des Militarismus und der Reaktion in Deutschland"[3] sahen, so erschien ihnen das Preußische als das nicht-demokratische Übel. Amerikanische Historiker und Theologen zeigen noch heute sogar Mißtrauen gegen Preußisches bei Männern des Widerstands gegen Hitler, etwa bei Bonhoeffer. Zucht, Disziplin, Wille zur Ordnung – wenn das für die preußische Einstellung charakteristisch sein soll – muß aber doch wohl nicht in jedem Fall verwerflich sein. Allerdings kann eine solche Einstellung auch verkommen zum Kadavergehorsam, zum Mangel an Zivilcourage, zum Absterben des verantwortlichen Mitdenkens. Das macht dann tauglich, auch in einem System zu funktionieren, an dem zu viel auszu-

2 Angaben zur Diskussion bis 1973 in: W. Huber/G. Scharffenorth (edd), Neue Bibliographie zur Friedensforschung, Stuttgart/München 1973, S. 251-294. Neuere Hinweise unter anderem in: W. Lienemann, Das Problem des gerechten Krieges im deutschen Protestantismus nach dem Zweiten Weltkrieg, in: R. Steinweg (ed), Der Gerechte Krieg: Christentum, Islam, Marxismus, Frankfurt/M. 1980, S. 125-162, und P. Engelhardt, Die Lehre vom "gerechten Krieg" in der vorreformatorischen und katholischen Tradition. Herkunft – Wandlung – Krise, a. a. O., S. 72-124.

3 Kontrollratsgesetz Nr. 46 vom 25. 2. 1947, zitiert bei: K. Böhme, Der preussische Militarismus in der Historiographie der Bundesrepublik und der DDR, in: Mitteilungen der Gesellschaft der Freunde der Universität Mannheim, 23, 1974, 2, S. 32-47, S. 35.

setzen wäre, wenn man es in seiner Anlage und in seinen Folgen prüfend in Augenschein nehmen würde.

Demokratie als Staatsform, so sagte schon Plato[4], orientiert sich vor allem an Freiheit des einzelnen im Unterschied zu seiner Einbindung in Zusammenhänge. Auf Freiheit insbesondere hob auch das ökumenische Sozialethik-Konzept der „verantwortlichen Gesellschaft" 1948 ab[5]. Müssen wir, gerade von unserer Tradition her, uns vielleicht das Verhältnis von Freiheit und Einordnung neu klarmachen? Luther hat das paradoxe Selbstverständnis des Christen eindringlich bewußt gemacht, ganz frei und ganz in den Dienst an dem anderen gestellt zu sein.

Der Stein theologischen Anstoßes am Militarismus kann das Element Gehorsam als solches nicht sein, und entsprechend auch nicht das Element Autorität als solches. Wenn man, wie oben angeführt, zum Beispiel im 19. Jahrhundert die vom Militär repräsentierte Autorität des Staates mit wirtschaftlichen oder konfessionellen Erwägungen kritisierte, so sind die Gegeninteressen – am Wirtschaftsliberalismus oder an der Wahrung kirchlicher Autorität über die Gewissen – schon etwas anderes als das Interesse, das Christen an der Kritik von Autorität haben können. Eine Konkurrenzautorität wird zuweilen deswegen nicht anerkannt, weil *berechtigte* Einsprüche von ihr befürchtet werden. Christen – einzeln, in Gruppen, als Kirchen – bekommen Autorität nicht anders als andere menschliche Autoritäten, nämlich dadurch, daß Wahrheit, die sich in der Perspektive zeigt, in welcher sie das Problem angehen, ihrem Urteil Kompetenz und Überzeugungskraft verleiht. So mag auch in dem Fall, daß Politiker das Eingehen von Christen auf die Probleme von Militarismus und Rüstung unwillig als klerikale Bevormundung abstempeln, Scheu vor der selbstempfundenen Berechtigung des Einspruchs mitschwingen.

Autorität hat eine Person oder Instanz, der gegenüber kraft eines Vorschusses an bewährtem Vertrauen die Bereitschaft besteht, ihre Bedenken aufgeschlossen zu hören, ihre Anregungen aufzunehmen und auch Entscheidungen von ihnen Folge zu leisten. Es gibt bestimmte Situationen, in denen es mit Entscheidung zu eilen scheint: Gefährdungen, akute Notlagen. Dann empfindet man es als vordringlich, daß ohne Verzug ein Handeln beschlossen wird. Zeit zum Abstimmen unter denen, die für das Beschlossene einstehen müssen, glaubt man nicht zu haben. Man kann bezweifeln, daß irgendeine Situation so unter Zeitdruck

4 Platon, Politeia, 562 b 16.
5 Ökumenischer Rat der Kirchen (ed), Die Unordnung der Welt und Gottes Heilsplan, Bd. 3: Die Kirche und die Auflösung der gesellschaftlichen Unordnung, Tübingen/Stuttgart 1948, S. 233 f.

setzt, daß eine Partizipation der Beteiligten und Betroffenen an der Entscheidung nicht mehr möglich ist. Aber dieser Zweifel ist nur dann stichhaltig, wenn er angesichts von Lebensgefahr aufrechterhalten werden kann. In dem Ernst einer Situation auf Leben und Tod begrüßt man die Erleichterung, die darin liegt, daß man einem anderen gutes Entscheiden zutraut. Als Paradebeispiel hierfür galt von jeher der Ernstfall *Krieg.* In der Kriegspraxis stellte sich dann aber auch heraus, wie wichtig es für die Befehlenden war, durch stete Sorgfalt ihres Entscheidens vorweg Vertrauen gewonnen zu haben. Auf solches Vertrauen ist auch jede zivile Regierung angewiesen. Für das Aushandeln in der Öffentlichkeit nimmt man sich desto weniger Zeit, je kriegsförmiger die Zustände sind – und als kriegsförmig werden sie bei militaristischer Einstellung auch dann ausgegeben, wenn *nicht* erklärtermaßen oder offensichtlich Krieg ist. Das Gefühl, wie im Kriege an Leib und Leben bedroht zu sein, lähmt die Urteilskraft. Dann kümmert man sich weniger darum, ob Entscheidungen und Vorkehrungen, nüchtern betrachtet, gut und vernünftig sind; nur Sicherheit im Sinne von Schutz will man sich von ihnen versprechen können. Die Rationalität von Rüstungs- und Strategieüberlegungen mutet im Zeitalter der Abschreckung mit Massenvernichtungsmitteln – ja nicht erst jetzt, auch schon unter früheren Bedingungen der Kriegsführung – gespenstisch an. Müssen wir uns neu überlegen, was uns da den Verstand rauben will? Ist es die Angst angesichts der Bedrohung von solchem, was man als *gut* schätzt, zum Beispiel des Lebens? Orientiert man sich ernstlich am Guten, dann löst sich das verkrampfte Sicherheitsbestreben und gibt der Gelassenheit Raum; denn das Gute, das wir schützen wollen, würde schließlich auch dann gut bleiben, wenn man es überwältigen würde, gerade wenn wir nicht, wie im Kalkül der Abschrekkung vorgesehen, die Bevölkerung auch der gegenseitigen Macht mit ins Verderben zu ziehen trachten.

Dem Gegenstand Militarismus ist ein *Aktions*programm anscheinend besonders wenig gewachsen. Ihm gegenüber ertappt man sich unversehens bei ähnlichen Einstellungen und Verhaltensweisen wie denen, die man bekämpfen will – bei militaristischem Antimilitarismus. Die Gefühlskomponenten der Polemik, des Kriegerischen, der Feindseligkeit ziehen den, der ihnen wehren will, leicht mit in ihren Bann. Überzeugend wirken kann man offenbar nur dann, wenn man im Handeln und Argumentieren andere nicht auf die Rolle des Feindes festnagelt – was zu vermeiden die Quäker einüben.

Im Tun wird sich erweisen, worauf man gebaut hat (Mat. 7, 24 ff.). Die einzig angemessene Aktionsform scheint die zu sein, sich durch die eigene Einsicht selbst in Pflicht nehmen zu lassen in der Hoffnung, daß diese Zurückhaltung des Verletzungswillens entspannend wirkt. Zu dem Bemühen, „ohne den Schutz von Waffen zu leben" gehört also, seinen eigenen Neigungen auf die Spur zu kommen, zu irgendwelchen Waffen zu greifen. Aus Waffen kann man einen Zaun um sich errichten; das ergibt dann aber eine Umfriedung der Angst, keinen Frieden. Mit Gewaltandrohung ist Feindschaft nicht aufzulösen. Sie zu beheben, bedarf es eines Stärkeren als der Gewalt.

Am Ende unserer Beiträge zur ökumenischen Diskussion möchte ich einen deutschen General und einen indianischen Theologen miteinander ins Gespräch bringen. Während der eine die weiße Eroberung Nordamerikas erlebte, beschäftigte der andere sich mit der Zeitgeschichte der Kriege in Europa – Anfang des 19. Jahrhunderts. Von Pfarrer William Apes, dem Indianer, wird überliefert, er habe vor Historikern in Boston eine Rede gehalten[6] etwa wie folgt:

Glücklicherweise haben die Weißen ziemlich lückenlose schriftliche Zeugnisse hinterlassen. Läßt man ihre Ausdeutungen weg und betrachtet die Tatsachen, so ergibt sich das Bild einer einzigen ununterbrochenen Kette von Straftaten, für die in den Gesetzesbüchern schwere Ahndung verlangt wird. Daß Regierungen und Kirchen dabei mitgewirkt haben und es noch tun, ändert nichts daran, daß es Schwerverbrechen sind. Es hat sich klar erwiesen: Die christliche Lehre und die auf ihr gründenden Gesetze sind gut. Aber in der Welt der Weißen herrscht nicht die ehrliche Überzeugung von der Gültigkeit dieser guten Gesetze, sondern dort herrscht seit Menschengedenken Habgier und Machtpolitik. – Soweit vorerst in der Rede des Indianers.

Zur gleichen Zeit verfaßte der General Carl von Clausewitz seine – wie ich sagen möchte – Kritik der kriegerischen Vernunft. Aus den drei umfangreichen Bänden „Vom Kriege" ist zu entnehmen, daß es von der Philosophie des Krieges her als abwegig gelten muß, zu denken, Militär sei Schutz für Land und Leute[7]. Auch Verteidigung kann nie ein harmloses Verhalten sein; „denn ein bloßes Leiden wäre kein Kampf mehr"[8]. Aus einem Feldzug wird erst durch Gegenwehr Krieg; Eroberer pflegen sich als friedliebend zu verstehen[9]. (Folglich dürfen die, die sich gegen Angriffe nicht wehren wollen, sich von ihrer Angst vor dem Leiden nicht beherrschen lassen.) Dem Krieg ist jede Menschenfreundlichkeit ein

6 Ich berichte anhand von H. J. Stammel, Die Indianer, München 1979, S. 99-101. Präziser: W. C. Vanderwerth (ed), Indian Oratory: Famous Speeches by Noted Indian Chieftains, Oklahoma 1979. Für den Hinweis danke ich A. Schuke.

7 C. v. Clausewitz, Vom Kriege, Hinterlassenes Werk, Frankfurt/Berlin/Wien 1980, S. 510 f.

8 Ebda. S. 43, S. 684.

9 Ebda. S. 375.

Fremdes[10]. Krieg ist Kampf mit dem Mittel physischer Gewalt. „Die Gewalt rüstet sich mit den Erfindungen der Künste und Wissenschaften aus, um der Gewalt zu begegnen."[11] „Da der Gebrauch der physischen Gewalt in ihrem ganzen Umfange die Mitwirkung der Intelligenz auf keine Weise ausschließt, so muß der, welcher sich dieser Gewalt rücksichtslos, ohne Schonung des Blutes bedient, ein Übergewicht bekommen, wenn der Gegner es nicht tut. Dadurch gibt er dem anderen das Gesetz, und so steigern sich beide bis zum äußersten, ohne daß es andere Schranken gäbe als die der innewohnenden Gegengewichte."[12] Gewalt steigert sich an Gewalt bis hinein in die äußerste Unmenschlichkeit. Nur weil der menschliche Geist in Unklarheit und Inkonsequenz stekken bleibt, hat Krieg auch zu einem „Halbdinge, zu einem Wesen ohne inneren Zusammenhang" werden können[13]. Seit Bonaparte den Krieg in seiner absoluten Vollkommenheit zur Erscheinung brachte, wissen wir, daß es den wirklichen Krieg nicht nur als „Halbding" gibt. Unwahrscheinlich ist, „daß die Kriege fortan alle diesen großartigen Charakter haben werden"[14]. „Aber man wird uns recht geben, wenn wir sagen, daß Schranken, die gewissermaßen nur in der Bewußtlosigkeit dessen, was möglich sei, lagen, wenn sie einmal eingerissen sind, sich nicht leicht wieder aufbauen lassen, und daß, wenigstens jedesmal, sooft ein großes Interesse zur Sprache kommt, die gegenseitige Feindschaft sich auf die Art erledigen wird, wie es in unseren Tagen geschehen ist."[15]. Sowohl mit dem kraftlos gewordenen, gleichsam siechen[16] als auch mit dem absoluten Kriege wird man also rechnen müssen. Für eine beabsichtigte Umarbeitung seines Werkes resümierte Clausewitz für sich im Jahre 1827 den Zweck beider: „Diese doppelte Art des Krieges ist nämlich diejenige, wo der Zweck das *Niederwerfen des Gegners* ist, sei es, daß man ihn politisch vernichten oder bloß wehrlos machen und also zu jedem beliebigen Frieden zwingen will, und diejenige, wo man *bloß an den Grenzen seines Reiches einige Eroberungen machen will,* sei es, um sie zu behalten, oder um sie als nützliches Tauschmittel beim Frieden geltend zu machen."[17]. Niederwerfen mit physischer Gewalt ohne Schonung des Blutes; Eroberungen aus dem, was einem anderen zugehört; Zwang zu „Frieden", der dem beliebt, dem nützt, der die Oberhand hat – das bezweckt laut Clausewitz der Krieg.

10 Ebda. S. 340.
11 Ebda. S. 17.
12 Ebda. S. 18.
13 Ebda. S. 643.
14 Ebda. S. 643, S. 661.
15 Ebda. S. 660.
16 Ebda. S. 673.
17 Ebda. S. 8 ("Nachricht"). Hervorhebungen im Original.

William Apes würde diese Tatbestände, die den Zweck von Krieg ausmachen, wiederfinden in einem Strafgesetzbuch als Tötung, Diebstahl, Erpressung: in strenger Folgerichtigkeit Tötung, in der Form der unlogischen Schwäche Diebstahl, jedenfalls aber Erpressung. Wer sich auf die Logik des Krieges einläßt, dessen Gedanken werden in Bahnen gelenkt, die nach Maßgabe eurer eigenen Gesetze aut Verbrechen hinauslaufen. Die überwältigende Elementargewalt dessen, was im Kriege losbricht, ist großartig – ein Fascinosum, ein Tremendum. Vergöttert ihr es? Ist das, worauf ihr letztlich vertraut, ist also der *Gott,* an den ihr glaubt, die *Gewalt*? Sehr ihr in ihr den obersten Gesetzgeber?

Die Überlieferung von der Rede des indianischen Pfarrers fährt fort: „Auch unter den Indianern hat es immer Schufte und Verbrecher gegeben, sie gibt es auch heute noch – aber sie haben keine Macht, sondern werden verachtet ... Historiker aber, die über verbrecherische Tatsachen nicht einmal Scham empfinden können, sondern sich – blind und taub gegen Wirklichkeit – in eine geistige Welt flüchten, die es gar nicht gibt, sind noch bedauernswertere Geschöpfe als jene Verbrecher, die durchaus wissen, was sie tun, wenn sie darüber nachdenken. Sie werden fortfahren, eine Geschichte des Verbrechens als gottgefällige Unvermeidlichkeit darzustellen, und dies moralisch rechtfertigen. Was ist schlimmer: Wenn ein schlechter Mensch einen Mord begeht, oder wenn gute Menschen diesen Mord als einen Segen preisen und damit schlechten Menschen Denkmäler setzen und zu immer mehr Morden geradezu auffordern? ... Ich beweise euch allen nach den von euch anerkannten Regeln: Ihr seid alle Schwerverbrecher, weil ihr Schwerverbrechen begeht, duldet und preist. Das sind die Taten, die ihr selbst als Geschichte bezeichnet. Demgegenüber wiegen eure Lippenbekenntnisse überhaupt nichts. Und jetzt stehn Sie auf und sagen Sie, daß auch ich ein Wilder und Barbar bin, und ich werde Euch aus Eurer Bibel vorlesen, daß das, was ich gesagt habe, Gott selbst gesagt hat, und daß dann in Euren Augen Gott ein Wilder und Barbar sei."

Nach den Worten des Indianerpfarrers verharrte die Historikerversammlung zu Boston in tiefem Schweigen. Ein Zeitgenosse schrieb: „Es war, als wäre Jesus persönlich erschienen." Schlüsse aus diesem Kontrast indianischer und europäischer Perspektiven zu ziehen, überstieg damals im 19. Jahrhundert und übersteigt vielleicht auch heute unsere rationalen Möglichkeiten. Aber diese Stimme aus einer anderen Welt war und ist nicht zu überhören.

IV. ANHANG

Glossar

Die heutige militärpolitische Diskussion wird in einer Sprache geführt, die dem Laien weitgehend unverständlich erscheint. Abkürzungen, zusammenfassende Begriffe oder Fachausdrücke, meist englischsprachiger Herkunft, erschweren den Zugang. Deshalb erklärt das folgende Glossar eine Reihe wesentlicher Stichworte in der Form ihres Gebrauches, um Hilfestellungen für das Verständnis zu geben.

ABM (=Anti-Ballistic-Missile-Defence-System) Verteidigungssystem zur Abwehr ballistischer Flugkörper, z. B. Boden-Luft-Raketenabwehrwaffensysteme

ACDA (=Arms Control and Disarmament Agency) 1961 gegründete US-Behörde für Waffenkontrolle und Abrüstung

AWACS (=Airborne Warning and Control Systems) Fliegende Frühwarn- und Überwachungssysteme

Backfire-Bomber (westliche Bezeichnung für sowjetisches Flugzeug TU 26) Reichweite je nach Beladung zwischen 3000 und 6000 km

CEP (=Circular Error Probable) Indikator für die Treffgenauigkeit von Raketen, gemessen in Seemeilen als Radius des Zielkreises, in dem wahrscheinlich 50% der Gefechtsköpfe auftreffen

Cruise Missile Marschflugkörper. Eine niedrig fliegende Rakete, die von Trägern (zu Land, zu Wasser, aus der Luft) aus gestartet wird und nukleare oder konventionelle Sprengkörper trägt. Die Zielgenauigkeit gilt als groß. Durch bodennahen Flug soll das feindliche Radarsystem unterflogen werden. Reichweite bis zu 3000 km

Counter Force Strategy — Gegenschlag-Strategie. Strategie gegen das Militärpotential des Gegners, vor allem das strategische, um einer Bedrohung zuvorzukommen

Counter Value Strategy — Strategie gegen Werte. Stragegie, die Angriffe gegen Sachwerte wie Städte oder Industrieanlagen vorsieht

Eskalation — vorsätzlich oder unvorbedachte stufenweise Steigerung beim Einsatz militärischer Mittel, an deren Ende der atomare Krieg stehen kann

FAE-Waffen — (=Fuel Air Explosives-Waffen) Druckwellenwaffen – im Gegensatz zu PGM-Waffen (s. u.), die sich durch Treffgenauigkeit auszeichnen, sind FAE-Waffen auf eine große Flächenwirkung hin ausgelegt. Sie werden in der Diskussion auch als „Konkussionsbomben" oder als „Druckwellenwaffen" bezeichnet

First-Strike Capability — (=Erstschlagskapazität) Angriffsfähigkeit, besonders nukleare Überraschungsangriffe

Fissionswaffen — Nuklearwaffen, die auf der Spaltung von Plutonium oder Uran beruhen (A-Bombe)

Flexible Response — (=Angemessene Reaktion) Strategisches Konzept der NATO, das eine abgestufte Reaktion auf offensive gegnerische Aktionen vorsieht, gleichzeitig aber dem Gegner unkalkulierbare Risiken infolge seines Angriffes aufbürdet

ICBM — (=Intercontinal Ballistic Missile) Landgestützte Interkontinentalrakete mit Reichweite über 7200 km

IISS — (=International Institute for Strategic Studies) Institut für strategische Studien, London, seit 1958

IRBM — (=Intermediate-Range Ballistic Missile) Raketen mittlerer Reichweite, zwischen 2700-7200 km

KSZE — Konferenz über Sicherheit und Zusammenarbeit in Europa (oft auch nach dem Ort des ersten Konferenzabschlusses Helsinki 1975 benannt). Teilnehmende Staaten: NATO-Staaten, Warschauer-Pakt-Staaten, 13 neutrale und nicht blockgebundene europäische Staaten

MAD	(=Mutual Assured Destruction) Gegenseitig garantierte Zerstörung, durch Potentiale, die so gesichert sind, daß sie einen ersten Angriffsschlag überstehen
MBFR	(=Mutual Balanced Force Reduction) Beiderseitig ausgewogene Truppenreduzierung. Seit 1973 Gegenstand einer Konferenz zwischen NATO und Warschauer Pakt in Wien für den Bereich Mitteleuropas. Inzwischen ausgeweitet auf Maßnahmen der Entspannungspolitik
Minuteman	Bezeichnung für US-Interkontinentalrakete (älteres Modell: je 3 Sprengköpfe von 170 kg TNT – neues Modell: je 3 Sprengköpfe von 340 kg TNT)
MIRV	(=Multiple Independently-Targetable Re-Entry Vehicles) Raketen mit mehreren, bis zu 10 Sprengköpfen, die unabhängig voneinander in verschiedene Ziele gesteuert werden können
MRBM	(=Medium Range Ballistic Missile) Mittelstreckenrakete mit einer Reichweite bis 2700 km
MRCA	(=Multi-Role Combat Aircraft) Mehrzweckkampfflugzeug „Tornado", Gemeinschaftsprojekt der Bundesrep. Deutschl., Italiens und Großbritanniens
MT	(=Mega-Tonne: 1000 Kt) Maßeinheit für die Sprengkraft einer H-Bombe, gemessen in der Wirkung des Sprengstoffes Trinitrotoluol
MX	In der Entwicklung befindliche US-Interkontinentalrakete. 250 MX-Raketen werden die Zerstörungskraft von 1000 Minuteman-Raketen heutiger Bauart haben
Neutronenwaffe	Nuklearwaffe mit hoher Primärstrahlung, aber ohne nennenswerte Sekundärstrahlung
Overkill Capacity	Übertötungskapazität. Anzahl von Nuklearwaffen, die ausreichen würde, einen Gegner mehrfach zu vernichten
Pershing II	US-amerikanische Mittelstreckenrakete mit einer Reichweite bis 1800 km. Sie kann atomare Sprengköpfe tragen

PGM	(=Precission Guided Munition) präzisionsgesteuerte Munition
Polaris	US-Rakete mit nuklearem Sprengkopf, die von getauchten U-Booten abgeschossen wird. Reichweite 4500 km
SALT	(=Strategic Arms Limitation Talks) Gespräche zwischen USA und Sowjetunion im Rahmen der Rüstungskontrollbemühungen. Zur Zeit haben sie sich nur auf die Begrenzung strategischer Nuklearwaffen mit interkontinentaler Reichweite beschränkt. Die Gespräche begannen 1969 und wurden 1972 mit einem Abkommen, genannt SALT I, abgeschlossen. Im Jahr 1974 führten die fortgeführten Kontakte zu dem Protokoll, das beiden Seiten zugestand, jeweils ein Raketenabwehrsystem zu unterhalten. SALT II war 1979 unterschriftsreif. Die Chancen, daß es in Kraft tritt, sind zur Zeit ungünstig.
Second Strike Capability	Zweitschlagskapazität. Die Fähigkeit, noch nach dem Erleiden eines Erstschlages einen vernichtenden Gegenschlag zu führen (Vergeltungsangriffskapazität)
SIPRI	(=Stockholm International Peace Research Institute) 1966 aus einer Stiftung des schwedischen Parlamentes hervorgegangen
SRBM	(=Short Range Ballistic Missile) Kurzstreckenrakete
SS 9, SS 11, SS 13	Sowjetische Interkontinentalraketen älterer Bauart mit Einzelgefechtsköpfen. Reichweite zwischen 9000-14000 km
SS 17, SS 18, SS 19	Sowjetische Interkontinentalraketen, die ältere Modelle ablösen, mit Mehrfachsprengköpfen. Reichweite zwischen 10000-16000 km
SS 20	Nachfolgemodell der sowjetischen Mittelstreckenraketen SS 4 und SS 5 aus den fünfziger und frühen sechziger Jahren. Seit 1977 wird über die Einführung der SS 20 berichtet. Technische Details sind nicht bekannt. Die Rakete soll von mobilen Trägern

gestartet werden und über drei Sprengköpfe mit je 150 Kt TNT Sprengkraft verfügen, von denen unbekannt ist, ob sie unabhängig voneinander ins Ziel gebracht werden können. Je nach Ladung kann die Reichweite maximal 6000 km betragen

TNF (=Theater Nuclear Forces) Operationsgebietsgebundene nukleare Waffen. Hierzu werden die Atomwaffen gerechnet, die innerhalb der atomaren Einsatzplanung der NATO in einem europäischen Konflikt zum Einsatz kommen können („Nuklearkräfte in und für Europa")

TNT ist die gebräuchliche Abkürzung für Trinitrotoluol, einer hochexplosiven chemischen Verbindung ($CH_3C_6H_2(NO_2)_3$), die während beider Weltkriege der wichtigste militärische Sprengstoff war. Von daher stammt die Gewohnheit, die Sprengkraft auch moderner Sprengköpfe, insbesondere der atomaren und thermonuklearen Waffen in TNT-Äquivalenten anzugeben

Triade Im globalen strategischen Rahmen werden die Abschreckungspotentiale auf verschiedene Waffensysteme verteilt: landgestütze Interkontinentalraketen, seegestützte Interkontinentalraketen, Bombenflugzeuge. Jedes Element ist für sich möglichst überlebensfähig und soll dafür sorgen, daß das strategische Potential seine abschreckende Wirkung auch über ein „First Strike" hinaus erhält.
Im Rahmen der NATO-Militärstrategie sind drei Reaktionsarten vorgesehen: nuklear-strategisch, nukleare Kräfte in und für Europa, konventionelle Kräfte. Die Elemente ergänzen einander, ohne sich jeweils zu ersetzen. Sie koppeln Abschreckungswirkung und Verteidigungsfähigkeit.

Waffen Folgende Einteilung ist üblich:
a) strategische Nuklearwaffen: Langstreckenwaffen, die geeignet sind, lebenswichtige Ziele auch eines geographisch entfernten Gegners zu zerstören.
b) taktische Nuklearwaffen: Waffen, die in unmittelbarer Auseinandersetzung der Gegner auf dem Gefechtsfeld eingesetzt werden, einschließlich von

Einsätzen gegen Nachschub- und Versorgungssysteme.

c) Konventionelle Waffen: Waffen ohne nuklearen Sprengkörper.

Die Zuordnung heute vorhandener oder möglicher Waffen zu einer der drei Gattungen ist schwierig, da 1. die Reichweiten mancher Raketensysteme sowohl den taktischen als auch den strategischen Bereich umfassen und Schiffe oder Flugzeuge als Träger bzw. Abschußvorrichtungen Entfernungen überwinden können; 2. viele Waffen mit nuklearen und nicht-nuklearen Sprengköpfen bestückt sein können; 3. in der Kategorie der konventionellen Waffen auch hochentwickelte (Präzisionslenkwaffen) enthalten sind, die zum Teil Nuklearwaffen zerstören können; 4. die geographische Lage auch Waffensysteme geringerer Reichweite als „strategische" Bedrohung erscheinen lassen kann.

Literaturhinweise

In den vorangehenden Beiträgen hat die Diskussion der unterschiedlichen Positionen bei den aufgeworfenen Fragen ausführlich ihren Niederschlag gefunden. Verweise zu den einzelnen Positionen finden sich in den Anmerkungen. Im folgenden werden zu den angeschnittenen Themen Bücher genannt, die als Einstieg in eine ausführlichere Beschäftigung damit dienen können. Die Auswahl hat deshalb nicht den Anspruch repräsentativ zu sein, sondern versteht sich als Vorschlag der Autoren.

1. Militärstrategie in Ost und West

Afheldt, Horst, Verteidigung und Frieden. Politik mit militärischen Mitteln, München: dtv 1979.

Kissinger, Henry A., Kernwaffen und auswärtige Politik, München: Oldenbourg 1959.

Krell, Gert/Lutz, Dieter S., Nuklearrüstung im Ost-West-Konflikt. Potentiale, Doktrinen, Rüstungssteuerung, Baden-Baden: Nomos 1980 (=Militär, Rüstung, Sicherheit, 5).

Legault, Albert/Lindsey, George, Dynamik des nuklearen Gleichgewichts, Bonn: Europa Union 1973 (Rüstungsbeschränkung und Sicherheit, 10).

Schwarz, Klaus D. (ed), Sicherheitspolitik. Analysen zur politischen und militärischen Sicherheit, [3]Bonn: Osang 1978.

Senghaas, Dieter, Abschreckung und Frieden. Studien zur Kritik organisierter Friedlosigkeit, [2]Frankfurt/M.: EVA 1981.

2. Sicherheit, Abrüstung und „Arms Control"

Brennan, Donald G. (ed.), Strategie der Abrüstung, Gütersloh: Bertelsmann 1962.

Steinweg, Reiner (ed), Das kontrollierte Chaos: Die Krise der Abrüstung, Frankfurt: Suhrkamp 1980.

Stratmann, K.-Peter, NATO-Strategie in der Krise? Militärische Optionen von NATO und Warschauer Pakt in Mitteleuropa, Baden-Baden: Nomos 1981 (Internationale Politik und Sicherheit, 5).

Schubert, Klaus von (ed), Sicherheitspolitik der Bundesrepublik Deutschland. Dokumentation 1945-1977, 2 Bde, Köln: Verlag Wissenschaft und Politik, 1978.

3. Rüstungstransfer

Albrecht, Ulrich/Ernst, Dieter/Lock, Peter/Wulf, Herbert, Rüstung und Unterentwicklung. Iran, Indien, Griechenland/Türkei: Die verschärfte Militarisierung, Reinbek: Rowohlt 1976.

Brzoska, Michael, Rüstung und Dritte Welt. Zum Stand der Forschung, München: Weltforum 1981 (Weltwirtschaft und Internationale Beziehungen, Berichte, 25).

Mammitzsch, Thomas (Bearbeiter), Rechtliche Grenzen von Rüstungsproduktion und Rüstungshandel, Frankfurt: Haag & Herchen 1980 (Militärpolitik Dokumentation, 18).

Wulf, Herbert, Rüstungsimport und Technologietransfer. Die negativen Wirkungen von Rüstungsimporten auf die Industrialisierung der Peripherieländer, München: Weltforum 1980 (Weltwirtschaft und Internationale Beziehungen. Studien, 20).

4. Militarismus

Berghan, Volker (ed), Militarismus, Meisenheim: Hain 1975 (Neue Wissenschaftliche Bibliothek, 83).

Lenin, W. I./Liebknecht, Karl, Militarismus – Antimilitarismus, Frankfurt: Marx. Blätter 1970.

Müller, Klaus J./Opitz, Eckart (edd), Militär und Militarismus in der Weimarer Republik, Düsseldorf: Droste 1978.

Quidde, Ludwig, Caligula. Schriften über Militarismus und Pazifismus (Einleitung: Hans-Ulrich Wehler), Frankfurt: Syndikat 1977.

5. Christentum und militärische Gewalt

Die Denkschriften der Evangelischen Kirche in Deutschland, Bd. 1: Frieden, Versöhnung und Menschenrechte, Gütersloh: GTB-Siebenstern 1978 (GTB 413-414).

Howe, Günter (ed), Atomzeitalter – Krieg und Frieden, Berlin u.a.O.: Ullstein 1963 (Ullstein Taschenbuch 614).

Huber, Wolfgang/Schwerdtfeger, Johannes (edd), Kirche zwischen Krieg und Frieden. Studien zur Geschichte des deutschen Protestantismus, Stuttgart: Klett 1976 (Forschungen und Berichte, 31).

Huber, Wolfgang/Liedtke, Gerhard (edd), Christentum und Militarismus, Stuttgart: Klett/München: Kösel 1974 (Studien zur Friedensforschung, 13).

Hudson, Darril, The World Council of Churches in International Affairs, Leighton Buzzard: Faith Press 1977.

Kirche und Kernbewaffnung. Materialien für ein neues Gespräch über die christliche Friedensverantwortung. Als Handreichung vorgelegt von der niederländischen Hervormde Kerk, aus dem Holländischen von H. U. Kirchhoff, Neukirchen-Vluyn: Neukirchener 1981.

Krüger, Hanfried/Müller-Romheld, Walter (edd), Bericht aus Nairobi 75, Frankfurt/M.: Lembeck 1976.

Rausch, Wolf Werner/Walther, Christian (edd), Evangelische Kirche in Deutschland und die Wiederaufrüstungsdiskussion in der Bundesrepublik 1950-1955, Gütersloh: GTB-Siebenstern 1978 (GTB 292).

Sekretariat der Deutschen Bischofskonferenz (ed), Dienst am Frieden. Stellungnahmen der Päpste, des II. Vatikanischen Konzils und der Bischofssynode von 1963 bis 1980, Bonn 1980.

Steinweg, Reiner (ed), Der Gerechte Krieg. Christentum, Islam, Marxismus, Frankfurt/M.: Suhrkamp 1980 (edition NF 17).

Walther, Christian (ed), Atomwaffen und Ethik. Der deutsche Protestantismus und die atomare Aufrüstung 1954-1961. Dokumente und Kommentare, München: Kaiser 1981 (Studienbücher zur kirchlichen Zeitgeschichte, 3).

Yoder, John Howard, Die Politik Jesu – der Weg des Kreuzes, Maxdorf: Agape 1981.

Die Autoren

Michael Brzoska, Dipl. Volkswirt, wissenschaftlicher Mitarbeiter am Institut für Friedensforschung und Sicherheitspolitik an der Universität Hamburg. Arbeitsgruppe Rüstung und Unterentwicklung. Mitarbeit an epd-Entwicklungspolitik mit Schwerpunkt „Militarismus". Publikation von Zeitschriftenaufsätzen und Buchbeiträgen über internationalen Rüstungstransfer und Rüstungsproduktion in der Dritten Welt, u. a.: Rüstung und Dritte Welt. Zum Stand der Forschung, München: Weltforum 1981 (Weltwirtschaft und Internationale Beziehungen, Berichte , 25).

Wolfgang Huber, Dr. theol., Professor für Systematische Theologie (Sozialethik) an der Philipps-Universität Marburg, Veröffentlichungen u. a.: Kirche und Öffentlichkeit, Stuttgart: Klett 1973 (Forschungen und Berichte, 28); Kirche, Stuttgart/ Berlin: Kreuz 1979 (Themen der Theologie); Der Streit um die Wahrheit und die Fähigkeit zum Frieden. Vier Kapitel ökumenische Theologie, München: Chr. Kaiser 1980 (Traktate, 52); zusammen mit E. R. Huber, Staat und Kirche im 19. und 20. Jahrhundert. Dokumente zur Geschichte des deutschen Staats-Kirchenrechts, 2 Bde, Berlin: Duncker + Humblot 1973-1976; zusammen mit J. Schwerdtfeger, Frieden, Gewalt, Sozialismus. Studien zur Geschichte der sozialistischen Arbeiterbewegung, Stuttgart: Klett 1976 (Forschungen und Berichte, 32); zusammen mit H. E. Tödt, Menschenrechte. Perspektiven einer menschlichen Welt, Stuttgart: Kreuz ^{2}1978.

Wolfgang Lienemann, Dr. theol., wissenschaftlicher Mitarbeiter der Forschungsstätte der Evangelischen Studiengemeinschaft, Heidelberg, Veröffentlichungen u. a.: Schwarze Theologie versus moderne Gesellschaft, in: I. Tödt (ed), Theologie im Konfliktfeld Südafrika. Dialog mit Manas Buthelezi, Stuttgart: Klett/München: Kösel 1976 (Studien zur Friedensforschung, 15), S. 190-213; Prognose – Planung – Kontrolle. Überlegungen zum Problem verstärkter Bürgerbeteiligung im Bereich der Energieplanung, in: ders./u. a. (edd), Alternative Möglichkeiten für die Energiepolitik. Argumente und Kritik, Opladen: Westdeutscher Verlag 1978, S. 157-178; Das Problem des gerechten Krieges im deutschen Protestantismus nach dem Zweiten Weltkrieg, in: R. Steinweg (ed), Der gerechte Krieg: Christentum, Islam, Marxismus, Frankfurt/M.: Suhrkamp 1980, S. 125162; Menschenrechte und Widerstandsrecht. Überlegungen zur Frage einer „Just Rebellion" in der ökumenischen Diskussion, in: Ökumenische Rundschau, 29, 1980, S. 147-168; Hören, Bekennen, Kämpfen. Hinweise auf Bekenntnis und Lehre in der Theologie Karl Barths, in: Evangelische Theologie, 40, 1980, S. 537558; Überwindet das Böse mit Gutem. Zu einer evangelischen Kritik der Gewalt, in: A. Gregory u. a., Den Frieden entwickeln, Gütersloh: GTB 1981, S. 1-28.

Bernhard Moltmann, Dr. phil. (Politikwissenschaft, Geschichte), wissenschaftlicher Mitarbeiter der Forschungsstätte der Evangelischen Studiengemeinschaft, Heidelberg, Veröffentlichungen u. a.: Militär zwischen Politik und Profession. Die brasilianischen Streitkräfte 1880-1910, Mettingen: Brasilienkundeverlag 1981; Internationale Nuklearpolitik unter dem Vorzeichen traditioneller Machtpolitik, in: W. Lienemann u. a. (edd), Alternative Möglichkeiten für die Energiepolitik,

Opladen: Westdeutscher Verlag 1978, S. 204-214, Krieg – Mittel der Politik und Geißel der Menschheit, in: A. Gregory u. a., Den Frieden entwickeln, Gütersloh: GTB 1981, S. 95-125.

Mehdi Padamsee, Dipl. Mathematiker, Doktorand Universität Heidelberg (Politikwissenschaft), Veröffentlichungen: Mathematische Modelle zur Rüstungsdynamik. Eine kritische Literaturstudie, Heidelberg 1975 (FESt F 341); Zur Problematik strategischer Rüstung, in: ders./F. Solms/B. Moltmann, Zum Zusammenhang von Militärstrategie und Sicherheit, Heidelberg FESt 1979 (Texte und Materialien, B 1).

Friedhelm Solms, wissenschaftlicher Mitarbeiter der Forschungsstätte der Evangelischen Studiengemeinschaft, Heidelberg, Veröffentlichungen u. a.: Atoms for Peace? Aspekte eines folgenreichen Konzepts, in: ders., W. Lienemann, U. Ratsch, A. Schuke (edd), Alternative Möglichkeiten für die Energiepolitik. Materialien zum Gutachten, Bd. 2, Heidelberg: FESt 1977 (Texte und Materialien, A 3), S. 201-245; Von Menschen und Maschinen. Die Neutronenwaffe als Problem ethischer Urteilsbildung, in: Chr. Frey/W. Huber (edd), Schöpferische Nachfolge. Festschrift für H. E. Tödt, Heidelberg: FESt 1978 (Texte und Materialien, A 5), S. 291-317; Das Ende einer Illusion. Zur Problematik der Unterscheidung von ziviler und militärischer Nutzung der Atomenergie, in: W. Lienemann, u.a. (edd), Alternative Möglichkeiten für die Energiepolitik. Argumente und Kritik, Opladen: Westdeutscher Verlag 1978, S. 179-194; Sicherheit durch Modernisierung? in: ders./M. Padamsee/B. Moltmann, Zum Zusammenhang von Militärstrategie und Sicherheit, Heidelberg: FESt 1979 (Texte und Materialien, B 1), S. 25-47; Ethische Probleme der Sicherheitspolitik. Ein Diskussionsbeitrag aus evangelischer Sicht, in: Sicherheitspolitik zwischen Ethik und Realitätsanalyse, Bensberg: Thomas Morus Akademie 1980 (Bensberger Protokoll, 32), S. 98-112.

Ilse Tödt, Dr. phil. (Ethnologie), Promotion mit einer völkerkundlichen Arbeit „Irokesen und Delewaren im Spiegel der Herrnhuter Mission des 18. Jahrhunderts", wissenschaftliche Mitarbeiterin der Forschungsstätte der Evangelischen Studiengemeinschaft, Heidelberg. Neben Übersetzungstätigkeit Veröffentlichungen zu Südafrika, Menschenrechten, neutestamentliche Exegese, u. a.: dies. (ed), Theologie im Konfliktfeld Südafrika. Dialog mit Manas Buthelezi, Stuttgart: Klett/München: Kösel 1976 (Studien zur Friedensforschung, 15); dies. (ed), Wie eine Flaschenpost. Ökumenische Briefe und Beiträge für Eberhard Bethge, München: Chr. Kaiser 1979.